“十二五”国家重点图书出版规划项目

中国企业行为治理研究丛书

运营管理卷

团队时间协调机制研究：一种新的时间管理策略

岑 杰 著

图书在版编目(CIP)数据

团队时间协调机制研究：一种新的时间管理策略 / 岑杰著. — 杭州：浙江工商大学出版社，2016.1(2016.7 重印)

ISBN 978-7-5178-1368-2

Ⅰ. ①团… Ⅱ. ①岑… Ⅲ. ①企业管理—组织管理学 Ⅳ. ①F272.9

中国版本图书馆 CIP 数据核字(2015)第 266204 号

团队时间协调机制研究：一种新的时间管理策略

岑 杰 著

责任编辑 谭娟娟 胡亚娟

封面设计 林朦朦

责任印制 包建辉

出版发行 浙江工商大学出版社

(杭州市教工路 198 号 邮政编码 310012)

(E-mail:zjgsupress@163.com)

(网址:http://www.zjgsupress.com)

电话:0571-88904980,88831806(传真)

排　　版 杭州朝曦图文设计有限公司

印　　刷 杭州五象印务有限公司

开　　本 710mm×1000mm 1/16

印　　张 15

字　　数 231 千

版 印 次 2016 年 1 月第 1 版 2016 年 7 月第 2 次印刷

书　　号 ISBN 978-7-5178-1368-2

定　　价 42.00 元

浙江工商大学出版社营销部邮购电话 0571-88904970

总　序

企业是社会发展的产物，随着社会分工的开展而成长壮大。作为现代经济中的基本单位，企业行为既是微观经济的产物，又是宏观调控的结果。就某种意义而言，企业行为模式可被看成整个经济体制模式的标志。

从社会学的研究来看，人类社会就是一部社会变迁的进步史，社会变迁是一个缓慢的过程，而转型就是社会变迁当中的“惊险一跳”，意味着从原有的发展轨道进入新的发展轨道。三十多年来，我们国家对外开放、对内改革，实质上就是一个社会转型的过程。这一时期，从经济主体的构成到整个经济社会的制度环境都发生了巨大变迁，而国际环境也经历着过山车般的大起大落。“十一五”末期国际金融海啸来袭，经济急速下滑，市场激烈震荡，危机对中国经济、中国企业的影响至今犹存。因此，国家将“十二五”的基调定为社会转型。这无疑给管理学的研究提供了异常丰富的素材，同时也给管理学研究者平添了十足的压力。

作为承载管理学教学和科研任务的高校，如何在变革的时代有效地发挥自身的价值，以知识和人才为途径，传递学者对时代呼唤的响应，是一个非常值得思考的论题。这个论题关系到如何把握新经济环境下企业行为的规律，联系产业特征、地域特点，立足当下，着眼未来，为企业运营、政府决策提供有力的支持。

在国际化竞争和较量的进程中，中国经济逐渐显现出一种新观念、新技术和新体制相结合的经济转型模式。这种经济转型模式不仅是中国现代经济增长的主要动力，而且将改变人们的生产方式和生活方式，企业则是这一过程的参与者、推动者和促成者。因此，企业首先成为我们管理学研究者最为关注的焦点。在经济社会重大转型这一背景之下，一方面由于企业内部某种机理的紊乱，以及转轨时期企业目标的交叉连环性和多元性，另一方面由于外部环境的不合理作用，所以企业行为纷繁复杂，既有能对经济社会产生强劲推动作用的长远眼光，也存在破坏经济社会可持续发展的短视行为。随着经济和社会的进步，企业不仅要对营利负责，而且要对环境负责，并需要承担相应的社会责任。总体而言，中国企业在发展中面临许多新问题、新矛盾，部分企业还出现生产经营困难，这些都是转型升级过程中必然出现的现象。

“转型”大师拉里·博西迪和拉姆·查兰曾言：“到了彻底改变企业思维的时候了，要么转型，要么破产。”企业是否主动预见未来，实行战略转型，分析、预见和控制转型风险，对于转型能否成功至关重要。如果一个企业想在它的领域中有效地发挥作用，行为治理可以涉及该企业将面临的更多问题；而如果企业想要达到长期目标，行为治理可以为其提供总体方向上的建议。在管理学研究领域，行为治理虽然是一个全新的概念，却提供了一个在新经济环境下基于宏观、中观、微观全视角来研究企业行为的良好开端。

现代公司制度特指市场经济中的企业法人制度，其特点是企业的资产所有权与资产控制权、经营决策权、经济活动的组织管理权相分离。于公司治理而言，其治理结构、方式等的选择和演化不仅受到自身条件的约束，同时还受到政治、经济、法律和文化等外部制度环境的影响。根据North(1990)的研究，相互依赖的制度会构成制度结构或制度矩阵，这些制度结构具有网络外部性，并产生大量的递增报酬。这使得任何想改善公司治理的努力都会受到其他制度的约束，使得公司治理产生路径依赖。在这种情况下，要想打破路径依赖、优化治理结构，从制度设计角度出发进行行为治理便是一个很好的思路。

此外，党的十八届四中全会提出“实现立法和改革决策相衔接，做到重大改革于法有据、立法主动适应改革和经济社会发展需要”的精神，而《中华人民共和国促进科技成果转化法修正案(草案)》的通过，则使促进科技创新的制度红利得到依法释放。我国“十二五”科学和技术发展规划中明确指出，要把科研攻关与市场开放紧密结合，推动技术与资本等要素的结合，引导资本市场和社会投资更加重视投向科技成果转化和产业化。新时期科技创新始于技术，成于资本，以产业发展为导向的科技创新需要科技资源、企业资源与金融资源的有机结合。因此如何通过有效的企业行为治理，将各方资源进行有效整合，则成为促进科学技术向第一生产力转化所面临的新命题。

由上述分析可以发现，无论是从制度、科技、创新角度，还是从公司治理、企业转型角度出发，企业的目标都是可持续的生存和发展，而战略则成为企业实现这一目标的有效途径。战略强调企业与环境的互动，如何通过把握新时期新环境来制定和执行有效的战略决策以获取竞争优势，则成为企业在新经济环境下应担起的艰巨任务。另外，企业制定发展战略的同时应当寻找能为企业和社会创造共享价值的机会，包括价值链上的创新和竞争环境的投资，即做到企业社会责任支持企业目标。履行战略型企业社会责任不只是做一个良好的企业公民，也不只是减轻价值链活动所造成的不利社会影响，而且要推出一些能产生显著而独特的社会效益和企业效益的重大举措。

浙江工商大学工商管理学院（简称“管理学院”）是浙江工商大学历史最长、规模较大的一个学院。其前身是 1978 年成立的企业管理系，2001 年改设工商管理学院。学院拥有工商管理博士后流动站和工商管理一级学科博士点，其学科基础主要是企业管理，企业管理学 1996 年成为原国内贸易部重点学科，1999 年后一直是浙江省重点学科，2006 年被评为浙江省高校人文社科重点研究基地，2012 年升级为工商管理一级学科人文社科重点研究基地。该研究基地始终围绕“组织、战略、创新”三个最具企业发展特征的领域加以研究，形成了较为丰硕的成果。本套丛书正是其中的代表。

经过多年的理论研究和实践尝试，我们认为中国企业经历了改革开放后三十多年的高速发展，已然形成自身的行为体系和价值系统，但是在国际环境的复杂多变及国内改革步入全面深化攻坚阶段的特殊历史背景下，如何形成系统的行为治理框架将直接决定中国企业可持续发展能力塑造以及核心竞争力的形成。

本套丛书以中国企业行为治理机制为核心，分“公司治理卷”“转型升级卷”“组织伦理卷”“战略联盟卷”“社会责任卷”“领导行为卷”“运营管理卷”七卷。从各个视角详细阐述中国企业行为治理的理论前沿及现实问题，首次对中国企业行为治理的发展做了全面、客观的梳理。丛书内容上涵盖了中国企业行为的主要领域，其中涉及战略、组织、人力、创新、国际化、转型升级等宏观、中观、微观层次，系统完备；所有的分卷都是所属学科的最前沿研究主题，反映了国内外最新的发展动态，立足学术前沿；所有分卷的作者均具有博士学位，是名副其实的博士文集，其中包括该领域国内外知名的专家和学者；所有分卷的内容都是国家自然科学基金、国家社科基金以及教育部基金的资助项目，体现了较强的权威性，符合国家科研发展方向。

本套丛书既是我们对中国企业行为治理领域相关成果的总结，也是对该领域未来发展方向探索的一次尝试。如果本套丛书能为国内外相关领域理论研究与实践探索的专家和学者提供一些基础性、建设性的意见和建议，就是我们最大的收获。

“谦逊而执着，谦恭而无畏”，既是第五级管理者的特质，也是我们从事学术研究的座右铭。愿中国企业行为治理研究能够真正实现“顶天立地、福泽万民”！

郝云宏

浙江工商大学工商管理学院院长　教授　博导

2014 年 11 月 15 日于钱塘江畔

前　言

随着信息技术的扩散、工作节奏的加快和团队互动的增加，现代组织中的工作团队往往面临时间碎片化、多重性、模糊性和不确定性等新的时间问题，以致团队内部经常出现时间冲突和任务拖延现象，成员也经常抱怨时间压力过大，并产生时间的失控感和混乱感。在这种背景下，流行于工业社会的以钟表时间观为导向的时间观念和时间管理策略已不能解决团队所面临的新的时间问题。在现代团队中，需要摒弃线性的、连续的、规则的、同质的和单向的时间观念和时间管理策略，用一种更加灵活的、全面的和恰当的方式来看待团队中的时间，并据此开发新的团队时间管理策略，以获取更高的团队绩效和成员满意度。团队时间协调机制的研究从一定意义上超越了钟表时间观将时间视为一种资源的看法，并将钟表时间观和社会时间观结合起来探求对团队时间新的理解方式和管理策略，这增加了对团队时间及其管理的认识。本书以团队时间心智模型为核心，围绕团队时间协调机制的概念内涵、类型与其对团队绩效和团队效能的作用路径和影响机制等问题展开探索，逐步打开团队时间协调机制的内容黑箱和过程黑箱，共包含四个子研究。

在子研究一中，针对现有团队时间协调机制研究中内涵界定不清、类型划分混乱和缺乏现实刻画的缺陷，首先，借鉴已有的团队协调和团队协调机制理论，从互依性和时间互依性的角度出发，对团队时间协调机制进行比较完整的定义；其次，从有机性/机械性和外显性/内隐性两个维度考察团队时间协调机制的分类，揭示出四种不同类型的团队时间协调机制，并分析不同的团队时间协调机制的联系和区别；继而，以三个企业中的三个知识型团队为对象，利用描述性多案例分析的方法，刻画四种团队时间协调机制在现实团队中的具体表现；最后，分析由于任务性质和任务环境差异性导致的不同团队中主导时间协调机制的差异。

在子研究二中，聚焦于团队时间认知这种往往被忽视的团队内隐时间协调机制，针对现有团队时间认知相关构念缺乏对“时间”本身进行深入探索的缺陷，利用时间维度理论对结构性维度和阐释性维度进行划分，并借鉴“团队心智模型及其构成”的相关研究，赋予团队时间心智模型新的内涵，并把团队时间心智模型划分为团队任务的时间模型、团队规范的时间模型和成员特征的时间模型三个子模型，继而基于规范的量表开发步骤开发相应的测量量表。

在子研究三中，进一步探索团队时间心智模型这个重要的团队内隐时间表征方式和内隐时间协调机制对团队绩效的作用机理。首先，检验团队时间心智模型及其子模型对团队绩效的作用，从而在一定程度上打开了团队时间心智模型的内部黑箱和团队时间心智模型—团队绩效间关系的过程黑箱；其次，考察团队时间心智模型各子模型间的交互作用及其对团队绩效的影响，这是对团队时间心智模型—团队绩效间关系的机理性考察；最后，探究时间压力在团队时间心智模型及其子模型和团队绩效间关系中的调节作用。

在子研究四中，针对现有团队时间协调机制的研究往往只侧重以团队时间领导为代表的外显时间协调机制而忽视内隐时间协调机制的状况，引入团队时间心智模型作为内隐时间协调机制，考察其对团队效能的影响，以及与团队时间领导的关系。对 114 个知识型团队样本进行统计分析，结果表明，团队时间领导和团队时间心智模型对团队绩效和成员满意度均有显著影响；团队时间心智模型在团队时间领导和团队效能之间有显著的中介作用；时间压力调节了时间领导—团队时间心智模型，以及时间领导—团队效能间的关系。

通过以上四个子研究，本书取得的理论进展包括：①对团队时间协调机制理论内涵的明确界定；基于有机性/机械性和外显性/内隐性建立团队时间协调机制的分类体系，并考察不同时间协调机制间的联系和区别。②拓展团队时间心智模型的内涵，并基于规范的量表开发步骤，重新开发团队时间心智模型的量表，为团队时间认知的未来研究提供了内涵基础和测量工具。③探索了团队时间心智模型及其三个子模型(维度)和团队绩效间的关系，并考察了这三个子模型之间的交互作用对团队绩效的影响,推进了团队时间认知和团队时间协调机制两个领域的研究。④分析外显时间协调机制和内隐时间协调机制间的关系,以及其对团队效能的影响,在一定程度上打开了团队时间协调机制到团队效能的过程黑箱。

本书的现实意义在于:①强调了时间要素在团队管理中的重要性,将“时间”要素从团队管理的“背景”推至“台前”,主张综合利用多种时间协调机制管理团队时间;②强调了团队时间领导和团队时间心智模型在团队时间管理中的作用;③探索了新型团队时间理解方式和时间管理策略,以应对现代团队所面临的新的时间问题和困境。

PREFACE

With the diffusion of information technologies, the accelerating of work pace and the increasing of team interaction, teams in modern organizations always face kinds of new problems of time, including fragmentation, multiplicity, ambiguity and uncertainty, which lead to frequent temporal conflicts and task procrastination within teams, and the feeling of losing control and disorder of time within team members. Against this background, the concepts and management approaches of time with the clock time concept which is popular in the industrialized society have been unable to handle the new problems on time modern teams facing. Modern teams have to discard the concepts and management approaches of time characterized with linear, continuous, regular, homogeneous and unidirectional time, and treat the team's time in a flexible, comprehensive, and appropriate way in team. This, develop corresponding new management approaches of time in teams to get better performance and members' satisfaction. In a sense, 'team temporal coordination mechanism' beyond the clock time concept which views time as resources, and develops new understandings of and management approaches to time in teams by combining the clock time concept and the social time concept. In this study, we focus on temporol team mental model, explore the concept connotation, types, and the relationships with team performance and team effectiveness of team temporal coordination mechanism, gradually openning its black boxes of content and process. This study can be divided into four sub-studies.

Sub-study one aims at the defects of existing researches of team temporal coordination mechanism, including connotation ambiguity, type division disorder and lacks of reality portray. First of all, we re-define the team temporal coordination mechanism based upon interdependence and temporal interdependence and existing theories of team coordination and team coordination mechanism. Then, we explore the classification of team temporal coordination mechanism from the dimensions of explicit/implicit and mechanical/organic, revealing four types of team temporal coordination mechanism and analyzing their connections and distinctions. Next, we describe these four types of team temporal coordination mechanism with three knowledge-based teams in three enterprises by the method of multi-cases study. At last, we analyze the dominant temporal coordination mechanism in different teams due to the differences of task property and task environment.

Sub-study two focuses both on team temporal cognition, a neglected implicit temporal coordination mechanism, and on the shortage of the studies relating to team shared temporal understanding. We expand the connotation of the construct of temporal team mental model based on dimension theory of time and team mental model theory, and divide the temporal team mental model into three sub-models, which are temporal model of team task, temporal model of team routine, temporal model of members' characteristic. Then, we develop the measuring scales of temporal team mental model to lay the conceptual foundations for the further studies of team shared temporal understanding.

Sub-study three further explores the temporal team mental model and its impact on team performance. First of all, we test the temporal team mental model's and its sub-models' effect on team performance, which open the black boxes of temporal team mental model in content and process to some extent. Then the interactive effects of the sub-models of temporal team mental model and their influences on team performance are tested. Lastly, we explore the moderating effects of temporal pressure in the relationship between temporal team mental model and its sub-models with team performance.

Sub-study four aims at the shortage of the existing studies of team temporal coordination mechanism, which focus on explicit temporal coordination mechanism represented by team temporal leadership and overlook the implicit temporal coordination mechanism. We introduce team temporal mental model as implicit temporal coordination mechanism, investigating its relationship with team effectiveness and team temporal leadership. The results of the statistic analysis of 114 knowledge-based teams show that team temporal leadership and team temporal mental model have significant influence on team performance and members' satisfaction; team temporal mental model significantly mediates the relationship of team temporal leadership and team effectiveness; team temporal pressure significantly moderates the relationship of temporal leadership-temporal mental model and temporal leadership-team effectiveness.

Compared with the existing research, the innovative points of this research mainly display in the following three aspects: ① the explicit definition of "team temporal coordination mechanism"; the construction of the classification system of team temporal coordination mechanism based the two dimensions of explicit/implicit and mechanical/organic; the exploration of the connections and distinctions of these four types; ② extending the connotation of temporal team mental model and develop the measuring scales of temporal team mental model to lay the conceptual foundations for the further studies of team shared temporal understanding; ③ the exploration of the temporal team mental model's and its sub-models' effects on team performance, and the investigating of the interactive effects of the three sub-models; ④ the analysis of the relationship of explicit temporal coordination mechanism and implicit temporal coordination mechanism, and their effects on team effectiveness, which to a certain extent opens the black box of process of team temporal coordination mechanism.

The practical significance includes: ① emphasizing the importance of time in team management, pushing time from background to the stage, advocating the comprehensive use of team temporal coordination mechanism to manage time in teams; ② emphasizing the importance of temporal leadership and temporal team mental model in time management within teams; ③ exploring new understandings of and management approaches to time in group in response to the new temporal issue modern teams face.

目　录

Contents

图目录

Figure Contents

表目录

Table Contents

第1章 绪 论

1.1 研究背景与问题提出

1.1.1 现实背景

在所有的组织问题中，时间的概念无所不在；时间不仅提供了各种事件发生的背景，也用来描述许多组织和团队现象的本质。(McGrath & Tschan, 2004)随着信息技术的扩散、工作节奏的加快和团队互动的增加，现代组织中的工作团队往往面临时间的碎片化、多重性、模糊性和不确定性等新的时间问题，人们往往抱怨时间压力变大(Perlow, 1999)；时间荒(time famine)的感觉正在增加(Robinson & Godbey, 1997)。而且，团队内部也常常出现时间冲突和任务拖延现象，Lientz & Rea(2001)的调查指出，在所有的科技实施项目中，超过一半的项目时间会超过他们时间规划的200%，甚至更多。在这种情形下，对“团队时间及其管理”的关注越来越多，时间问题已经从“幕后”走到了“台前”。(Ancona et al., 2001)

在团队运作的实践中，人们往往利用可见的人工物来表征时间，时间计划表或者甘特图被广泛运用于排序、预算和工程管理。(Yakura, 2002)时间表是一种让使用者从对时间的复杂计算和观察中获取信息的人工物，它通过把时间参数标准化和常数化来避免重复这些认知性任务。(Birth, 2013)同时，时间表中所包含的外显时间标记将时间进行切分，决定了不同组织或团队活动的时间尺度和特定活动开展的时间(Schriber & Gutek, 1987)，也为个体如何对行为排序，以及如何在不同的活动间分配时间资源提供了信息(Perlow, 1999; Seshadri & Shapira, 2001)。

这些信息有利于个体工作计划的建立和时间参照点的选择，进而通过形成组织和团队中外显的时间结构，促进工作中的有序感和可预测感的形成（Zerubavel，1981），并减少团队成员互动中潜在的不确定性和冲突（Hassard，1991；Brown & Eisenhardt，1998）。

以时间表为代表的时间外部表征将时间看成一种“资源”，这种观念的基础是钟表时间观。当被问及“什么是时间？”时，人们通常想到的是他们手腕上的钟表或者墙上的日历，这就是大多数人脑中有意识或潜意识的钟表时间观念。钟表时间观认为，时间具有同质性、结构可分性、流动线性、均匀性、客观性和绝对性等特征；也就是说，时间独立于所有物体和事件而存在，并且只有唯一“正确”的时间。（Clark，1985；McGrath & Kelly，1986；Bluedorn & Denhardt 1988；Hassard，1989）钟表时间观念也经常被称为“线性—量化传统”（Hassard，1989）、均衡时间（even time；Clark，1985），或者“时间的牛顿观”（the Newtonian conception；McGrath & Kelly，1986），是工业社会发展的主导观念，也是我们社会运作和管理赖以存在的基本假设（Clark，1985；Bluedorn & Denhardt，1988）。

时间作为一种资源的观念让我们想起那句著名的格言——“时间是金钱”。根据这个隐喻，时间像金钱那样，可以被消费、储蓄、浪费、拥有、预算、耗尽和投资。（Lee & Liebenau，1999）在每天的生活中，人们像理解一些金融术语那样理解时间，这种情况在管理情境中尤其明显。在管理领域，时间与生产率密切联系：给定一定量的工作，当一个公司缩短完成时间时，这个公司就被认为是高产出的或者有效率的；时间被认为是因组织的效率和效果而被衡量和操控的资源。（Bluedorn & Denhardt，1988）这个时间观念主导了大多数组织和团队的研究和实践，“泰勒制”、商业计算法（Moore，1963）和时间资产控制技巧（Hassard，1991）都是其中的典型代表。

但是，时间不是一种普通意义上的资源，它是一种易消逝的、不可添加的、个人性质的资产，它不能被借入或借出，也不能被收藏；我们能够投资时间以赚钱，但是时间本身不是金钱。（Ancona et al.，2001）与人们对金钱或资源的看法不同，对时间的评价最有意思的特征是，无论是时间收益或是时间损失都可能是负面的评价。人们通常不喜欢未预期的迟到

(Freud, 1959),人们这种"不耐烦"的倾向在有关满意延迟和跨期选择的研究文献中得到了很好的说明(Mischel, 1974; Loewenstein & Elster, 1992)。至于时间收益,也就是预计时间的提早到来,可能是有吸引力的,因为等待时间减少了,然而,时间收益也有可能被负面评价,特别是由事件加速或不同事件间的时间不一致导致的时间压缩感和时间冲突感,会让个体产生时间的失控感和混乱感。(Svenson & Maule, 1993; Moore, 2000)而在团队中,无论是某一个体的时间收益或时间损失都可能导致团队时间冲突;换而言之,都会损害团队内部的时间协调。

总而言之,在信息技术日益扩散、工作节奏逐步加快和团队互动日渐增多的背景下,流行于工业社会的以钟表时间观为导向的时间观念和时间管理策略已经不能解决团队所面临的新的时间问题。在现代团队中,需要摒弃线性的、连续的、规则的、同质的和单向的时间观念和时间管理策略,以一种更加灵活的、全面的和合适的方式来管理团队中的时间,并据此开发新的团队时间管理策略,以获取更高的团队绩效和成员满意度。本书的研究正是在此现实背景下展开的。

1.1.2 理论背景

每一个组织都在时间和空间两个维度中发挥其作用,这两个维度是人类存在的最根本条件之一。(Lee & Liebenau, 1999)然而,时间和空间这两者并没有受到知识界同等程度的关注。空间已经成了某些学科的主题,比如地理和建筑,但是以时间为研究主题的学科的发展还远远落后于空间。这种现象的一个解释来自我们的日常生活经验:对于空间,我们能够感受到它被某一个物体占据了,因此,我们能感知到它的存在;但对于时间,却不可能用我们的五官感知。我们意识到的时间是一个简单的形式:过去已经过去,现在正在流失,未来即将到来。在这个简单的观点中,时间被认为是自然而然的;也就是说,时间被认为是自我证明的。(Lee & Liebenau, 1999)但在管理研究中,时间需要被问题化(Das, 1990),以解决现代组织和团队所面临的日益严峻的时间问题,正如Nandhakumar & Jones(2001)指出的,我们需要更加细致地了解工作情境里的时间是如何被组织的。

事实上,感知绝对时间不是人类天生的能力,人们一般用外部的提示和社会参照点以精确地追踪时间。(Block，1990；Johnson & Hastings，1986)而在围绕特定任务而展开频繁互动的团队情境中，对时间的感知和计算很大程度上依赖任务及完成任务过程中团队互动时的"时间参照点"而实现的，因而对团队时间新的看法和新的管理策略应基于对团队任务互依性进行管理的协调机制展开。Kozlowski & Ilgen(2006)指出，协调是团队工作中最重要的行为过程，它涉及：①将不同团队成员的行动和努力集合起来；②在联合过程中相互适应节奏并达成同步化。可见，在协调概念中，本身也蕴涵着时间的维度。借用组织协调理论和团队协调理论中的协调概念，一些学者提出了时间协调的概念，并在 Zerubavel(1981)的两种基本时间协调模式、McGrath(1991)的 TIP(time-interaction-performance)理论和 Massey(2003)的三种时间管理策略中进行了初步研究。时间协调理论从协调的内涵出发，在一定意义上超越了钟表时间观将时间视为一种资源的看法，将钟表时间观和社会时间观结合起来探求对团队时间新的理解方式和管理策略，增加了对团队时间及其管理的认识。

社会时间观下的时间有多种不同的名称，包括社会时间(social time；Lauer，1982)、组织时间(organizational time；Gherardi & Strati，1988)、主观时间(subjective time)、时间的多重性(the plurality of time)和事件时间(event time)等(Lee & Liebenau，1999)，但它们对时间有一个共同的假设，那就是：时间是一种根本性的社会构架(fundamentally a social construction)和一种主观现象(Das，1990)，它在社会内及社会和社会之间差异显著(Bluedorn & Denhardt，1988)。在社会科学领域，研究者从不同的学科考察了主观时间，如经济学中的贴现率、心理学中的延迟满足和跨期选择及社会学和人类学中的时间观念和时间文化(Blount & Leroy，2007)都是典型的代表。在团队领域中，现有研究中的团队时间协调机制提供的时间外部提示虽然能够调节时间的流逝(Blount & Janicik，2001)，并管理团队节奏，但是提示并不能赋予时间"感知到的价值"(Blount & Janicik，2001)。社会学和人类学研究者强调，人们依赖社会规范和共享性文化理解来赋予时间以价值(Durkheim，1915；Zerubavel，1981；Fraisse，1984；Adam，1996；Gell，1993)，比如一些社会共享惯例——包括财政年度、节假日和特定的营业时间等——都给人们传递了时间的意义。团队认知的研究也指出，团队的一致性行动，要求成员间共享知识、规范、价值观、理念、解释和期望。(Zalesny, Salas & Prince, 1995)事实上，主观时间暗含着一种被任何对象或实体所共享或拥有的时间观念，这种对象或实体包括个人、团队、组织和社会。(Das, 1990)Labianca et al.(2005)指出，通过社会影响和互动过程，团队会发展出一个共享时间图式，这个共享时间图式对每个团队来说都是独一无二的，它会影响一个团队对任务节奏等的偏好，也能够避免较差的绩效。(Montoya-Weiss, Massey & Song, 2001)Bartel & Milliken(2004)也指出，工作团队的时间同步化(temporal synchonization)是否进而协调行动取决于团队成员是否对时间相关的变量持相似的看法。

从这个意义上说，包括每周的例会、工程最后期限、学术日程表及财政报表周期在内的所有时间表既可以被看作外部时间的客观显示器，也可以被看成共同寻求意义时的社会产物。无论是用钟表时间还是主观时间，这些时间结构都被创造出来用于人们给日常工作赋予节奏和形式。一方面，团队通过一些时间协调机制创建和使用这些时间结构(内隐的或者外显的)，并将其作为合法的和有用的团队时间结构；另一方面，这些合法的时间结构也成为组织成员在社会行动中时间和节奏的模板。(Blount et al., 2001)而这种"时间结构"既是一种被设计的时间结构，也是一种被感知的时间结构，"被设计"指的是团队通过外显的时间协调机制"管理"团队时间，"被感知"指的是团队通过内隐的时间协调机制"共享"团队时间。

总之，时间的碎片化、模糊性和不确定性要求团队采用超越钟表时间观的团队时间协调机制对团队时间进行有效管理，时间的多样性(Nowotny, 1992)要求多种形式的团队时间协调机制与之匹配，时间的多重性要求考察不同团队时间协调机制间的互动关系。这是本书以"团队时间协调机制"为研究主题的理论背景和理论出发点。

1.1.3 问题提出

基于以上有关现实背景和理论背景的介绍，笔者认为应该结合钟表时间观和社会时间观，通过对团队时间协调机制的研究，探索团队时间及其管理的问题。

现有对团队时间协调机制的研究尚存在不足，主要体现为强调外显时间协调机制而忽视了内隐时间协调机制，而无论是从时间的维度理论或者是团队协调理论出发，都非常有必要弥补这一理论缺口。时间的维度理论认为，时间区分为两个维度，分别是结构(structural)维度和阐释(interpretive)维度；前者指的是一个时间系统的外部轮廓，这可以由一个独立的观察者精确地描述，后者涉及人们如何从时间的结构维度感知和阐释时间，这不能由一个观察者轻易地描述。较宽时间尺度上的时间感知依赖于社会时间规范和共享时间理解(Blount & Janicik, 2001)，这些规范和共享理解赋予时间间隔以结构和意义(Durkheim, 1915; Zerubavel, 1981; Fraisse, 1984; Gell, 1993)。团队协调理论则指出，外显协调(explicit coordination)是指通过成员的直接交互或外在媒介而实现的调整，是可察觉的、有意识的和外在的协调方式，这只是揭示了协调的一个侧面，却忽视了成员依据对任务和其他成员需求的预期来调整自身行动的过程，也就是说，忽视了内隐协调机制。(Rico et al., 2008)因此，在外显时间协调机制的基础上引入内隐时间协调机制作为补充，并考察其对团队效能的影响，能够在一定程度上弥补现有团队时间协调机制理论的缺口。

进一步地，笔者在考察团队时间心智模型(Temporal Team Mental Model, 简称 TTMM)这一内隐时间协调机制时发现，现有相关构念在内涵界定和测量方式上往往关注任务和任务时间，但是忽视了对时间本身的深入探析。主要体现为对时间的结构维度和阐释维度未做明确区分，从而未能全面刻画 TTMM 的内涵和维度，也无法开发合适的测量方式对其进行测量，更不能进入 TTMM 这一构念的内部，考察各个子模型间的互动关系及其对团队绩效的影响。

由此，本书将综合组织与团队中的时间理论、团队时间协调机制理论、团队时间认知理论和团队效能理论(图 1-1)，采用总—分—分—总的逻辑，基于 TTMM，逐步深入探索团队时间协调机制及其对团队效能的影响。具体而言，首先，总体研究团队时间协调机制的内涵、性质、类型及现实表现；其次，探索 TTMM 这一常被忽视的内隐时间协调机制，考察其内涵和维度，并开发恰当的测量方式；再次，继续深入 TTMM 的内部，考察其三个子模型之间的互动关系及对团队绩效的影响;最后,返回到团队时间协调机制这一"总"的层次上,考察内隐和外显两个时间协调机制间的关系,以及对团队效能的影响。

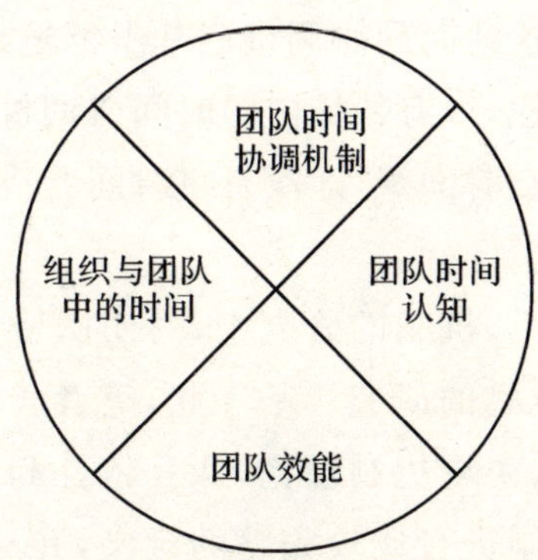

图 1-1 本书主要理论基础

1.2 研究目标、内容与框架

1.2.1 研究目标

作为一种新型的团队时间管理策略,团队时间协调机制的研究还存在理论缺口。本书以 TTMM 为核心,聚焦于"团队时间协调机制及其对效能的影响"这一核心问题,基于组织和团队中的时间视角、团队协调和时间协调理论、团队时间认知理论及团队效能等理论,遵循"团队时间协调机制—团队效能"的逻辑主线,逐步打开团队时间协调机制的内容黑箱和团队时间协调机制与团队效能间关系的过程黑箱,并综合利用案例研究和调查研究等多种研究方法进行深入分析与探讨。

1.2.2 研究内容

本书在研究目标的指导下,综合以上的文献评述,围绕"团队时间协调机制及其对效能的影响"这一核心问题,展开以下四个方面的相关研究。

(1)子研究一——团队时间协调机制及其类型化:理论拓展与案例分析

现有对团队时间协调机制的研究还显得比较零散和欠缺,存在的主要问题包括：①团队时间协调机制的理论基础较为混乱，内涵界定不清晰；②对团队时间协调机制的类型区分没有纳入一个统一的分类体系中，类型划分较为混乱；③这些时间协调机制基本都是显性的，而没有涉及内隐的协调机制，宽泛地说，现有领域内的时间协调机制均以钟表时间观为基础，没有同时持有社会时间观，即没有将时间看成一种社会构建现象和主观现象。

而在传统的团队协调机制的研究中，对团队协调和团队协调机制的内涵或分类都有相对成熟的研究。基于此，笔者尝试在子研究一中借鉴已有的团队协调和团队协调机制理论，从互依性和时间互依性的角度出发，对团队时间协调机制进行比较完整的定义，并从有机性/机械性和外显性/内隐性两个维度考察团队时间协调机制的分类，揭示出四种不同类型的团队时间协调机制，并分析不同的时间协调机制的联系和区别。继而，以三个企业中的三个知识型团队为对象，利用描述性多案例分析的方法，刻画四种团队时间协调机制在现实团队中的具体表现，并分析由于任务性质和任务环境的差异性导致的不同团队中主导时间协调机制的差异。

(2)子研究二——TTMM：内涵拓展与量表开发

基于"时间"的角度，对内隐协调机制特别是共享认知的关注把我们的注意力吸引到了"团队时间认知"的研究中。现有对团队时间认知的研究从不同的构念出发，得到了许多有益的结论。但是还存在以下几个问题：①从共享时间认知的构成看，主要集中于"遵守最后期限的重要性(the importance of meeting the deadlines)、(子)任务完成的时间[(sub) task completion times]和任务实施的合适的时机和节奏(appropriate timing and pacing)"(Gevers et al. , 2004, 2006, 2009; Hamilton et al. , 2012)，而基于相对成熟的团队认知理论，从团队任务及其执行过程来看，这几个方面是不全面的；②从组织和团队时间的内涵来看，这些共享认知主要集中在时间的结构维度上，但是对时间的阐释维度却基本上没有涉及；③以上两个缺陷反映在有关共享时间认知的测量上，使得测量工具有一定的欠缺。

基于此，笔者利用时间维度理论对结构性维度和阐释性维度的划分，借鉴有关团队心智模型(Team Mental Model, TMM)及其构成的研究，赋予 TTMM 以新的内涵，并把 TTMM 划分为团队任务的时间模型、团队规范的时间模型和成员特征的时间模型三个子模型，继而基于合理的量表开发步骤，开发相应的量表。

(3)子研究三——TTMM 及其内部交互与团队绩效

现有研究在考察 TTMM 或者其他团队时间认知构念时，往往将其视为单维变量，以此来考察它们和团队绩效的关系，但是正如在上一个子研究中所解释的，理论和数据均表明团队时间心智模型是一个包含团队任务、团队时间模型、团队规范时间模型和成员特征时间模型三个子维度在内的多维构念，本书试图探索多维的 TTMM 对团队绩效的影响。更重要的是，对于一个特定的任务而言，三个心智模型全部最优组合(一致性都很高)的情况是比较少见的，现实的情况往往是，团队在某一个或者两个子模型上的共享程度较高，但是在其他子模型上的共享程度却不高；然而，不同一致性的子模型的组合可能产生相似的结果。也就是说，三个子模型不是孤立存在的，它们的互动会对团队绩效产生影响。

因而，利用上一个子研究所开发的 TTMM 量表，在子研究三中，笔者利用问卷调查的方式考察了 TTMM 对团队绩效的影响，也考察了 TTMM 内部交互对团队绩效的影响。

(4)子研究四——团队时间协调机制与团队效能：TTMM 的中介作用

时间领导理论认为，如果领导建立了清晰的时间框架，并通过日程表、提醒和里程碑事件传达给成员，团队绩效会更好(Halbesleben et al., 2003; Mohammed & Nadkarni, 2011)，但这些理论都忽视了一点，那就是时间不仅是一种客观现象，也是个体主观构建的结果。不同的团队成员对任务的完成时间会有不同的感知和解读(比如最后期限及其弹性、完成任务的速度等)，这会影响到团队的绩效。(Bartel & Milliken, 2004) 如果没有时间共识，那么团队成员即使面对同样的最后期限，在他们的头脑中也可能会有不同的时间表，不止对于整个任务何时开始、何时结束有不同的理解，而且对子任务何时开始、何时结束也有不同的理解。所以，以时间领导为表征的团队外显时间协调机制虽然“有可能”通过排程、同步化和时间资源分配来塑造团队的时间结构、同步化团队成员的行为，并和外部的授时因子的时间性相适应，但是这种“可能性”的达成取决于团

队成员是否对时间相关的变量持相似的看法。(Bartel & Milliken, 2004)

因而，本子研究在传统的以时间领导为代表的团队外显时间协调机制的基础上引入 TTMM 这一团队内隐时间协调机制，并考察其在时间领导发挥作用时的重要程度。本子研究采用问卷调查的方式进行，114 个知识型团队数据的研究结论支持了本子研究的观点，这在一定程度上打开了团队时间协调机制—团队效能的过程黑箱。

1.2.3 研究框架

本书的基本研究框架如图 1-2 所示，包含了本书所开展的四个主要的子研究。图 1-3 呈现了本书的章节安排及与此相应的拟解决的主要问题。

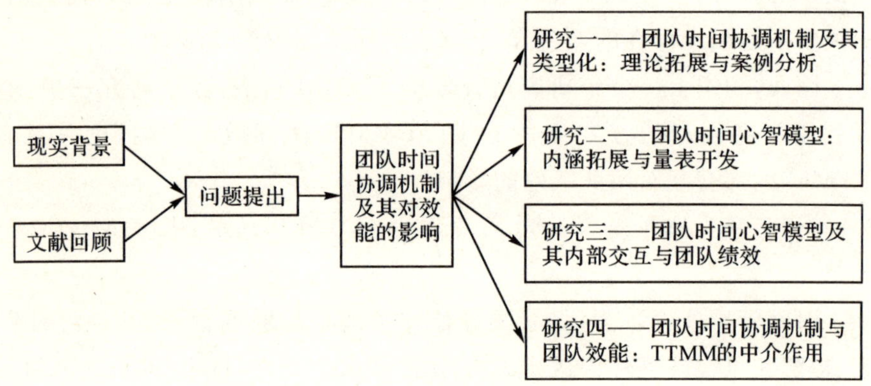

图 1-2　本书的基本框架

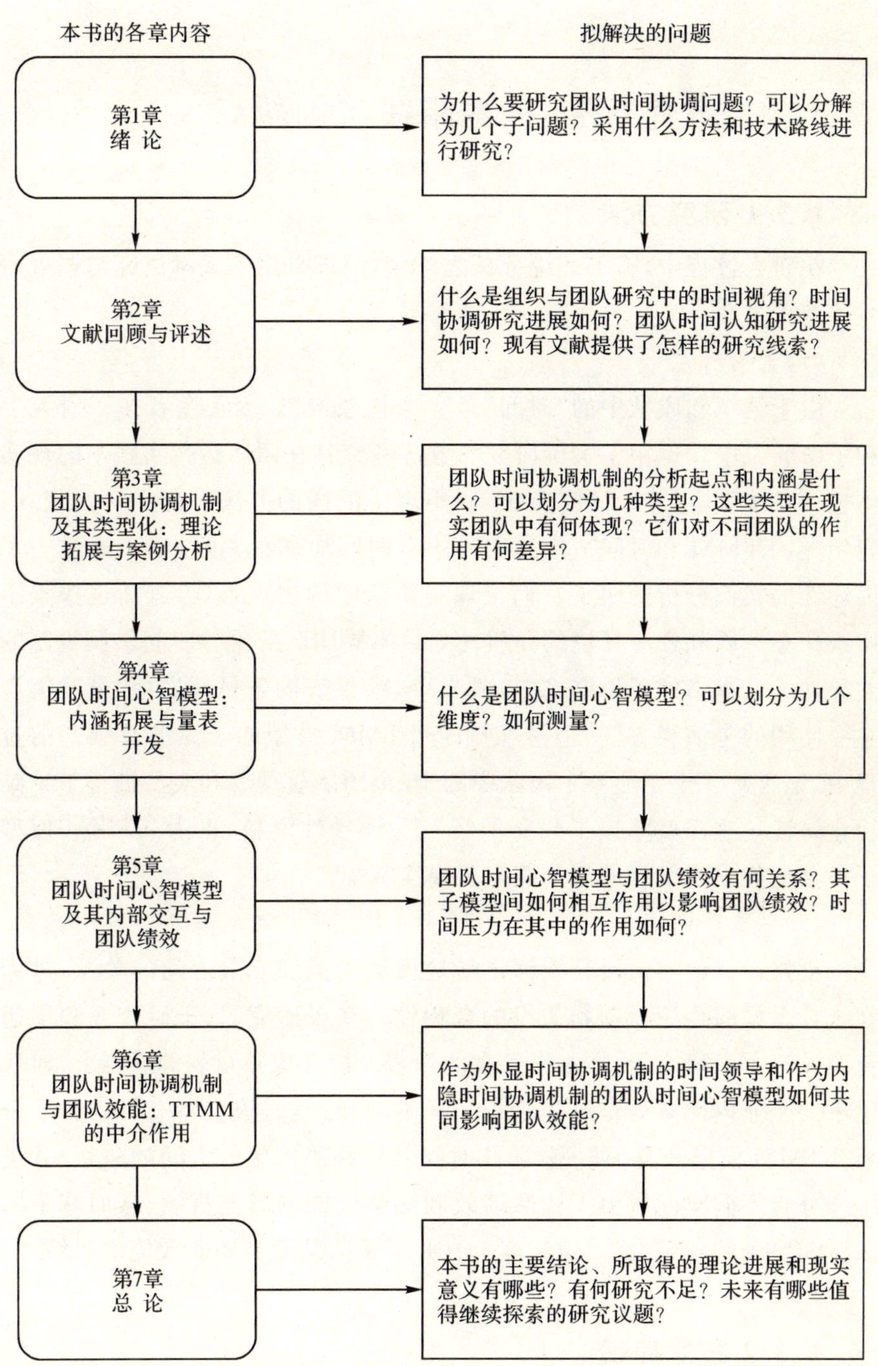

图 1-3 本书的章节安排与拟解决的问题

1.3 研究方法、技术路线与创新点

1.3.1 研究方法

在研究过程中，除了理论分析之外，本书还采用了案例研究与调查研究这两种方法。

(1)案例研究

由于组织和团队中的“时间”是一个抽象概念，因而笔者在子研究一和子研究二中均运用了案例研究的方法考察其在团队运行实践中的现实体现。具体而言，在子研究一中，利用理论演绎的方法区分出时间表、时间领导、TTMM和时间适应这四种团队时间协调机制后，笔者通过一个描述性的案例分析阐明了它们在现实团队中的表现形式，进而也探索了由于任务性质和任务环境的异质性导致不同团队的主导时间协调机制的差异性。在本书的子研究二中，即TTMM量表的条目开发中，虽然笔者主要使用的是演绎方法，但是在确定TTMM模型的子模型及维度的过程中，笔者对4个企业6个团队中的16个团队管理者和成员进行了半结构化访谈。这样就掌握了翔实的第一手情景性资料，也为TTMM模型子模型的确立和维度的划分奠定了现实基础。

(2)调查研究

良好设计的实证研究能够定量地衡量与验证变量之间的关系，进而在统计上检验理论命题和假设的合理性。在子研究二、子研究三和子研究四这三个子研究中，在本书开发的量表及以往成熟量表的基础上，对我国不同企业内团队运作过程进行大样本问卷调查，根据所获得的数据分析TTMM模型及其子模型、团队时间领导和团队效能之间的关系，并进一步分析不同时间压力下团队绩效和团队效能的影响机制，从而基于团队时间协调的视角，在一定程度上打开了团队绩效和团队效能的黑箱。

1.3.2 技术路线

本书在研究中采用的技术路线如图1-4所示。

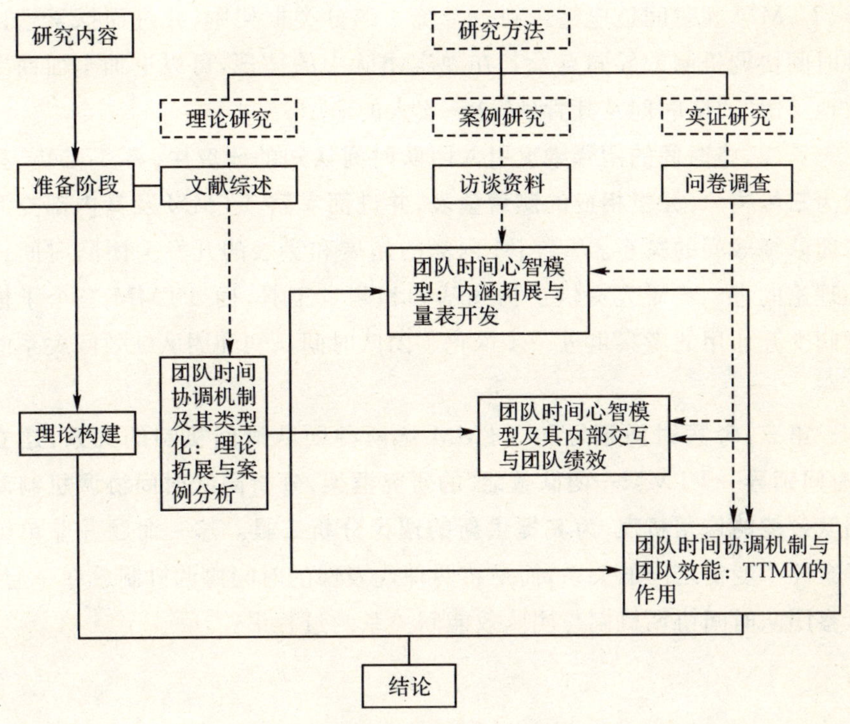

图 1-4 本书的技术路线

1.3.3 创新点

本书以组织和团队中的时间视角、团队协调和时间协调理论、团队时间认知理论及团队效能理论等为理论基础，以团队时间协调为研究视角，以 TTMM 为核心研究内容，以“团队时间协调机制及其对效能的影响”为逻辑主线，分别探讨了团队时间协调机制的内涵、类型、测量、互动及效能机制，从而在一定程度上打开了团队时间协调机制的内容黑箱和团队时间协调机制与团队效能间关系的过程黑箱，也为团队时间提供了一种新型的理解方式和管理策略。具体而言，本书的创新点包括以下三个：

第一，基于有机性/机械性和外显性/内隐性这两个维度把团队时间协调机制划分为四种类型。由于现代团队中时间本身的特殊性，对团队时间的管理和协调需要完整地勾勒出不同类型的团队时间协调机制，以更好地刻画团队时间结构并协调团队成员间的行为。将时间表、时间领导、TTMM 和时间适应整合到一个统一的分类框架中，并进而探索这四种时间协调机制的异同点及其在现实团队中的体现，可以更加全面而细致地了解“团队时间及其管理”这一宏大的命题。

第二，将时间的阐释维度引入团队时间认知的研究中，将 TTMM 拓展为三维构念，开发相应的测量量表，并进而考察 TTMM 及其内部交互与团队绩效间的关系。TTMM 内涵的拓展和量表的开发为团队时间认知理论的进一步研究提供了构念基础和测量工具，而 TTMM 三个子模型间交互作用的考察也进一步深化了团队时间认知和团队绩效间关系的研究。

第三，考察时间领导和 TTMM 这两种团队时间机制的关系，建立“时间领导—TTMM—团队效能”的研究框架，分析团队时间协调机制对团队效能的作用机理，为其提供新的理论分析工具。这一命题并非单纯考察几个变量之间的关系，而是将两种代表性的时间协调机制放在一起，考察团队时间协调机制与团队效能间关系的过程黑箱。

第2章 文献回顾与评述

本书的核心研究议题是团队时间协调机制及其对团队效能的影响，在这个核心议题下，相关领域已经取得了一定的研究进展，也有一定的理论基础。本章对这些研究进行文献回顾和评述，以澄清核心概念、梳理研究脉络和指出理论缺口，并引向本书试图解决的理论问题。

首先，时间是本书的一个重要理论视角，但是在现有的管理学研究和组织理论研究中，时间往往被看作自然而然的，虽然许多学者的研究都涉及了时间的内涵、维度、属性及其变量设置等理论问题，但是没有经过系统的梳理。因此，本章首先阐释组织与团队研究中的时间视角。其次，就团队时间协调机制而言，专门研究这一议题的文献比较有限，但是有大量的研究存在于团队协调和组织协调的研究文献中。因此，有必要对协调的本质与性质、团队协调机制的类型及团队时间协调机制的研究进展进行回顾和评述。这一工作有赖于对时间视角的运用。再次，在团队时间协调机制的文献回顾和评述的基础上可以发现，现有研究中的一个理论缺陷是人们往往重视团队外显时间协调机制，忽视了团队内隐时间协调机制。因此，需要以团队时间认知研究为理论基础对这一缺陷进行弥补。这一工作也需要以时间的维度和属性研究为理论基础。最后，团队时间协调机制作为一个重要的但是被忽略的团队过程变量，应该被纳入经典的团队效能的研究框架中。因此，本章最后回顾团队效能和团队过程的相关研究。

综上所述，要对团队时间协调机制及其对团队效能的影响这一理论议题进行深入的研究，就必须对相关理论基础和研究进展做出有针对性的回顾、梳理和评述，这些理论基础和研究进展包括组织与团队中的时间视角、团队协调与团队时间协调机制、团队时间认知、团队效能与团队过程。图2-1描绘了文献综述的逻辑脉络和结构。

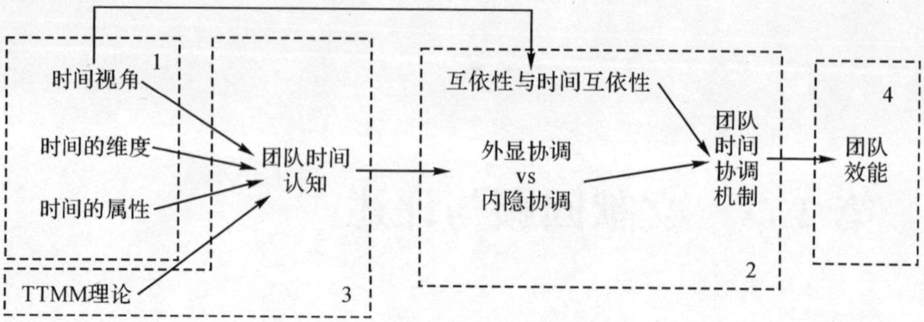

图 2-1 文献综述的逻辑脉络和结构

在上述的逻辑脉络中，各核心构念和变量都存在理论支撑：首先，组织和团队中的时间视角、时间维度和属性理论是本书最重要的理论视角和切入点，也是重新审视团队时间认知并对其中的重要变量，即 TTMM 进行内涵拓展和量表开发的重要理论基础；其次，有关团队时间认知、时间视角下的互依性、团队协调机制的类型及团队内隐协调的相关文献，则是团队时间协调机制的内涵界定和类型化的理论支撑；最后，关于团队效能模型特别是对团队过程的研究，将团队时间协调机制和本书的因变量团队效能联系起来。

2.1 组织与团队中的时间

2.1.1 管理研究的时间视角

在组织和团队活动中，时间尺度无所不在。Schriber & Gutek(1987)认为，时间是组织的基本构面；Bluedorn & Denhardt(1988)则强调，时间和时机问题绝对是现代管理的中心议题。早期的组织和管理理论，无论是韦伯的组织理论，还是泰勒的科学管理理论，时间尺度的选择都是其基础。(Ancona et al., 2001)自 20 世纪 80 年代以来，在时间人类学(例如 Hall, 1983)和时间社会学(例如 Clark, 1985)的影响下，时间问题再次引发了组织和管理学者的广泛关注，他们提出了很多和时间相关的议题(参见 Lee & Liebenau, 1999)，使组织和团队情境中的时间研究蓬勃发展，逐渐成为一个相对独立的研究领域。比如 Gersick(1988)提出了团队发展的平衡间断模型，Lawrence et al. (2001)研究了制度化的节奏，Huy

(2001)指出变革战略的排序是一个重要的研究课题,Schriber(1986)及 Schriber & Gutek(1987)检验了组织中时间规范的存在;另外,时间紧迫感(Landy et al.,1991)、步调风格(Gevers, Rutte & Van, 2006)、时间透视(Zimbardo & Boyd, 1999)等时间个性也得到了广泛研究。

事实上,时间是一种重要的理论视角。Ancona et al.(2001)把研究中的不同视角称为"透镜"(lens),认为研究者往往利用不同的理论透镜研究组织和团队问题;战略规划、政治和文化是三个常用的透镜,它们分别引向不同的变量及变量间的关系。战略规划透镜聚焦于竞争力、战略地位和战略行为,政治透镜聚焦于权力、影响和冲突,文化透镜聚焦于规范、意义、人工物和价值观。时间作为一种理论视角,同样具有透镜的作用,而且能够提供有别于其他透镜的变量及变量间关系,表达其对特定现象的独特看法。从现有的研究来看,通过"时间透镜"能看到的变量包括时机、速度、周期、节奏、时间视野、时间文化、最后期限和加速等(Ancona et al.,2001),但是不同的研究只看到了这个透镜的不同侧面,而对时间本身的研究尚存在分散性和非系统性的特征,或者说,"虽然有许多'与时间有关的研究',但是很少有'对时间的研究'"(Lee & Liebenau, 1999)。

那么,组织和团队情境中的"时间"到底指的是什么?这恐怕是"对时间的研究"要解决的根本问题。为了理解时间本身,首先要明确时间的构成;换言之,必须考察不同的时间维度(temporal dimensions),以及不同时间维度下的时间属性(temporal attributes)。现有研究从时间的维度和属性出发,设置了一系列时间变量,尝试回答这个问题。然而,迄今为止,学者们对于组织中时间的维度和属性等基本问题并未达成共识,比如,学者们用不同的术语对"时间的维度"进行刻画,并赋予其不同的内涵,如 Shen(2009)及 Ballard & Seibold(2003)对时间维度的研究。同时,学者们对时间属性刻画和时间变量设置也存在不同看法,如 Shipp et al.(2009)和 Gibbon et al.(2003)对时间视野的研究。鉴于此,笔者试图澄清组织和团队中时间的维度、属性及变量设置,以期为进一步打磨时间透镜并用这一重要的理论视角重新审视组织和团队现象奠定概念基础。笔者首先梳理组织和团队情境中时间的维度,构建一个时间维度的分类框架;进而,在时间维度的分类框架下探索时间属性(变量)的设置,并考察其内涵差异和研究进展。

2.1.2 时间的维度

时间维度是对时间不同侧面的刻画（Ballard & Seibold, 2003），这个概念的提出是为了强调对多样性时间（Bluedorn & Denhardt, 1988）和不同形式时间（Goodman et al., 2001）的关注。在工业社会中，钟表时间观念是主导性时间观念，也经常被称为“线性—量化传统”、均衡时间，或者“时间的牛顿观”，这与工业社会的发展紧密相连（Clark, 1985; Bluedorn & Denhardt, 1988）。然而，时间社会学和时间人类学的观点均认为，钟表时间观是一个非常狭隘的观念，对于理解组织现象也过于简单（Lee & Liebenau, 1999），因而学者们就展开了对多维度时间的探索。

Barley（1988）较早地明确区分了时间的维度。他从钟表时间观和社会时间观的差异性出发将时间区分为两个维度，分别是结构维度和阐释维度；前者指的是一个时间系统的外部轮廓，这可以由一个独立的观察者精确地描述，后者涉及人们如何从时间的结构维度感知和阐释时间，这不能由一个观察者轻易地描述；前者基于钟表时间或者客观时间，后者基于社会时间或者主观时间。进一步地，Ballard & Seibold（2003）在组织内部具体区分了两个类似的维度。他们把时间区分为时间执行（temporal enactments）维度和时间解释（temporal construals）维度，并指出，时间执行指的是组织成员如何“执行”时间（“perform” time），包括在面对工作的计划和时机时组织的灵活性，组织成员单一时间或者多重时间的工作方式，组织工作的速度及组织的准时性等；时间解释指的是组织成员如何解释时间及他们的时间导向差异。同时指出，以上时间各维度间都具有构念和理论的区分度，尽管它们不一定是正交的。对比分析可知，Barley（1988）从宏观的层次上分析了时间的维度，而 Ballard & Seibold（2003）则采纳了“组织”的分析层次；分析层次的差异性导致了他们结论的不一致性。

在后来的研究中，Shen（2009）尝试把 Barley（1988）及 Ballard & Seibold（2003）的分析纳入统一的分析框架中。他遵循 Barley（1988）的思路，把时间分成两个维度，即结构维度和阐释维度：前者建立在钟表时间概念的基础上，其特征是把时间看成定量的；后者是人们对前者的感知和运用方式，其特征是把时间看成定性的。进而，Shen(2009)指出，时间的结构维度可以划分为时间背景(temporal context)和时间执行(temporal enactment)两个子维度，时间背景指的是事件和任务的外在轮廓，反映在任务的时间特性中；时间执行指的是个人在组织他们的活动时，如何把时间作为资源或者规则，反映在行为的固有模式中。相对应地，他将阐释维度划分为如下几个子维度：对时间的感知(experience of time)、时间价值取向(temporal values)、时间规范(temporal norms)和时间的空间感知(spatial experience of time)。

Ancona et al. (2001)则采取不同于以上学者的分类标准，并试图找到一个潜在的结构以对现有的时间研究进行分类。他们检验产生了三种时间类别：时间的概念(conceptions of time)、对时间的映射行为(mapping activities to time)，以及涉及时间的参与者(actors relating to time)。第一个类别包括钟表时间、循环时间、事件时间和社会构建时间等时间概念，第二个类别包括速度、时长、分配、排程和时间适应等，第三个类别包括时间感知和时间个性。

以上学者对组织与团队情境下时间维度的分类，归纳在表2-1中。

表 2-1 对时间维度的分类

作者	时间维度	含义	研究目的
Barley(1988)	结构维度	一个时间系统的外部轮廓	无
	阐释维度	涉及人们如何从时间的结构维度来感知和阐释	
Ballard & Seibold (2003)	时间执行	指的是团队成员如何"执行"时间	研究目的是考察沟通结构对时间性的影响
	时间解释	指的是团队成员如何解释时间和他们的时间导向差异	

续 表

作者	时间维度	含义	研究目的
Shen(2009)	结构维度	把时间看成定量的，进一步区分为时间背景子维度和时间执行子维度	研究目的是考察技术对时间性的影响
	阐释维度	对结构性时间的知觉和感受，进一步区分为对时间的感知子维度、时间价值取向子维度、时间规范子维度和时间空间感知子维度	
Ancona et al.(2001)	时间的概念	组织中时间的不同概念	研究目的是对时间变量进行分类
	对时间的映射行为	活动或者时间中表现出来的时间	
	涉及时间的参与者	时间的感知和个性	

资料来源：根据相关文献整理。

对比以上学者的观点，Barley(1988)、Ballard & Seibold(2003)及Shen(2009)均从钟表时间观和社会时间观的区分出发，对时间的维度进行详细的区分。不同之处在于，Barley及Ballard & Seibold分别从宏观层次和微观层次分析了时间的维度，而Shen则采取区分"时间子维度"的做法，在时间维度的宏观—微观层次架起了桥梁，从这个意义上说，Shen(2009)的区分更加全面。Ancona et al(2001)的区分则未明确区别时间观念和时间维度，反而是将两者并列起来，这种做法可能会混淆两者的差别。然而，需要注意的是，Shen(2009)的区分中，阐释维度下的四个子维度存在重叠，比如对时间的感知子维度和时间价值取向子维度其实均从个体出发，考虑个体的时间感知和使用方式，因此可以将两者合并。而时间的空间感知是人们刻画和认知时间的方式，这既内隐于时间的结构维度中，也体现在阐释维度中，因而不能单独成为一个独立的子维度。基于此，笔者认为，组织与团队研究中的时间可以从两个方面理解和研究，即客观时间和主观时间，前者可称为时间的结构维度，体现在组织及其成员的任务和行为中；后者可称为时间的阐释维度，体现在组织及其成员对时间的感知和运用风格中。进而，反映在任务和事件中的时间子维度可以称为时间背景(Shen，2009)，是任务和事件的外部轮廓；反映在行为中的时间子维度可以称为时间执行(Shen，2009)，是行为固有的时间模式；反映在组织成员对时间的感知与使用风格中的子维度可以称为时间感知与时间个性；反映组织或团队对时间的稳定看法中的子维度可以称为时间规范。对时间维度的分类和比较见表 2-2。

表 2-2　时间维度的分类及其比较

时间的维度	内涵	子维度	强调主观/客观时间	强调定量/定性时间	体现
时间的结构维度	人们如何通过特定的任务和行为规定和使用时间	时间背景子维度	客观时间	定量时间	任务/行为
		时间执行子维度			
时间的阐释维度	人们感受时间的方式和运用时间的风格	时间感知与时间个性子维度	主观时间	定性时间	态度/个性
		时间规范子维度			

资料来源：改编自 Shen(2009)，Ballard & Seibold(2003)等。

2.1.3　时间的属性

时间维度只是对时间不同侧面的刻画，但组织和团队情境中的时间不是抽象的，它总是和特定的事件、任务、行为、个性和规范相联系的，因而需要通过具体的时间属性理解组织和团队情境中的时间维度，并设置不同的时间变量刻画这些时间属性。

(1)时间属性的内涵与分类

在时间属性的探索上，Zerubavel(1981)、Schriber(1986)及 Schriber & Gutek(1987)做了开拓性的工作①。

Zerubavel(1981)描绘了时间的四个主要属性：顺序性结构(sequential structure)、时长(duration)、时点(temporal location)和重复率(rate of recurrence)。顺序性结构指的是情境或者事件(situations and

① 在 Zerubavel(1981)、Schriber(1986)及 Schriber & Gutek(1987)的研究中，他们也用了维度(dimension)一词；但在笔者看来，这些是时间的属性，即时间维度的属性，是对维度的具体刻画，而不是维度本身，因而，本书统一用“属性”一词。

events)的顺序。时长指的是情境或者事件持续多长时间。时点指的是情境或者事件何时发生，规定时点才产生了“准时”的标准，也就有了提早或者迟到的说法。(Zerubavel，1981)重复率指的是情境或事件发生的频率(how often)；当事件是重复有规则地发生时，就产生了节奏或者周期。(Zerubavel，1981)

Schriber er al.(1986，1987)考察了组织文化的时间属性，并且开发了一个量表测量这些属性。他们认为，分配(allocation)指的是赋予一个特定活动以时间量；排程(scheduling)指的是规定某个事件在一个时间域内的位置，它为组织构建时间边界提供了一个框架，这类似于码尺在建造物理边界中的作用。由排程所规定的时间边界可以进一步由顺序(sequencing)、最后期限(deadline)、准时性(punctuality)和节奏(pace)等定义。(Schriber & Gutek，1987)顺序指的是事件和事件之间的前后关系，这个先后关系可能由任务的内在性质决定，也有可能由控制这个过程的人决定。最后期限是事件结束的时间点，同样可能由任务本身决定，可能由任务之外的因素决定，也有可能由两者共同决定；而多个活动的最后期限有可能由任务之间的关系决定。(Schriber & Gutek，1987)另外，准时性是对最后期限执行的严格程度。节奏是事件展开的节律。同步(synchronization)指的是任务同时发生。“协调”(coordination)指的是安排两个或两个以上任务的时间关系。(Schriber & Gutek，1987)事实上，由于 Schriber et al.(1986，1987)研究的主题是组织文化的时间侧面，因此，在他们对其属性及其测量的研究中，很多都和组织文化相联系。时间属性的两个代表性研究具体见表 2-3 所示。

表 2-3　有关时间属性的两个代表性研究

作者或代表性作者	时间属性	描述	测量
Zerubavel (1981)	顺序性结构	情境或者事件的顺序	Zerubavel (1981)
	时长	情境或者事件持续多长时间	
	时点	情境或者事件何时发生	
	重复率	重复率指的是情境或者事件发生的频率	

续 表

作者或代表性作者	时间属性	描述	测量
Schriber & Gutek (1987)	分配	赋予一个活动的时间量	Schriber & Gutek(1987)
	排程	涉及在一个时间域内的位置	
	顺序	事件和事件之间的前后关系	
	最后期限	事件开始和结束的时间点	
	准时性	对最后期限执行的严格程度	
	节奏	事件展开的节律	
	自主权(autonomy)	个人所具有的排程的自主权	
	未来取向(future orientation)	对未来的看法	
	工作和非工作的时间界限(time boundaries between work and nonwork)	工作时间和非工作时间的界限	
	质量和速度(quality vs speed)	对质量和速度间关系的看法	
	同步和协调(synchronization and coordination)	同步指的是任务的同时发生,协调指的是按任务顺序发生	
	对时间使用的感知(awareness of time use)	对时间本身的关注	
	组织内时间边界(intraorganizational time boundaries)	区分不同的工作团队	
	多样性和惯例(variety vs routine)	任务的多样性程度	

资料来源:根据相关资料整理。

比较发现,Zerubavel(1981)的时间属性与 Schriber & Gutek(1987)的时间属性在某些变量的设置上是重叠的,比如前者的顺序性结构、时长、时点和重复率可以分别粗略地等同于后者的顺序、分配、排程和节奏。更重要的是,Zerubavel(1981)与 Schriber & Gutek(1987)虽然初步探讨了时间属性问题,但是他们均采取了罗列的方式,没有将组织和团队情境中的时间属性结构化,即没有考察时间的维度。按照上文的阐述,笔者把时间划分为两个维度，分别是结构维度和阐释维度。基于这个分类，可以发现，Zerubavel(1981)涉及了时间的结构维度，这可以由量化的同质性的物理时间刻画；而Schriber & Gutek(1987)则涉及了阐释维度，描述了对工作组织中掌控组织行为的时间规则和规范的感知，这不能用量化的同质性的物理时间来刻画(Lee & Liebenau, 2000)。

事实上，按照上文对时间背景子维度与时间执行子维度，以及时间感知和时间个性子维度与时间规范子维度之间的区分，我们可以进一步将不同的时间属性划分在不同的子维度中。由于时长、时点、时序、时速和时隔等时间属性刻画的是任务和事件的轮廓，所以，体现了时间背景子维度(Shen, 2009)；由于排程、节奏、同步性和时间适应等时间属性刻画的是行为固有的模式，所以，体现了时间执行子维度(Shen, 2009)；由于时间紧迫感、步调风格、时间视野和单一/多重时间取向等时间属性刻画的是团队成员的时间感受和使用风格，所以，体现了时间感知与时间个性子维度；由于准时性、速度和质量等刻画的是组织或团队对时间的稳定看法，所以，体现了时间规范子维度。不同的时间属性与时间子维度和时间维度的关系如表2-4所示。

表2-4 时间属性对时间子维度和时间维度的体现

<table>
<tr><th>时间属性</th><th>体现的时间子维度</th><th>体现的时间维度</th><th>现实体现</th></tr>
<tr><td>•时长 •时点
•时序 •时速
•时隔……</td><td>时间背景子维度</td><td rowspan="2">时间的结构维度</td><td rowspan="2">任务/行为</td></tr>
<tr><td>•排程 •节奏
•同步性 •最后期限
•时间适应……</td><td>时间执行子维度</td></tr>
<tr><td>•时间紧迫感
•步调风格
•时间视野
•单一/多重时间取向…</td><td>时间感知与时间个性子维度</td><td rowspan="2">时间的阐释维度</td><td rowspan="2">态度/个性</td></tr>
<tr><td>•准时性
•速度和质量……</td><td>时间规范子维度</td></tr>
</table>

把不同的时间属性划入不同的时间维度和时间子维度中能够深化对时间本身的理解，但是在组织和团队的实践中，对时间的认识都是基于时

间属性及对其刻画的时间变量而言的。因而,在下文中,笔者从时间结构维度和时间阐释维度的分类框架出发,梳理现有文献中有关时间属性的研究,以期更好地把握这些时间属性的基本内涵和研究现状。

(2)结构维度下的时间属性

由于时间的结构维度涉及可以测量的、可以利用可见的人工物表征的时间(Yakura, 2002), Ancona et al.(2001)提出的活动时间结构图可以很好地刻画上述的时间属性。基于活动的时间特征,Ancona 等将管理活动划分为数种,分别是无重复单一活动、有重复单一活动、单一活动转变、多重活动共存、多重活动与重复单一活动的对比与配合。同时指出,管理过程越复杂,则其管理活动的时间特征越复杂,并用一个图形象地刻画了这些活动的时间特征。而对时间结构维度的研究广泛存在于不同的研究议题中,其中的一个代表是对节奏的研究。在组织和团队研究中,许多研究者考察了组织和团队中的步调和节奏概念(例如 Brown & Eisenhardt, 1998)。研究者识别出组织中不同层次的不同节奏:组织的、职能的和工作团队的。就团队而言,由于团队成员间的频繁互动,团队发展出共享性工作步调倾向,从而使每一个团队都拥有其自身独特的节奏(Perlow, 1999)。所以一般的情况是,不同的职能团队以不同的节奏工作,比如说,一个研发部门的节奏比一个会计部门的节奏更加紧凑(Schein, 1992)。当然,这些节奏也受任务环境的时间需求和任务时间特性的影响。因而,成功的高级管理团队会采用与周围竞争环境速率相匹配的工作步调。(Eisenhardt, 1989)

由于对时间结构维度下时间属性的理解较少产生分歧,所以,笔者将较少的笔墨放在这个议题上。当然,在组织和团队理论中,时间不仅被看成一种客观现象,也被看成一种主观现象(Das, 1990),这就涉及对时间阐释维度下时间属性的研究。

(3)阐释维度下的时间属性

个人对时间流逝的感知是易变的和不一致的。(Vroon, 1970; Zakay, Nitzan & Gilcksohn, 1983; Zakay & Tsal, 1989)在实验室中,研究者已经发现了人们能够感知两个刺激物间难以置信的短时间间隔,范围是从 5 毫秒到 200 毫秒之间,具体取决于研究者本身。(参见 Block, 1990)。但是,对这么短的时间间隔的感知往往是无意识的;相对地,人们在有意识的情况下感知到的时间间隔都在 3—5 秒之间。心理学家指出，在每一个时点上，每个人都有一个固定的认知资源来加工信息(Kahneman，1973；Norman & Bobrow，1975)。如果一个人用这些有限的资源来盯住一个钟表，那么对时间的感知就会变得高度有意识，对时间的流逝也就会觉得比较慢。(Zakay，1989)如果一个人有限的认知资源被全部放在其他迷人的或令人愉快的刺激上，比如有挑战性的字谜，那么时间感知就落入了后台背景中，感知到的时间流逝就会比较快。(Thomas & Weaver，1975；Zakay et al.，1983；Zakay & Block，1997)这些简单的例子强调，要理解一个人如何感知和判断时间就必须了解其环境；也就是说，来自环境的提示和刺激及它们对个体注意力的吸引程度对个体的时间感知和时间判断有很大的影响。

当然，在管理学研究中，除了考察上述个体对时间的差异性感知或者说可变的那部分之外，更要考虑“稳定不变的部分”(Allport，1961)，也就是个体的特质或者个性部分。人们对时间稳定的阐释(construe)方式，被称为时间个性。在组织和团队情境下，对时间阐释维度的研究主要集中在两个子维度中，即个体层面的时间感知和时间个性，以及团队或者组织层面的时间规范。在时间感知和时间个性子维度中，研究较多的时间属性是时间视野及与之相关的时间变量。

时间视野(time perspective，或翻译为“时间透视”)的概念最早来自 Lewin(1951)。Zimbardo & Boyd(1999)认为，时间视野是一个相对稳定的、认知的时间偏见，它涉及对不同时间框架(过去、现在和将来)的关注；这种稳定的个人差异能够预测不同的行为，比如信息加工、计划和决策制定。(Kivetz & Tyler，2007)现有文献对时间视野的内涵和外延存在不同的理解。一种看法认为，时间视野是一种综合的时间个性(time personality)，包含了其他的时间变量(temporal variables)，比如时间取向(time orientation)、时间态度(time attitude)和多重时间取向(polychronicity；比如 Shipp et al.，2009)；也有学者认为，时间视野和时间取向的内涵是一致的，比如 Gibbon et al.(2003)。时间取向的构念来自 Bluedorn(2000)对时间视野的操作化的担忧。他提出，在实证研究中很难在变量操作层面上区分过去导向、现在导向和未来导向，也很难对“过去”“长期过去”和“短期将来”等做区分。为了克服这种困难，他提出了时间取向的构念，并将这一概念区分出方向和深度两个维度：时间关注(temporal focus)和时间深度(temporal depth)；前者指关心时间的方向，即过去、现在还是将来，后者类似于时间地平线(time horizon)，指的是人们在思考事件时，渗入过去或者将来的时间距离，它也被描述为过去或未来时间的地平线。现有研究对时间视野、时间取向和时间关注这三个变量间关系的看法不一致。(Shipp et al., 2009; Mohammed & Nadkarni, 2011)本书认为，时间视野、时间取向和时间关注都表明了个人对过去、现在和未来的不同关注程度和注意力分配程度，都是个体的时间个性或时间使用风格的体现；也就是说，它们的基本含义是一致的，但是之间有细微的差别。时间视野的概念过于宏伟，很难操作化；Bluedorn(2000)为了弥补这一缺陷提出了时间取向的概念，并按照方向和深度区分出了时间取向的两个维度，即时间关注和时间深度；而时间关注比时间取向允许个人在更大的时间段中分配注意力资源。(Shipp et al., 2009)

另外，在组织和团队情境中，个体在面对时间约束情境时重要的个体差异来自对最后期限的态度和行为反应，这可以由步调风格和时间紧迫感这两个时间属性刻画。

步调风格(pacing style)最早由 Blount & Janicik(2002)提出，指的是个人在面对最后期限时如何分配他们的时间。步调风格主要有三种类型：提前行动风格、稳定行动风格和推迟行动风格(early action, steady action, and deadline action)。(Gevers, Rutte & Van, 2006)提前行动风格的人会在任务制订后立刻开始行动，并在最后期限到来前很久就完成任务；推迟行动风格的人会把行动推后，并在最后期限到来的时候才完成任务；而稳定行动风格的人会平稳地开展工作。Gevers, Rutte & Van (2006)也检验了两种额外的风格：U 形(主要在规定期限的开端和末尾展开工作)、倒 U 形(主要在规定时间的中端展开工作)。对上述五种步调风格的描述见图 2-2。

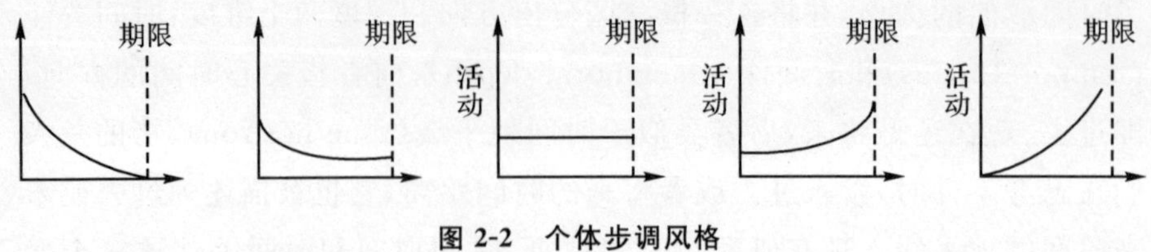

图 2-2 个体步调风格

资料来源：Gevers J M P，Rutte C G，Eerde W. *Meeting deadlines in work groups：implicit and explicit mechanisms*，*Applied Psychology：An International Review*，Vol. 55(1)，2006，pp. 52-72.

与步调风格相比，时间紧迫感（time urgency）是一个具有悠久研究传统的时间属性。时间紧迫感是 A 型行为模式的组成部分（Price，1982；Koslowsky，2001），被认为是稳定的个性特征；高时间紧迫感的人对时间资源全神贯注，并感到时间压迫（Conte，Mathieu & Landy，1998）。也有学者认为，对时间紧迫感的研究应该进入这个时间属性的内部，应该探索时间紧迫感这个变量的维度（Landy et al.，1991）。遵循这种思路，Conte et al.（2001）指出，“总体的匆忙程度”（general hurry）和“最后期限控制”是时间紧迫感的两个维度。高时间紧迫感的人把时间看作他们的敌人（Price，1982），会在更短的时间内安排更多的活动，经常显得行动匆忙；相反，低时间紧迫感的人低估时间的流逝，并因而感到不是那么紧迫（Waller et al.，2001）。

多重时间取向的概念最早来自人类学家 Hall（1959）的著作《无声的语言》（*the silent language*）。他认为，对时间的感知会因文化而异；他在比较了北美人和南美人后发现，前者更加趋向于单一时间取向（monochronicity），而后者更加趋向于多重时间取向（polychronicity）。简单来说，单一时间取向是指通常在一个时间段内只做一件事情；相反，多重时间取向是指通常在一个时间段内做多件事情。可见，他的定义更多关注多重时间取向的行为侧面。后来，在与 Bluedorn 的交流中，Hall 从两个方面拓展了多重时间取向的内涵。首先，加入了“态度”的成分。他指出，多重时间取向文化指的是这种文化中的人们喜欢在同一时间里参与多个活动和任务，而且也这么做了。其次，Hall 把另外一些现象纳入了多重时间取向的概念中。比如，他认为，多重时间取向的个人更倾向于关系取向，有更精心规划的信息网络，不关心正式的时间限制，和单一时间取向者相比更容易被打断。(Bluedorn,1998)沿着“态度”或者“偏好”的思路,Bluedorn et al.(1999)提供了一个新的定义,他们认为多重时间取向是指:①更喜欢同时参与两个或者更多的任务中;②相信这是最好的处理方式。

在此基础上,为了进一步界定这个构念,Bluedorn et al.(1999)提出多重时间取向行为(polychronic behavior),这可以区分为两种不同的多重任务执行方式(multitasking)。第一种是同时执行多个不同的任务,也就是双重任务(dual tasking),其中的一个例子是边慢跑边听音乐。第二种是在一个时间段内执行多个任务,也就是任务切换。现在的研究基本都基于这个分类来理解和刻画多重时间取向。Ballard & Seibold(2000)进一步把多重时间取向划分为三个维度:可控性、涉入性和排程。可控性是一个人认为他可以掌控时间的程度,这种信念在单一时间取向者那里比较明显。涉入性是另一个维度,这个维度关注的是关系;对单一时间取向者来说,他们更加关注任务而不是关系,但多重时间取向者认为关系比任务更重要。第三个维度是排程,指的是人们的时间资源配置、时间设置和顺序安排。受多重时间取向影响较大的行为很多都是与时间相关的行为,如日程安排、截止期限、对计划的坚持、准时、拖延、迟到、缺席等。(Kaufman-Scarborough & Lindquist, 1999; Conte & Jacobs, 2003)笔者对时间阐释维度下时间属性的研究进行总结,具体见表 2-5。

表 2-5 时间阐释维度下的时间属性

作者或代表性作者	时间属性	描述	测量
Lewin (1951)	时间视野	对过去、现在和未来的总的关注程度	Zimbardo Time Perspective Inventory (ZTPI; Zimbardo& Boyd, 1999)
Bluedorn (2000)	时间取向	想法和行为对过去、现在和未来的不同指向	Temporal Orientation Scale (TOS; Holman & Silver, 1998)
Bluedorn (2000)	时间关注	想法和行为对过去、现在和未来的不同指向	Temporal Focus Scale(Shipp et al.,2009)

续 表

作者或代表性作者	时间属性	描述	测量
Bluedorn (2000)	时间深度 或 时间视野	对过去、现在或将来的涉入程度	Temporal depth index(TDI; Bluedorn, 2002)
Blount & Janicik (2002)	步调风格	在面对最后期限时，个人如何分配他们的时间	Pacing preference scale (Gevers et al., 2009)
Landy et al. (1991)	时间紧迫感	对最后期限、时间的感知和对任务执行速度的偏好	无
Bluedorn (2007)	多重时间取向	在同一时间内做多件事情/一件事情的程度	Inventory of polychronic values (IPV; Bluedorn, Kalliath, Strube & Martin, 1999)

资料来源：根据相关资料整理。

时间规范是阐释性时间的一个重要属性，时间规范涉及了团队或组织中结构性时间的作用和意义。时间规范的一个例子是准时性(punctuality)。很多人认为“准时”是一个客观概念，能够被钟表精确地决定，但是“准时”也是社会构建的一部分。比如，在 Levine 及其合作者的银行钟表的样本中，他们发现，气候寒冷的地方和更强调个人文化的地方的钟表更加精准。(Levine & Norenzayan, 1999)在组织和团队情境下，以准时性为代表的时间规范表征是组织或团队对时间的稳定的看法，它和个体层面的时间个性和时间使用风格是对应的，都是特定主体对时间的主观看法和使用方式，都是时间阐释维度下的时间属性。

时间规范体现了组织或团队等社会实体对时间的一致性理解和看法，这有助于成员在工作中建立时间参照物。按照 Ancona(2001)的解释逻辑，可以将时间规范的作用机制总结为三方面。第一种机制是“匹配”(fit)，体现为组织成员对自己行为和组织时间规范间一致性程度的判断。第二种机制是“变动”。当对计时规范的变动进行反应时，人们总是体会到不同程度的困难。Blount & Janicik(2001)通过个体的认知反馈(individual's cognitive responses)探索了这些潜在的作用。他们提出，当面对不希望出现的和不确定的时间表变动(schedule change)时，人们会比较消极。第三种机制是“对照”。人们利用事件时间轴来衡量他们是否按时、将自己的进度和他人相比。(Abbott 1990; Neugarten, Moore & Lowe, 1965)比如说,Lawrence(1988)发现,那些进度超前(ahead of schedule)的人比进度落后的人被认为更加积极(more positively)。

2.2 团队协调与团队时间协调机制研究综述

大多数基于输入—过程—输出(input-process-output)的模型将协调看成团队绩效的核心过程。协调保证了团队以整体性的状态运行。(Brannick & Prince, 1997; Van, Delbecq & Koening, 1976)当协调程度高时,所有成员的工作都贡献于结果;而当协调程度低时,潜在的过程损失会对团队绩效产生负面的影响。(Steiner, 1972; Wilke & Meertens, 1994)因此可以说,协调状态类似于一个组织或者团队的黏合剂,它保证了一个组织或团队区别于孤立个体或孤立个体的简单相加。

协调的研究需要和团队时间的研究相结合,或者,协调研究应该凸显其时间维度,原因有三。首先,协调的概念内涵中本身就包含时间维度,这是协调(coordination)和协作(collaboration)或合作(cooperation)的根本区别之一。从词源的角度来考察,协作和合作仅仅强调了“一起工作”,但是协调指出了有效的团队工作的核心内涵。(Elias & Fiore,2012)具体而言,协调的词源来自三个不同的词——“arrange”“order”和“together”,因此,它更强调团队行为中的时间内涵。其中的一个显著例子是,Marks,Mathieu & Zaccaro(2001)将团队协调定义为“精心安排互依性行为的顺序(sequence)和时机(timing)”,其中的“顺序”和“时机”正是前文所指出的时间的两个重要属性。其次,团队协调的本质是对团队互依性的管理,而现有越来越多的研究倾向基于不同的视角对互依性的内涵进行拓展(如 Bailey et al., 2010)。事实上,互依性不仅仅是一个静态的以任务观或资源观为基础的概念,也是一个体现在互动行为中的动态的概念,因而,有必要基于时间维度对互依性进行拓展。从这个意义上说,时间互依性是协调研究和时间研究自然结合的产物,更是团队时间协调机制分析的起点。最后,从对协调过程和协调状态的区分可知,团队内良好的协调状态不仅体现为资源的良好分配和任务目标的一致指向,也体现为团队成员间互动的流畅，因而对协调过程的考察自然需要纳入时间的要素。基于这样的考虑，笔者首先回顾协调机制的本质和协调机制的分类，在此基础上考察团队时间协调机制的研究进展。

2.2.1 协调的本质

对协调正式的研究是随着大规模生产而出现的。(Scott & Davis, 2007)在这个过程中，专门化(specialization)和特殊工具都是重要的协调机制。早期的学者从工作设计的角度考察协调，而后来的学者采取了一种不同的视角来看待协调，也就是关注管理系统的设计而不是工作的设计，其中最知名的应该就是法约尔。随着组织功能多样化、组织边界模糊化和团队工作知识化，不同工作间的互依性可能是不确定的，也是很难识别的。因此，早期协调理论的一个缺陷是将过程和结构描绘成组织设定的正式要素，而不是由面向协调挑战的正在进行的活动设定。(Okhuysen & Bechky, 2009)

March & Simon(1958)突破法约尔等古典管理学者将协调看成基本管理职能的看法，从资源及其分配的角度出发，指出组织为了实现效率最大化和成本最小化，就需要在不同的人员之间分配资源和任务，而当 n 项任务在 m 个人员间进行分配时，就涉及人员、资源和任务三者之间的分配问题，此时协调问题就产生了。遵循这个思路，学者们基本都将协调界定为对子任务、资源和人员之间互依性(interdependence)的有效管理(Malone & Crowston, 1990, 1994)，如果事物具有互依性，就需要进行协调；协调既可以被看成一个过程，也可以被看成一个结果；团队利用不同协调机制的组合来管理任务、资源和人员之间的互依性(Espinosa, Lerch & Kraut, 2004)。之后的研究往往从协调的本质和核心，即“互依性及其管理”出发来研究协调问题。

Thompson(1967)提出，组织协调的产生源自组织中存在的三种依赖关系，即总和关系(pooled interdependence)、顺序关系(sequential interdependence)和互动关系(reciprocal interdependence)。总和关系指的是不同的任务需要不同的资源投入，从而实现一定的产出，这些产出又共同成为下一个任务的投入；顺序关系指的是前一个任务的产出成为后一个任务的投入，而后一个任务的产出又继续成为其他任务的投入；互动关系指的是不同的任务间的产出互相成为对方的投入。Thompson (1967)列举的三种任务间投入和产出的关系描绘了在组织或团队中基本的互依关系模式,而正是因为任务依赖关系或者互依性的存在,才产生了对协调的要求,如图 2-3 所示。在后续的研究中,Malone 和他的合作者在一系列的文章中(1987, 1990, 1994, 1999)提出了一种新的协调理论模型(model of coordination theory)。在该模型中,他们认为,在既定的目标约束下,任务和资源在组织成员之间进行分配时会产生各种依赖关系,如任务—任务关系、任务—资源关系、资源—资源关系,这些关系可以概括为三种模式:匹配(fit)关系、流动(flow)关系和共享(sharing)关系。

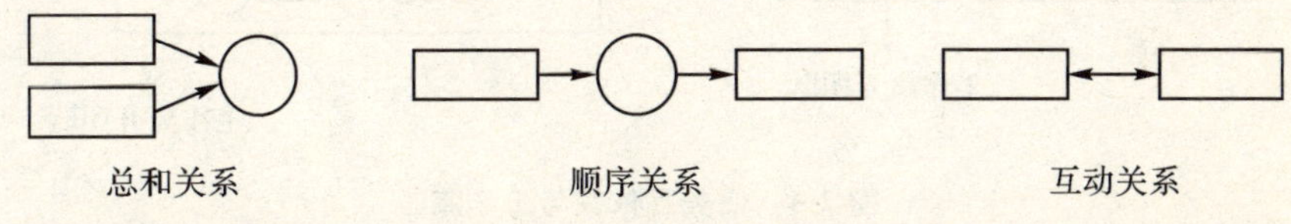

图 2-3 互依关系的类型

资料来源:Thompson J. *Orgnizations in action*, McGraw-Hill, 1967.

对互依性的拓展一直是团队研究的重点。Saavedra, Earley & Dyne (1993)在 Thompson(1967)和 Van et al. (1976)研究的基础上,进一步拓展了任务互依性的分类,并分析了不同互依性下团队行为的任务特征和工作流程。这个分类包括总和互依性、顺序互依性、互动互依性和团队互依性,反映了互依性的递增,也反映了协调需求的递增(Saavedra, Earley & Dyne, 1993),具体见图 2-4。

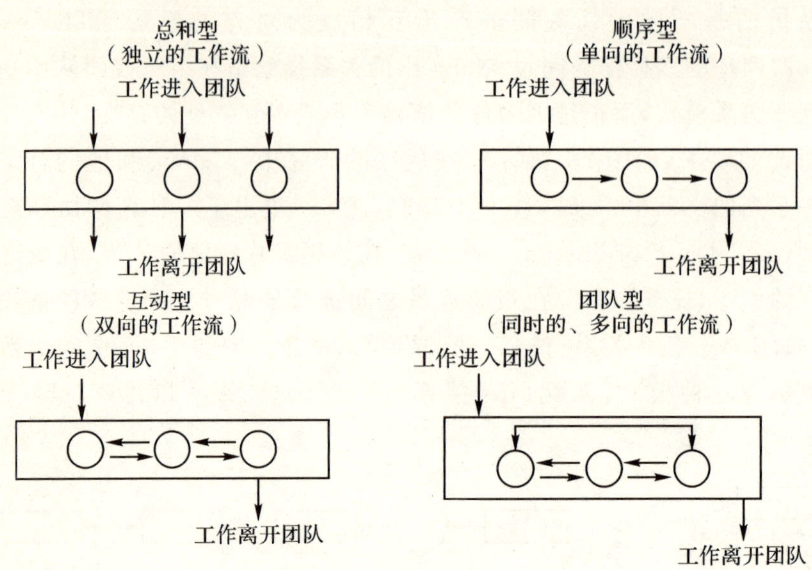

图 2-4 任务互依性与工作流

资料来源：Saavedra R，Earley P C，Dyne L V. *Complex interdependence in task-performing groups*，*Journal of Applied Psychology*，Vol. 78(1)，1993，pp. 61-72.

在总和互依性下，每一个成员对团队产出做出贡献，而不需要和其他团队成员直接互动。在这种情况下，团队成员通常具有相似的角色分配，每个成员都独立完成自己的任务。在总和互依性下，团队绩效是个体绩效的总和。在顺序互依性下，团队成员在完成任务时具有时间的先后性。在这种类型下，团队成员具有不同的角色，并按照指定的顺序完成任务中的某一部分。尽管成员间的互动对绩效非常重要，但是工作流向是单向的。在互动互依性下，A 成员的产出变成 B 成员的投入，而且相反也成立。因此，互动互依性可以被看成一种时间滞后的、双向的互动。（Van et al.，1976）通常情况下，团队成员具有不同的角色和专长，他们按照灵活的顺序来执行任务的不同部分。最后，在团队互依性下，团队成员彼此共同诊断、解决问题，从而完成一个任务。在这种情况下，团队成员自由设计自己的工作。一般来讲，团队互依性具有自我管理团队的性质。（Hackman，1987）在此基础上，Saavedra，Earley & Dyne（1993）指出，应利用“复杂互依性”（complex interdependence）的概念来刻画任务互依性和任务情境。因而，他们认为，复杂互依性可以被界定为一个三维度的构念。一个特定的任务可能是三个维度间不同水平的组合，比如顺序的任务互依性、个体的目标和团队反馈。

进一步地，Bailey，Leonardi & Chong(2010)指出，现有对协调的研究主要集中于“人”或“资源”的互依性，而较少考虑“技术”的互依性。他们认为，随着自动化过程和计算机化技术的引入(比如数字化控制仪器和机器人焊接工)，很多在生产系统中的任务都由机器来完成。因此，人员互依性已经逐渐由技术互依性补充。通过引入技术互依这个概念，他们质疑协调和任务互依性之间的紧密耦合关系。他们的案例研究表明，在他们研究的工程师样本中，只有一个团队的高技术互依性与高技术协调有关；在其他团队中，虽然面临技术互依性，但是工程师们却刻意回避协调他们的技术。进一步的研究发现，协调和技术互依性之间的紧密耦合或者松散耦合受到工作特征、职位结构和产业限制的综合影响。当然，互依性双方的依赖关系不一定是对等的，De，Van & Molleman(2007)在其对团队帮助和信任的研究中就引入了不对称互依性的概念，从而将对等性的互依性概念拓展为不对等性的互依性概念。

虽然有大量学者基于不同角度对互依性的内涵和特征等进行了研究，但是大多数的学者都承认，“互依性及其管理”仍然是协调研究的核心和分析起点。

2.2.2 团队协调机制的分类

很多学者在运用“coordination mechanism”这个词的时候并没有严格界定，但是他们一般认为，协调机制是组织如何协调的方式，比如 Rico et al. (2008)指出，一些不同的概念被用来解释团队如何协调。事实上，协调机制其实是一种协调机制或者协调方式的集合体，即在协调机制这个大的标签下包含若干不同的协调机制，因而在进一步的分析之前，有必要首先厘清团队协调机制的不同类型。

(1)传统协调机制(外显协调机制)

Thompson(1967)指出，在组织存在与三种互依关系相对应的三种协调机制，即标准化机制，主要指用事先制订的规则和标准来控制和协调组织中的各种依赖关系，包括工作流程标准化、产出标准化、规则和技术标准化等；直接监督机制，主要指用权力或权威来协调处理组织中的各种依赖关系，包括层级制和基于权力的协调制度等；相互调整机制（mutual adjustment），主要指利用人的主观能动性和人际关系的建立来协调和处理组织中的依赖关系，包括沟通和信任关系的建立等。

Van et al.（1976，1984）把组织中的协调机制概括为两种基本形式：一是程序化协调机制，主要利用标准、规则和计划等可事先设计出来的规则或制度对组织中各种依赖关系进行协调控制和处理；二是基于人际关系协调和沟通的协调机制（interpersonal coordination），主要利用相互调整、反馈、群体会议、工作关系建立和信任等处理组织中的依赖关系。这项研究基本上确立了现代组织理论关于协调机制问题研究的基本框架。这和 Rico et al.（2008）的研究结论一致。Rico et al.（2008）在论及传统的团队协调机制时，认为主要包括通过计划协调和通过沟通协调。计划协调也被称为规划、非人格化协调或者行政协调，指的是团队利用职能和设备来管理工作中较稳定和可预测的部分，比如最后期限、计划、时间表和程序。沟通协调包括反馈过程和人际协调，指的是两个或者多个团队成员之间通过正式或非正式、口头或者问题沟通的信息交换，其目的是整合各自的贡献达成团队的目标。

Fenema（2002）认为，协调机制主要由四种基本机制构成，即基于工作的协调机制（work-based coordination），主要包括计划、标准和专业化机制等；基于组织设计的协调机制（coordination by organization design），主要包括层级制、横向契约关系及跨职能团队机制等；基于人际关系的协调机制，主要包括相互调整、知识共享、工作关系建立机制等；基于技术的协调机制（technology-based coordination），主要包括通过媒介、数据库和工作流程技术等进行协调的机制。进一步地，他认为，在实际的组织活动过程中，这四种机制是相互补充、共同发挥作用的。

除此之外，Gittell（2000，2002）提出了基于关系协调（relational coordination）的研究路径，强调在未来的组织活动中应更多地关注基于人的行为协调的非正式机制的使用。以 Malone et al. 为首的美国麻省理工学院协调科学中心（Center for Coordination Science，CCS）的研究者们在提出协调理论模型的基础上，试图以此研究组织工作流程的协调优化问题，并强调信息技术在组织活动流程协调过程中的作用。

（2）内隐协调机制

外显协调在过去的研究中非常常见，Rico et al.(2008)指出，外显协调是通过成员的直接交互或外在媒介而实现的调整，是可察觉的、有意识的和外在的协调方式。但是外显协调机制只是揭示了协调的一个侧面，却忽视了成员依据对任务和其他成员需求的预期来调整自身行动的过程；也就是说，忽视了自发的、难以察觉的协调方式。因而，现有团队机制存在的不足需要由内隐协调来弥补。

内隐协调的概念最初用以解释在高工作强度情境下，决策制订团队或者行动团队通过显著减少团队内的沟通以相互协调并保持高绩效的能力。(Cannon-Bowers & Salas, 2001; Kleinman & Serfaty, 1989; Orasanu, 1990; Serfaty, Entin & Volpe, 1993)内隐协调有别于外显协调，后者强调成员沟通以制订计划、明确责任、协商最后期限和寻找信息以解决共同的任务，而前者是一个团队通过预期任务和团队成员的需要，相应地调整行为以达成一致性行动的过程，内隐协调不需要进行外显的沟通。Espinosa, Lerch & Kraut(2004)提出，内隐协调机制的一个形式是共享认知(shared cognition)，它使得团队成员对任务状态和其他人的行为有一致的解释和预期(explain and anticipate)，从而帮助他们管理任务互依性。不同流派的研究都或多或少地涉及了这种内隐协调机制(Espinosa, Lerch & Kraut, 2004)。比如，团队心智模型(Cannon, Salas & Convers, 1993; Klimoski & Mohammed, 1994; Kraiger & Wenzel, 1997)、团队环境意识(team situation awareness) (Endsley et al., 2001; Wellens, 1993)、交互记忆系统(transactive memory) (Liang et al., 1995; Lewis, 2000)和共同心智(collective mind) (Weick & Roberts, 1993; Weick, 1993)。这些构念有所区别，但是它们的共同点是强调知识的相似性和互补性以帮助团队成员解释其他成员的行为和理解任务的变化，并对未来任务的状态和成员的行为有一致性的预期，从而更好地帮助他们进行内隐协调。(Espinosa, Lerch & Kraut, 2004)

内隐协调机制和外显协调机制在团队中扮演相似的角色——让团队成员能有效管理团队中的各种互依性，但是它们的内在机制是不同的。内隐协调过程往往通过以下行为表现出来：①提供与任务相关的信息、知识，或者在没有其他人提前请求的情况下反馈给他们团队的成员；②主动共享工作量或者帮助其他人；③关注队友的任务进度和绩效；④根据其他人的期望调整行为。(Serfaty, Entin & Volpe, 1993; Wittembaum, Stasser & Merry, 1996; Entin & Serfaty, 1999; Mac-Millan, et al., 2004)

Rico et al.(2008)认为，内隐协调机制有两个基本的组成部分：①预期(anticipation)；②动态调整(dynamic adjustment)，这把内隐协调机制和有关团队认知的一些构念区别开来。当团队成员对任务、行为等有一致性的理解和预期，或者团队成员之间不需要经过交流就相互适应和调整行为时，内隐协调就产生了。内隐协调和共同心智的区分有两点：第一，这两个构念对"认知"的假设不同——在共同心智的分析中，没有明确区分认知和行为，但是在内隐协调的分析中明确指出认知的结构和内容；第二，根据 Weick & Roberts(1993)的研究可知，组成共同心智的个体间行动的互动模式可以介于有意识和无意识之间，他们强调了有意识的作用。尽管内隐协调也是一种个人行为的互动模式，但是没有强调"有意识"。团队可以隐性地但是非有意识地协调(比如团队成员可能没有完全意识到隐性协调)。事实上，内隐协调有时是自动的和无意识的(automatic and unconscious)。因此，像其他类型的协调一样，内隐协调可以介于无意识和有意识之间。内隐—外显和有意识—无意识是一个社会系统(比如一个工作团队)的成员整合他们的行动以达成共同结果的方式的不同侧面。(Rico et al., 2008)

(3)两类协调机制的关系

组织社会学家和社会心理学家指出，在运用任何特定的协调机制时，都有潜在的收益(比如效率、矫正沟通、快速冲突解决、团队质量)和成本(比如信息遗漏、曲解、负荷过多和低动机)。(Van, Delbecq & Koening, 1976)比如说，一方面沟通在下列情况下是重要的：①复杂的智力型任务。在这种情况下，任务的互依性是不确定的。②任务的早期阶段。另一方面，沟通在下列情况下不是那么重要：①更加机械化的任务。在这种情况下，任务的互依性是清晰的。②任务发展的后期阶段。(Van, Delbecq & Koening, 1976)

团队会采用一个最合适的协调机制的组合来管理任务中存在的互依性。任务、团队和情境变量都会影响任务互依性的数量、复杂性和类型，并进而影响哪些协调机制可以被用以管理这些互依性。比如说，在 Espinosa, Lerch & Kraut(2004)的研究中，决策团队和软件开发团队面临不同类型的互依性。决策团队面临子任务互依性(比如避免工作重复、子任务的委派)和子战略互依性(比如财务战略和运作战略的同步性),而软件开发团队则面临技术、时间和开发过程的互依性。团队变量也会影响互依性的类型。比如说,和小型团队相比,大型团队可能会有更多更复杂的互依性。另外,如果团队的历史越长,那么它管理互依性的经验就越丰富。最后,情境的变量也会影响互依性的类型。比如,技术、组织过程;比如地理的分散程度,地理上集中的团队可能会运用由不同的协调机制组成的混合体,而地理上分散的团队可能会依赖于沟通技术。类似地,在实时情境下工作的团队(比如开飞机、动手术)比那些进行非同步化作业的团队更有可能采取多样化的协调机制。(Espinosa, Lerch & Kraut, 2004)

研究已经发现,当一个组织的工作是可被分析的和没有变化的时候,大多数的任务活动都可以被标准化和程序化。(Litwak, 1961; Hall, 1972; Perrow, 1970)但是,当任务的不确定性增加时,通过非人格方式进行协调会变得很困难。这可以归因于很多"例外情况"的产生(March & Simon, 1958; Thompson, 1967)或者是任务很难分解。在极端的情况下,高度的不确定性要求相互调整。(Van & Delbecq, 1976)

2.2.3 团队时间协调机制的研究进展

Kozlowski & Ilgen(2006)指出,协调是团队工作中最重要的行为过程,它涉及:①将不同团队成员的行动和努力集合起来;②在联合过程中相互适应节奏并达成同步化。从这个定义可知,在传统协调研究中,本身就涉及时间要素的探讨。本部分专门对时间协调机制的相关研究进行综述,并指出其研究的缺陷。

正如前文所述,Zerubavel(1981)在《隐形的节奏:社会生活中的时间表和日历》(*Hidden Rhythms: Schedules and Calendars in Social Life*)一书中描绘了时间的四个主要维度,即顺序性结构、时长、时点和重复率。在谈及这四个时间维度时,大多数学者往往关注 Zerubavel 所强调的时间的结构属性,但是事实上正好相反,Zerubavel 对结构化时间的刻画和研究的目的,正是解释时间的社会构建性,以及在这个过程中涌现出的时间冲突及其缓解方式。

Zerubavel(1981)指出,时间的这四个维度可能来自逻辑或者技术的因素，也可能来自社会的因素。有些顺序结构是自然而然的或者说必然的，是不可逆转的(比如他提到的播种的例子)，但是有些顺序是人为的惯例(artifical convention)，比如汤在主菜前被端上桌。时长也是如此。时长是由技术或者生理因素严格决定的，但是也有可能是传统的，比如虽然有人认为八小时的工作时间是由生理因素决定的，但是从历史上看，这是工会和管理层持续斗争的社会和历史的产物。无论时间及其维度由技术因素还是社会因素决定，当其“制度化”之后，都会产生一定的时间刚性。不同个体间时间需求和时间行为的时间刚性会导致时间的冲突。更重要的是，Zerubavel(1981)描述了时间架构，比如日历，如何从具体的、当地的变成普遍的和全球的(这与贸易、工业化和资本主义的扩展相联系)。特别是在全球化的背景下，由于由当地社会所构建的时间和全球时间在很多情况下是不一致的，此时就会产生时间冲突，这也就产生了时间协调的需要。

在这种背景下，Zerubavel(1981)提出了时间协调的两种基本模式，即时间对称和时间互补(temporal symmetry and temporal complementarity)。第一种通过同步化不同个人的活动以达到时间协调，而后一种通过在不同个人之间进行时间分工达成协调。Zerubavel 进一步指出，排程能够促进时间的对称性和互补性，使得团队成员间的时间节奏和模式互相匹配。

McGrath 及其合作者较多研究了团队和组织情境中的时间问题。1991年，McGrath 在其之前研究(McGrath et al.，1983，1984，1986 等)的基础上，提出了时间—互动—绩效理论(Time-Interaction-Performance，TIP)。

在其组织和团队时间研究领域的重要文献中，McGrath(1991)指出，组织和团队面临三个一般性的时间问题，即时间模糊性、时间冲突和时间资源稀缺。时间模糊性指的是团队对事件何时发生及持续多久这一问题不是特别清楚；由于时间内嵌于任务、行为、个性和规范中。因此，任何一个要素的时间维度的模糊都可能导致时间的模糊性。比如，在知识型团队中，由于知识创造过程的开放性和不确定性，导致知识任务在推进的过程中面临任务时间的难以预估和控制，从而导致时间模糊性的产生。时间冲突指时间要求上的冲突性，也包括时间使用的冲突性。前者指由于团队内外不同主体对时间的不同要求而产生的时间冲突；后者指由于团队成员具有不同的时间个性和时间使用风格，会对时间有不同的解读和运用，从而产生时间的冲突性。时间资源稀缺是现代组织面临的一个困境，时间资源稀缺既可能产生于客观原因，也可能产生于主观原因。

当然，组织和团队在面对这些时间问题时并不是束手无策的。通常而言，组织或团队可以采取三种时间管理措施，包括排程（比如确定最后期限）、同步化（不同成员间达成相同的节奏）和时间资源的分配（将一定量的时间分配到特定的任务上）。（McGrath，1991）相对应地，个体可以采取如下反应：做出时间承诺（commitments），协商行为序列的规范（norms），调整任务流程和个体间的互动。当然，McGrath（1991）认为，尽管组织、团队或个体在不同层面上试图努力解决时间问题，但是总有一定程度上的遗留问题。这些遗留问题可能包括最后期限问题、动态协调问题和互动调整问题。

在团队研究中，越来越多的学者关注协调中的时间模式和节奏。Maznevski & Chudoba（2000）发现，有效的虚拟团队的特征是强有力的、重复的时间模式；Reddy & Dourish（2002）在对外科重症监护病房进行人类学研究中，也发现不同工作团队利用他们对工作的时间结构的理解来帮助协调他们不同的活动。Montoya-Weiss，Massey & Song（2001）考察了虚拟团队中的时间协调问题。他们指出，同步化互动是一个秩序化过程，在这个过程中，通过语言的和非语言的暗示帮助团队成员调整他们的沟通，提供即时的反馈，传递微妙的含义，而在虚拟团队经常面临的非同步化沟通环境中，信号的传递被阻碍，反馈被延迟，沟通中的打断和长时间停顿经常发生，因此，虚拟团队需要采用一系列的协调机制来解决这些特殊的时间问题。他们认为，解决虚拟团队所面临的沟通问题的一个方法是在他们的工作中引入时间协调机制，并基于 TIP 理论将时间协调机制定义为介入和指导团队沟通的模式、时机和内容的过程。在跨国的学生样本实验中，他们以安排最后期限、指导以协调节奏和时间资源的分配这三项活动来操作团队协调机制，并检验了时间协调机制在冲突管理行为和虚拟团队绩效之间的调节作用。在后续的研究中，Massey，Montoya-Weiss & Hung（2003）的三种时间管理策略进一步基于 TIP 理论界定和操作化了团队时间协调机制，认为时间协调机制能够为组织团队沟通提供一个结构，并为工作和问题解决提供一个顺序，其在全球虚拟项目团队的非同步化沟通中发挥着重要作用。

2.3 团队时间认知研究综述

2.3.1 团队时间认知相关构念梳理

团队的一致性行动，要求成员间共享知识、规范、价值观、理念、解释和期望。(Zalesny，Salas & Prince，1995)在关于共享认知和团队绩效的研究中，人们已经提出了一些有着内在联系和区别的构念，典型的如共享心智模型(shared mental models)(Cannon-Bowers，Salas & Converse，1993)、团队图式相似性(team schema similarity)(Rentsch & Hall，1994)、交互记忆(transactive memory)(Wegner，1995)等。借助这些构念，人们可以更好地理解团队成员对团队任务及其完成过程的共享知识表征(Mohammed et al.，2010)影响团队绩效的机制(Rentsch & Klimoski，2001)。与知识相似，时间也是一种需要被表征和加工的信息(Zakay，1989)，团队内的任何任务及其完成过程中都存在着时间表征问题。由于团队成员可能会对时间具有不同的期望、偏好、个性和使用风格，所以，当团队面临着复杂的、非独立的任务，并具有特定产出要求(比如产品、计划、决策)时，就需要高效的团队协调，其中团队共享的时间理解就变得至关重要。(Bartel & Milliken，2004)

尽管时间是团队行为有效协调的关键因素(Waller，Zellmer-Bruhn & Giambatista，2002)，但在团队认知领域，人们很少关注时间的内隐理解问题。即便现实中项目团队采用时间表和最后期限来降低模糊性，增加个人和团队顺利推进项目的可能性，但这是否能够真正影响团队成员的行为还取决于它们如何被团队成员所“理解”和“解释”。行动理论指出，人们不是按照给定的任务要求来采取行动，而是根据个人的偏好和感受到的压力来执行任务。(Hacker，2003)由于不同团队成员具有不同的时间使用风格和时间个性(Blount & Janicik，2001，2002)，他们对任务的时间要求(如最后期限及其弹性、完成任务的速度等)会有不同的感知和解读，这显然会影响到任务完成过程及团队绩效(Bartel & Milliken，2004)。

Bartel & Milliken(2004)指出，团队成员对时间感知的多样性来自个体和情境两方面因素：在个体方面，来自对现在和未来的指向程度，这被称为个体的时间取向(time orientation);在情境方面,来自对时间管理(time management)的感知程度;在个体与情境的交互方面,则来自对时间紧迫性的感知程度,这也被称为时间压缩感(time compression)。正是这三个方面的时间感知,构成了团队中时间的共享认知。

关于时间共享认知的内涵,Gevers,Rutte & Van(2004)更侧重于从任务的角度进行分析。他们指出,时间共享认知指团队成员对共同任务的时间方面的一致认识,具体包括对里程碑和时间表(milestones and schedules)、互依任务的时间参考点(temporal reference points)等的一致认识。在后续的研究中,Gevers et al.(2006, 2009)又采用共享时间认知和时间共识两个构念来刻画团队成员对他们共同任务的时间侧面的一致性心智表征程度,并进一步用时间共识构念阐释了遵守最后期限的重要性、(子)任务完成的时间、任务实施的合适时机和节奏的一致认识。这意味着,团队成员需要对完成任务的最后期限、需要分配的时间量和开展速度有一致的理解;否则,尽管团队成员面临同样的最后期限,但在他们头脑中仍可能有不同的时间表,这将导致冲突,而且往往是过程冲突。

Standifer & Bluedorn(2006)则首次引入共享时间心智模型构念。他们从时间适应理论出发,认为对时间的共享主要体现在"时间适应"(entrainment)的不同侧面,包括步调、周期和主导节奏。类似地,Hamilton et al.(2010)提出了TTMM,并将其定义为对任务的最后期限、节奏和顺序的一致性理解程度。TTMM及其相关构念的梳理参见表2-6。

表2-6 TTMM及其相关构念梳理

构念	作者	含义	共享的内容	测量	视角
时间的共享认知(Shared cognition on time)	Bartel &Milliken, 2004	团队成员对三种时间感知的共享认知	①时间导向(现在 vs 将来) ②时间压缩 ③时间管理和规范	时间导向量表(Zimbardo & Boyd,1999)和时间规范量表(Schriber & Gutek,1987)	个体因素和情境因素的视角

续 表

构念	作者	含义	共享的内容	测量	视角
共享时间认知(Shared tem-poral cognition)	Gevers et al.，2004，2006，2009	团队成员对他们共同任务的时间侧面的一致性心智表征程度	①遵守最后期限的重要性 ②(子)任务完成的时间 ③任务实施的合适时机和节奏	Gevers，Rute & Van (2006)	任务视角
共享时间心智模型(Sharing temporal mental model)	Standifer & Bluedorn，2006	团队成员对时间适应的共享性理解	①步调 ②周期 ③主导节奏	无	时间适应的视角
TTMM	Hamilton et al.，2010	团队成员对任务的时间性的一致理解	①任务的最后期限 ②节奏 ③顺序	Gevers，Rute & Van (2006)	任务视角

资料来源：根据相关文献整理。

上述关于团队共享时间理解问题的研究，虽然都假设团队成员在最后期限、时间表和节奏上的共识有助于调整他们自己的速度、节奏和工作周期，以适应其他成员和外部任务环境的速度、节奏和周期(Gevers，Rutte & Van，2004；Standifer & Bluedorn，2006)，却采用了不同的构念；尽管有学者认为这些术语彼此通用(Gevers，Rutte & Van，2006；Gevers，Van & Rutte，2009)，但仔细分析可以发现，这些构念在内涵和测量方式上仍存在差异，有必要做出区分和选择。

首先，在理论视角上，Bartel & Milliken(2004)的时间共享认知构念基于个体因素和情境因素及两者交互视角；而 Gevers et al.(2004，2006，2009)和 Hamilton et al.(2010)的研究虽然采用了共享时间认知、时间共识或者 TTMM 构念，但其研究视角都是基于任务的；与前两个视角不同，Standifer & Bluedorn(2006)的共享时间心智模型构念则采取了时间适应视角，从步调、周期和主导节奏三个方面来建构团队所具有的共享时间认知。上述三个理论视角的研究存在一个共同缺陷，即没有对时间本身进行分析。针对此问题，笔者认为有必要从时间的维度理论出发予以弥补。

其次，在测量方式上，Bartel & Milliken(2004)的时间共享认知构念借用了已有的时间导向量表(Zimbardo & Boyd, 1999)和时间规范量表(Schriber & Gutek, 1987)，测量来自个体和情境两个因素的时间感知的多样性及其共享程度；在 Gevers et al. (2004, 2006, 2009)和 Hamilton et al. (2010)的研究中，虽然采用了共享时间认知、时间共识或者 TTMM 等不同构念，但其都采用了 Gevers, Rutte 和 Van(2006)开发的量表，从任务出发测量团队成员对共同任务的时间方面的一致认识；Standifer & Bluedorn(2006)则没有使用具体测量方式。目前，对相关构念的测量均未将时间阐释维度纳入量表中，也没有借鉴相对成熟的时间结构维度下的属性设置。

另外，对比上述几个有关团队共享时间理解构念，发现 Hamilton et al. (2010)的 TTMM 构念较好地将时间嵌入团队任务及其过程中(Ancona et al., 2001)，并且通过厘清 TTMM 和团队心智模型中任务模型和团队模型的关系，使得团队共享时间理解的对象和地位更加清晰化。

2.3.2 团队时间认知的前因和后果

在团队中，沟通被认为是行为调节的最重要方式。(Von, Ochsenbein & Valach, 1986)当然，时间共识可能先于团队沟通而存在，或者无意识地产生，比如团队成员具有相似的步调风格。(Gevers, Rutte & Van, 2006)但是更多地，当无意识的团队行为同步化是不可能的时候，团队成员可能利用显性的团队沟通过程以使得他们对时间的认知达成一致，团队时间认知被认为是在明确的沟通中形成的。因而，Gevers, Rutte & Van(2004)将团队的目标制订(goal setting)、时间规划(temporal planning)和时间反思(temporal reflexivity)这三个行为视为团队时间认知形成的前因变量，但是在 Gevers, Van & Rutte(2009)的研究中，他们又进一步将团队时间认知的前因变量总结为时间计划、时间提醒和时间反思，并指出，团队成员对这些活动的参与能够有利于团队一致性时间理解的形成。

以前对计划的研究主要集中在设立目标、产生子任务、创造角色和任务分配上。(Hackman, 1968; Hackman, Jones & McGrath, 1967; Weingart,

1992；Weldon et al.，1991)但是 Janicik & Bartel(2003)指出，团队也需要讨论具体的行动何时展开、需要持续多久及其他的与时间相关的意外事件，他们把这些讨论看成时间计划。时间计划涉及如何安排时间以达成目标的策略。(Gevers，Van & Rutte，2009)虽然目标设定过程，特别是团队成员参与的目标和子目标设定过程，使得团队成员对时间里程碑和最后期限也有一些初步的认识，但是时间计划和目标设定有明显的区别，因为前者涉及更低层次的策略开发，涉及如何通过特定的方式达成目标。由于时间计划往往出现在一个活动的准备阶段，因而它对一个项目早期的时间共识有影响。团队经常就一些开始工作的必要步骤制订计划，但是更多细节的时间表会在具体工作的开始过程中展开。(Weingart，1992)根据 Tripoli(1998)的研究可知，制订详细的计划只有在目标是具体的、环境是可预测的和稳定的情况下才有效。

Gevers，Van & Rutte(2009)认为，时间计划包括如下几个组成部分：①预测为了完成特定的子任务需要花多少时间，为这些子任务设定里程碑事件；②决定活动开展的时间先后顺序，并为成员之间的工作协调制订计划；③讨论团队成员个体的时间限制和对任务的时间偏好。通过讨论子任务的持续时间和顺序，团队成员对完成任务的时间会达成一致性的期望，并对准时性、速度和最后期限的坚持有一致的解释，这会让团队成员关注任务进程，而不仅仅关注自己的子任务。在 Janicik & Bartel(2003)的研究中发现，当团队成员参与时间计划的制订过程中时，团队成员可以建立起有关团队如何管理时间的一致性的期望，而这会产生更好的团队协调和任务绩效。

相互的时间提醒包括互相提醒最后期限的到来、相互督促坚持时间表和(子)任务按时完成。(Gevers，Rutte & Van，2006)在 Gevers，Rutte & Van(2006)的研究中，时间提醒的主体是团队成员。当团队面临复杂的、需要频繁互动的任务，特别是开放性的知识型任务时，团队成员对任务完成的时间及其进度往往没有明确的一致性认知，这时，很多时间的安排都是在任务开展过程中进行的，这就凸显出时间提醒的重要性。从一定意义上而言，团队成员间的时间提醒有点类似于外显的和有意识的时间适应过程。在这个过程中，团队成员间相互关注团队内其他成员的任务进度和任务时间安排，根据其他人的时间进度来安排自己的活动，并适时地对他人的时间安排提出要求，从而使得团队成员间得到一致性的时间安排，以保证协调性状态的出现。所以，时间提醒通过消除个体间时间个性和时间使用风格的差异，明确团队内任务的时间安排，可以使团队成员对任务及其完成过程的时间侧面达成一定的共识。但是 Gevers, Van & Rutte(2009)的研究发现，团队时间反思对团队时间共识和团队绩效没有影响，他们的一个解释是，团队进行时间反思的原因正是他们对时间的不一致的理解。

团队时间认知能够对很多团队过程和团队结果产生作用，受其影响最大的是团队成员间的一致性行为。有许多对团队时间的研究(Ancona & Chong, 1996; Blount & Janicik, 2002; McGrath & Kelly, 1986)都强调团队成员间的一致性行为，也就是说，团队成员对活动开展的速度是否能达成一致并相互协调，取决于团队成员是否对时间相关的变量持相似的看法。而涉及团队时间认知的团队结果变量时，学者一般都考察"按时完成"和团队绩效。比如说，Gevers, Rutte & Van(2004)指出，当一个团队拥有较高的时间共享认知时，他们对任务及其完成过程的时间节点也会有较高的共同理解，从而更容易按时完成任务。Bartel & Milliken (2004)及 Gevers, Van & Rutte(2009)则进一步指出，不同的团队成员对于相互依赖的任务的时间期望有冲突的看法，会影响到团队产出的时间性和质量。

2.4 团队效能与团队过程研究综述

2.4.1 团队效能模型

McGrath(1964)提出的 IPO(Input-Process-Outcome)框架已经成为研究团队效能的经典框架，图 2-5 是对这个模型的改编。"输入"描述了促使和限制团队成员进行互动的前因变量，它包括个体层面的团队成员特性(比如能力和个性)、团队层面的因素(比如任务结构和外在领导影响)和组织情境因素(比如组织设计特征和环境复杂性)。这些不同的前因变量联合起来驱动团队过程。团队过程是描述指向任务完成的团队互动。团队产出是团队活动的结果和副产品，它可以从多个角度来衡量。(Mathieu et al., 2008)

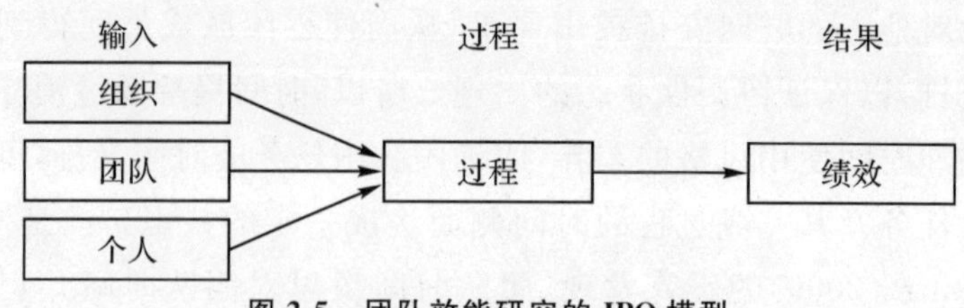

图 2-5 团队效能研究的 IPO 模型

资料来源：改编自 McGrath J E. *Social psychology: a brief introduction*, Holt, Rinehart & Winston, 1964.

IPO 模型虽然在很多年的时间里都是很有价值的框架，但是它在很多方面也被修正了。(Hackman & Morris, 1975; Cohen & Bailey, 1997; McGrath et al., 2001; Ilgen et al., 2005)大多数对 IPO 模型的修正不是把它放置在一个更大的情境中，强调一个时间因素，就是探索被这个模型忽视的更加微妙的方面。比如，Cohen & Bailey (1997)阐释了情境因素的重要性，他们把环境因素作为团队和组合输入的驱动因素。事实上，这种方法包含了团队内在的多层次特性，也就是说，个人内嵌于团队中，而团队又内嵌于组织中，而组织又存在于环境中，这是多层次模型的一个特征。(Klein & Kozlowski, 2000)在图 2-6 中，内嵌的安排显示环境和组织情境因素作用于领导的特性、任务设计和团队的其他特性。继而，团队情境和要求也对成员产生影响。一般来讲，外层因素(比如高层次因素)影响内层因素(图 2-6 中"输入"部分中的实线)，而相反的影响却较少，尽管相反的影响也是有的(图 2-6 中"输入"部分中的虚线)。

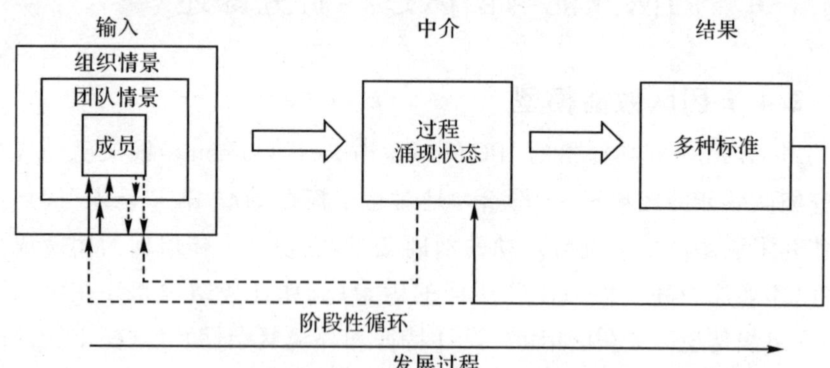

图 2-6 团队效能研究的 IMO(Input-Mediator-Outcome)模型

资料来源：Mathieu J, Maynard M T, et al. *Team effectiveness 1997-2007: a review of recent advancements and a glimpse into the future*, *Journal of Management*, Vol. 34(3), 2008, pp. 410-476.

从个体输入到团队中介隐含地引发了对组合过程(composition processes)和合成过程(compilation processes)的思考和讨论。团队"组合"研究纳入团队效能的研究中已经超过了60年(Mann, 1959),它关注团队成员的属性及这些属性的组合对过程、涌现状态和最后绩效的作用,已经包括了工作相关的特质(Webber & Donahue, 2001)和表层的、深层的特性(Harrison, Price & Bell, 1998; Harrison et al., 2002)。Kozlowski & Klein (2000)将组合过程描述为相对简单的融合规则,比如对低层次单元求平均值来表征高层次的构念。差异性指数本质上也是组合式的,因为它们用低层次实体特征的变异来表征高层次的构念。组合式模型的一个要点是,低层次实体被认为是可以比较的,而且在构建高层次构念中起着相同的作用。相反,在合成式模型中,高层次现象是多样化的低层次现象的复杂融合。(Kozlowski & Klein, 2000)换句话说,合成描述了一种有别于低层次主体简单描述统计的高层次构念。

在广义的界定团队效能的操作定义中,不同学者有不同看法。Hackman(1987)认为,团队效能是团队实现预定目标的实际结果,主要包括三个方面:①团队产出的产品达到的绩效标准,比如个人绩效、团队绩效;②团队发展的一种提高团队成员共同工作能力的过程,比如承诺、内聚力等;③团队成员在团队中的经历是否令人满意,比如成员满意感。Cohen & Bailey(1997)将团队效能归纳为团队绩效、成员态度与行为产出三类:①团队绩效,以产出的数量和质量衡量的绩效效能,如效率、生产率、反应时间、质量、顾客满意度和创新;②成员态度,如员工满意度、对管理层的信任与承诺;③行为产出,如缺勤、离职和安全。Sundstrom et al. (2000)列举了在20世纪八九十年代超过20种的团队结果。Beal et al. (2003)区分了绩效行为和绩效结果,认为行为是和达到结果相关的行动,而结果是绩效行为的结果或后果;绩效行为的例子包括团队过程提升、学习行为和认知任务绩效。与此同时,团队、工作或者组织满意度(Janz, Colquitt & Noe, 1997; Kirkman & Rosen, 1999; Tesluk & Mathieu, 1999)和团队或组织承诺(Janz, Colquitt & Noe, 1997; Kirkman & Rosen, 1999; Tesluk & Mathieu, 1999)也一直受到很多关注。自McGrath(1964)以来对团队效能指标的探讨详见表2-7。

表 2-7 团队效能指标汇总

学者	团队效能指标
McGrath(1964)	绩效产出和其他产出
Kolodny & Klggundu(1980)	生产力、技能性劳动力的维持、满意度
Hackman(1983)	满足顾客需求、团队成长、成员成长
Gladstein(1984)	绩效、满意度
Canmpbell(1990)	任务绩效、组织公民性、亲社会行为
Guzzo & Shea(1992)	团队的产品、团队的发展能力、团队成员的满意感
Salas et al. (1992)	品质、时间、错误率
Campion et al. (1993)	生产力、员工满意、上级评价绩效
Cohen et al. (1996)	团队绩效(质量、生产力、成本、安全),员工工作状况(工作满意、成长需求满意、社会需求满意、团队满意、组织承诺、信任)
Cohen & Bailey(1997)	团队绩效(质量、生产力等)、成员态度(工作满意度、信任等)、行为产出(离职、缺勤等)
Kirkman & Rosen(1999)	生产力、主动行为、顾客服务、工作满意、组织承诺及团队承诺
Janz(1997)	团队绩效、团队承诺、团队满意
Mathieu & Schulze (2006)	产出绩效、顾客满意
Lepine(2005)	绩效、成员满意度

资料来源:根据相关文献整理。

2.4.2 团队过程及其类型

Cohen & Bailey(1997)把团队过程定义为:团队成员之间及团队成员和外部的互动,比如沟通和冲突。团队过程的核心是:团队成员和其他成员及他们的任务环境的互动。团队过程是一种手段,通过这种手段,团队成员协作工作并利用不同的资源,包括专长、设备和资金,以产生最后的成果。

在经典的 IPO 模型中,作为团队过程的(P)一般都被强调为互动过程,而 Marks et al. (2001)认为,团队过程的内涵应该大于团队互动的内涵。基于此,他们将团队过程定义为:团队成员间的互依性行为,这些行为将“输入”通过认知、语言和行为活动组织任务协作并转化为“结果”,最后达成共同的目标;进一步地,Ilgen et al. (2005)提出了 IMO 模型以区别于标准的 IPO 框架,并认为,很多介入和传递将团队输入转化为团队产出的中介因素都不是过程。许多学者基于这样的定义对过程变量进行选择和操作化，比如 Cohen & Bailey(1997)区分了内外部过程和团队心理特性。Marks，Mathieu & Zaccaro(2001)在团队效能的片段模型中(episodic model of team effectiveness)也做了类似的区分，他们指出，团队过程包括成员行为，也包括认知或动机或情感状态。他们把后面的这些中介因素称为涌现状态，包括团队的认知、动机和情感状态，这些涌现状态具有动态的特性，随着团队情境、输入、过程的变化而变化，而不是具有互动的性质。(Marks，Mathieu & Zaccaro，2001)在 *Journal of Management* 的另外一篇有关团队效能的重要综述中，Mathieu et al.(2008)也做了这样的区分(图 2-7)。

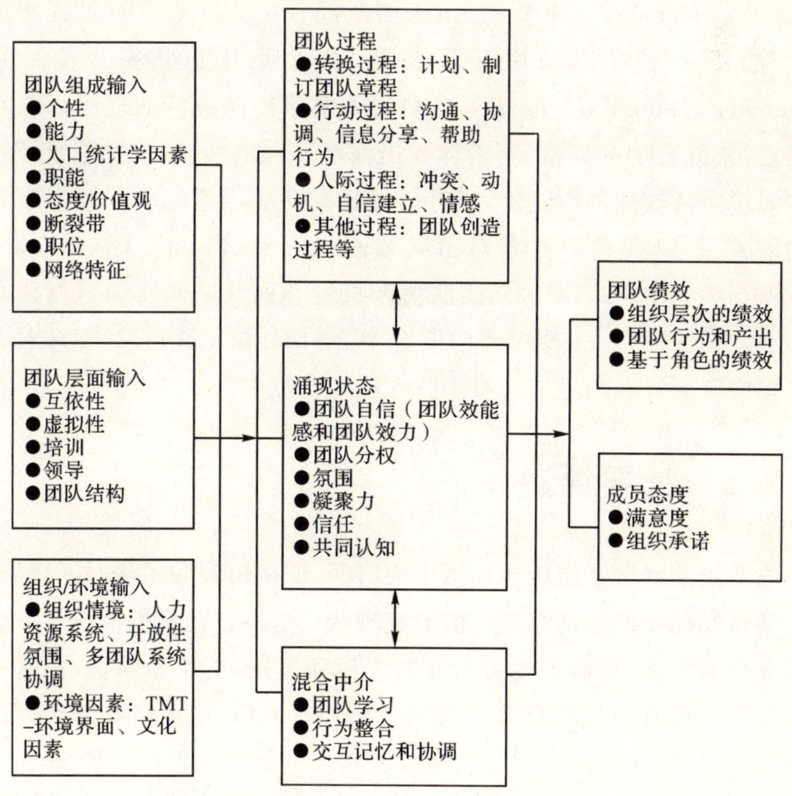

图 2-7 Mathieu et al.(2008)的团队效能模型

资料来源：Mathieu J，Maynard M T，et al. *Team effectiveness* 1997-2007：*a review of recent advancements and a glimpse into the future*，*Journal of Management*，Vol. 34(3)，2008，pp. 410-476.

涌现状态不是特性，其原因是其具有易变的特征。特性是一个相对持久的特征（Kerlinger, 1986），而状态更具有流动性，也更会被情境影响。即使在很短的时间内，一些涌现状态也经常变动。（Marks, Mathieu & Zaccaro, 2001）而有的团队中介因素不但具有过程的性质，也具有“涌现”的性质，这类中介因素被称为“混合中介”因素，包括团队学习、行为整合、交互记忆和协调。（Mathieu et al,2008）

基于过程进而“中介”展开对团队效能的深入探索是团队效能研究的重要研究方向。在这种研究思路下，新近的研究具有三个显著的特征：①越来越多的研究从对团队过程的关注转移到对团队涌现状态这种更深层次的团队中介要素的关注（Kaplan, LaPort & Waller, 2012; Mohammed, Ferzandi & Hamilton, 2012）；②由于团队混合中介同时具有过程和涌现的性质，是一种特殊的中介要素，所以也吸引了很多学者的关注（Summer, Humphrye, Ferris, 2012）；③由于团队效能的过程因素和中介因素（或混合中介因素）两者体现出截然不同的性质，所以除了分别考察它们对团队效能的影响外，也有研究将这两类因素结合起来考察它们之间的关系，以及这种关系对团队效能的影响（Philip, DeOrtentiis & Summers, et al. , 2013）。而团队协调机制和团队时间协调机制兼具过程和涌现的特征，是一种重要的混合中介（Mathieu et al,2008），对它们的考察应该而且必须融入现有团队效能的研究中。

2.5 简要评述

本章简要回顾了组织与团队中的时间、团队协调和团队时间协调、团队时间认知和团队效能等理论的研究现状。这不仅让我们梳理了一些基本的概念和定义，厘清了相关研究的逻辑和思路，更重要的是，在这一过程中发现了现有相关研究领域的理论缺口。因而，笔者接着简要评述现有研究的进展，并在此过程中引向本书几个子研究的研究议题。

第一，时间这一重要的研究视角和研究内容在现有的组织和团队理论中往往被忽略或轻视了，这一方面体现为对团队时间这一研究议题的探讨不足，另一方面体现为现有理论和实践往往关注时间表这种外显的人工物（Yakura, 2002），而忽视了现代组织中的工作团队往往面临时间的碎片化、多重性、模糊性和不确定性等时间问题。这种缺陷的本质是无论团队研究或者团队时间都以钟表时间观为基础看待时间和管理时间，笔者认为这是一种较为传统的团队时间管理策略，难以解决现代团队在面临知识经济涌现和工作节奏加快时所面临的新的时间问题。对团队时间的新的管理模式需要以钟表时间观和社会时间观及两者的互动为基础，以团队的时间互依性管理为出发点，以多种团队时间协调机制的组合为策略。

第二，现有对团队时间协调的研究明显不足。在为数不多的研究中，团队时间协调机制是被研究者设计好的强加给团队的，而不是随着虚拟团队活动的开展而涌现出来的。这些研究策略帮助我们理解外加的时间协调机制对团队活动和团队过程的作用，但是也留下了几个同样重要的问题，包括：①这些时间协调机制基本都是显性的，而没有涉及隐性的协调机制（Rico et al.，2008）；②这些研究中涉及的不同时间协调机制的分类比较混乱；③据笔者所知，现有研究没有基于案例探讨不同团队时间协调机制在现实团队中的具体体现。为了更好地研究“团队时间及其管理”问题，首先需要将不同的团队时间协调机制置于统一的和合理的分类框架下，并考察它们在现实团队中的体现；也就是说，首先需要打开团队时间协调机制的内容黑箱，才能在后续的研究中进一步深化团队时间协调机制，并打开团队时间协调机制与团队效能关系的过程黑箱。

第三，内隐时间协调机制是整个团队时间协调机制中亟须深入研究的部分。将团队时间认知视为团队内隐时间协调机制能够超越外显时间协调机制的局限性，事实上，这种将时间看成一种主观现象并阐明其社会构建性的做法进一步深化了“团队时间及其管理”的研究。然而，当我们以“社会时间观”这个透镜重新审视现有的团队时间认知的诸多构念时，我们发现这些构念基本都聚焦于时间的结构维度而忽略了时间的阐释维度。单维时间观下的团队时间认知相关构念是有缺陷的，这一缺陷不仅体现在内涵界定上，也体现在测量工具的开发上，更体现在其对团队绩效影响机制的考察上。因此，有必要基于时间的维度理论赋予团队时间认知相关构念以新的内涵，开发相应的量表，并考察其对团队绩效的作用机制。

第四，在现有的研究中，团队时间协调和团队时间认知是两个分离的研究领域，但是当我们重新定义团队时间协调机制并拓展其类型之后，这两个领域的“对话”就非常重要了。事实上，以 TTMM 为代表的团队时间认知对团队时间的作用之一，就体现为它们对外显的时间表或时间行为的主观理解及其一致性的程度。事实上，不同的团队成员对任务的时间会有不同的感知和解读（比如最后期限及其弹性、完成任务的速度等），这会影响到团队的绩效。（Bartel & Milliken，2004）为了实现这种“对话”，最好的做法是将两者置于同一个概念模型中，考察两者之间的关系及其对团队效能的影响。

第五，在经典的 IPO 模型中，针对团队过程（P）在过去多年里进行了很多的研究（Marks et al.，2001），团队协调也是作为一种重要的团队过程和团队涌现状态而出现的（Kart，2005）。但是正如前文中提到的，现有对于团队协调的研究往往忽视了时间维度，而对于团队时间协调的研究往往没有基于相对成熟的团队协调理论，也没有将其自身纳入团队协调的理论体系中。这一理论缺口在团队效能的研究中体现为，相关研究没有把完整的团队时间协调机制作为重要的团队过程和团队状态纳入考虑。因而从一定意义上来说，本书对团队时间协调机制的重新定义和类型化，不仅能够视为对一种新型的团队时间管理策略的开发和探讨，也能视为真正将团队协调作为团队混合中介纳入团队效能模型的考察之中。

第3章　团队时间协调机制及其类型化：理论拓展与案例分析

3.1　问题提出

越来越多的组织倾向于采用团队的工作形式。团队工作和个人工作之间的重要差异是前者具有互依性，对这种互依性的管理就产生了协调。(Bailey et al.，2010)协调保证了团队以整体性的状态运行(Van，Delbecq & Koening，1976)，是团队绩效的核心过程(Cohen & Bailey，1997；McGrath & Argote，2001)。在沉寂了很多年之后，协调这一议题在最近20年又重新引起了学者的兴趣。(Okhuysen & Bechky，2009)但是传统的研究大多基于资源互依性或者任务互依性(Okhuysen & Bechky，2009)考察协调机制的内涵、特征和作用，并主要围绕程序协调机制和基于人际关系的协调机制展开(March & Simon，1958；Faraj & Sproull，2000；Gittell，2002)，没有把时间放在其核心的位置。也就是说，传统的团队协调机制普遍忽视了时间这个新的、重要的研究视角。(Ancona et al.，2001)

事实上，对时间互依性，进而时间协调机制的管理应该是团队协调研究和团队时间管理研究中重要的组成部分。其原因在于，一方面，时间内嵌于任务结构中(Orlikowski & Yates,2002)，这就需要基于时间的角度考察任务间的互依关系，也需要对任务的时间互依性进行管理；另一方面，如果从协调的本质，即互依性管理来考虑，时间互依性进而时间协调机制是一个重要的研究对象。但是，现有对团队协调机制的时间侧面研究普遍存在一个理论缺口，这个缺口来自两个相关研究领域的互相“遗忘”，即在传统的团队协调机制中普遍忽视了“时间”这个新的、重要的研究视角(Ancona et al.，2001)，而现有团队时间协调机制的研究却没有将自身纳入相对成熟的团队协调机制的研究体系之中。具体而言，一方面，对传统的团队协调机制的研究都基于资源或者任务的互依性(Okhuysen & Bechky, 2009)，是围绕着程序化协调机制和基于人际关系协调和沟通的协调机制展开的(March & Simon, 1958; Faraj & Sproull, 2000; Gittell, 2002)；而尽管 Wittembaum, Stasser & Merry(1996)及 Rico et al. (2008)学者在传统的团队协调机制上加入了内隐协调机制的类型，但是他们均没有把时间看成协调机制的一个侧面。另一方面，自 Zerubavel (1981)对时间对称和时间互补这两种基本的团队时间协调模式进行讨论以来，McGrath(1991)在其 TIP 理论中也探讨了团队时间协调困境和团队时间协调模式问题，Montoya-Weiss, Massey & Song (2001)及 Massey, Montoya-Weiss & Hung(2003)更是直接研究了时间协调机制问题，但是他们的研究没有将其自身纳入传统的、相对成熟的团队协调机制的研究中，存在内涵不清晰和分类不全面等重要的理论缺陷问题。

除此之外，尽管一些理论探讨和实证研究都表明，时间协调机制能够影响团队互动的性质，进而影响团队绩效(Horton & Bioisi, 1993; Montoya-Weiss, Massey & Song, 2001)，比如，通过排程、同步化和时间资源分配这些时间结构化行为，可以减少团队任务的不确定性和混乱现象。但是现有研究往往孤立地考察单一的时间协调机制及其作用机理(Massey, Montoya-Weiss & Hung, 2003; Mohammed, Nadkarni, 2011; Hamilton, Mohammed, et al., 2010 等)，没有将这些不同的团队时间协调机制纳入一个统一的理论框架中。进一步地，除了考察不同团队时间协调机制的内涵和测量方式之外，需要利用丰富的现实素材来刻画现实团队中时间协调机制的具体表现，并考察当不同团队面临差异化的任务特征时，其主导的时间协调机制是否也存在差异性。

基于此，本章利用理论推演和案例分析的方法，借鉴相对成熟的团队协调和团队协调机制理论，首先从互依性和时间互依性的角度出发，基于协调机制和协调状态的区分，对团队时间协调机制的内涵进行辨析和拓展；其次，从有机性/机械性和外显性/内隐性这两个特性出发，考察团队时间协调机制的类型，分析不同的团队时间协调机制的内涵；继而，通过一个多案例比较分析，探索四种团队时间协调机制在现实团队中的体现，并初步分析不同团队主导时间协调机制的差异性，以及任务特征和任务环境在其中的决定作用;最后,总结本章所提出的主要观点。

3.2 团队时间协调机制的内涵拓展

3.2.1 时间互依性:团队时间协调机制的分析起点

互依性是协调机制的分析起点,协调是对子任务、资源和人员之间互依性的有效管理。(Malone & Crowston, 1990, 1994)从上文所述可知,在组织理论中,Thompson(1967)最早提出,组织协调的产生源自组织中存在的三种互依关系,即总和互依、顺序互依和互动互依;以 Malone et al.为首的美国麻省理工学院协调科学中心的研究者(1987,1990,1991,1994,1999)提出了一种新的协调理论模型。在该模型中,他们认为在既定的目标约束下,任务和资源在组织成员之间进行分配时,会产生各种互依关系,如任务—任务关系、任务—资源关系、资源—资源关系,这些关系可以概括为三种模式:匹配关系、流动关系和共享关系。

但是在经典的协调理论模型中,互依关系都是与任务和资源相关的,并没有把时间放置到其中的核心位置,而包括自然科学和社会科学的诸多领域都考察了时间互依性的问题。比如,在人工智能理论中,Allen 最先于1983年提出时段时序逻辑(Interval Temporal Logic, ITL)理论,这个理论描述了事件X和Y之间的一系列时间关系。比如"在……之前"(before)、"相遇"(meet)、"重叠"(overlap)、"包含"(contain)、"开始于……"(start)和"结束于……"(end)等。在管理理论中也有相似的研究,其中的一个代表是 Ancona,Okhuysen & Perlow(2001)提出的活动时间结构图,他们按照时间特征将管理活动分为无重复单一活动、有重复单一活动、单一活动转变、多重活动共存、多重活动与重复单一活动的对比与配合。管理过程越复杂,则其管理活动的时间特征就越复杂。笔者将 Ancona,Okhuysen & Perlow(2001)提出的图形简化为图3-1中的图形。在图3-1(a)中,活动1重复出现,时点 t_1 是活动1的起点,t_2 是活动1的终点;t_1t_2(或者 t_3t_4,t_5t_6,…)是活动1的时长;t_2t_3(及 t_4t_5,t_6t_7…)是重复性活动1的间隔,并且两个活动1之间的时间间隔越来越大,也就是节奏越来越慢。再来看图3-1(b),可以看到,从活动1到活动2再到活动3,这三个活动的时间分配越来越多,活动1、活动2、……、活动6按照一定的顺序和节奏展开，活动 6 和活动 7 同步展开。

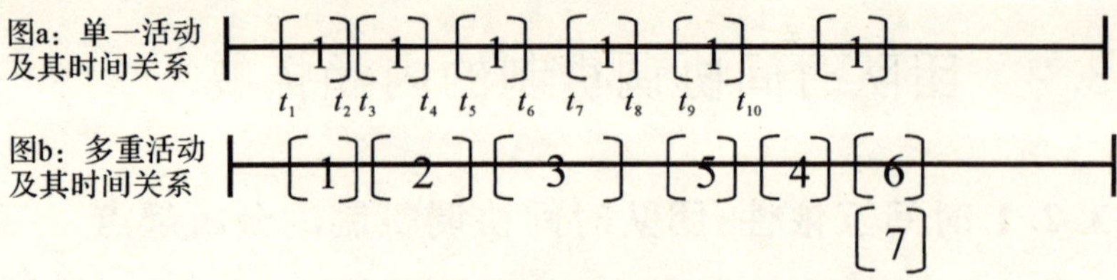

图 3-1　活动的时间结构

资料来源：根据 Ancona D G，Okhuysen G A，et al. *Taking time to integrate temporal research*，*Academy of Management Review*，Vol. 26(4)，2001，pp. 512-529. 修改。

经典的协调机制是资源协调机制，但是资源协调机制往往作为一种外显协调机制出现（Thompson，1967；Van，Delbecq & Koening，1976；Fenema & Van，2002），当团队互动和互依增加后，特别是在频繁互动和交流的知识型团队中，知识协调变得非常重要（Kanawattanachai & Yoo，2007），知识协调机制往往是作为内隐协调机制出现的（Rico et al.，2008）。但是在快速变化的以知识任务为基础的团队中，无论是团队资源协调或团队知识协调都是以静态的传统"互依性"为基础的，都忽视了团队任务特别是知识型团队任务中时间的模糊性、变动性与多样性，也误读了对时间的管理。现代团队的任务往往面临时间的模糊性、变动性和不确定性，对时间的管理是所有现代组织和团队都需要面对的一个难题（McGrath，1991）；更重要的是，以"资源观"来管理时间已经不能满足时间多样性和时间社会构建性的要求。因此，从传统"互依性"到"时间互依性"的拓展，势必意味着需要将传统的资源协调机制和知识协调机制拓展到时间协调机制，从而更好地管理团队中的时间结构和时间行为（图 3-2）。

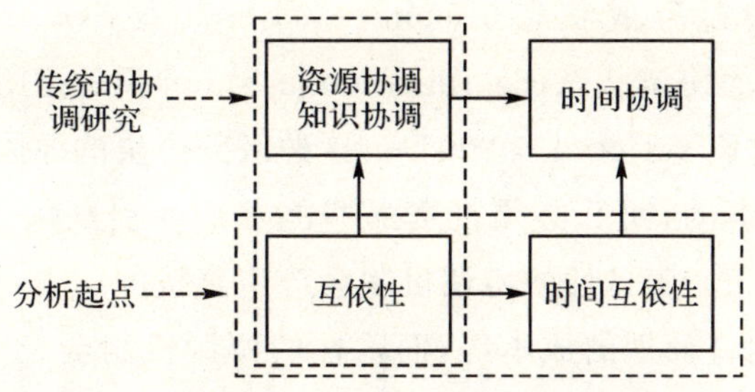

图 3-2 团队时间协调:分析起点与概念来源

3.2.2 作为过程的协调和作为结果的协调

要厘清时间协调机制的内涵,首先需要辨析时间在团队时间协调机制中的作用,这主要有两种理解:一种理解是“对团队的时间进行协调”,另一种是“用时间要素来协调团队行为”。前一种“对团队的时间进行协调”,不仅要用到时间机制,也需要用到其他的机制;而后一种“用时间要素来协调团队行为”只是用到了和时间有关的机制。所以,就需要区分作为状态的协调和作为机制的协调,也就是说,要区分团队时间协调机制和团队时间协调状态。

尽管协调一直被团队和组织学者假设是团队效能的组成部分,但是正如 Argote & McGrath (1993)指出的,很少有对达成协调的方法或者是协调对绩效作用的系统性的研究。后来的研究在一定程度上填补了这种缺口(Gittell, 2001, 2002; Hoegl & Gemuenden, 2001; Lewis, 2003),但是这些研究没有清楚地区分协调的两个方面——作为过程的协调和作为结果的协调。可以说,在现有的组织和团队研究中,协调一词被广泛而轻率地使用了(Okhuysen & Bechky, 2009),很多学者在运用“coordination mechanism”这个词的时候并没有严格界定,一些不同的概念被用来解释团队如何协调(Rico et al., 2008),其中的一个重要表现是,很多学者对作为机制(mechanism)的协调和作为状态(state)的协调并未明确区分(Kraut et al., 2005;Rico et al., 2008;Espinosa et al., 2004, 2007 等)。这个困惑可能来自名词协调被指是“协调的行动或动作”和“不同部分和谐运作达成有效的结果”。(Merriam-Webster, 2005)

协调机制(coordination mechanism)可以被定义为那些帮助团队管

理“互依性”的过程或状态（Espinosa, Lerch & Kraut, 2004; Kraut et al., 2005），而协调状态（coordination as state）指的是团队成功地管理互依性的程度（Kraut et al., 2005）。这种区分产生的原因如下：首先，协调机制是有成本的，团队必须投资那些能够产生更高绩效的协调过程。（Kraut et al., 2005）显性的协调机制会产生直接的成本，如开会的成本、沟通的成本、制订计划的成本等，而隐性的协调机制会产生“培育成本”，如要产生高的团队认知，就需要进行团队交叉培训等。其次，我们对组织或团队的协调机制有直接控制能力（Kraut et al., 2005），而对协调的合力状态（也就是组织中的成员成功地管理互依性的程度）却只有间接的影响能力。再次，协调机制和协调状态没有必然联系。Van, Delbecq & Koening(1976)指出，当任务之间具有互依性时，组织中成员需要协调他们的工作。相反，当任务之间没有互依性时，花费在协调上的努力就是浪费；而此时，协调作为一种状态也不会导致更好的绩效。最后，协调机制类似于一个工具箱，是一个集合，在不同的任务要求、团队阶段、团队领导风格下会偏重其中的一种或几种机制，协调机制具有选择性和互动性，而不同的组合和互动都可以达成协调状态。

尽管管理者对组织中的协调过程有控制能力，但是他们对协调的合力状态没有什么控制能力。协调或多或少可以达到，但是协调活动本身需要消耗很多的成本和精力，如在同时开发的项目中，协调失败会消耗掉50%的工程量和1/3的预算。（Terwiesch, Loch & De, 2002）结果意义上的协调可以被看成团队效能的指标。当协调高的时候，一单位的个体工作可以转化为更多更好的团队产出；相反，当协调低的时候，同样数量和质量的个体工作量会产生更低更差的团队产出，其原因就是Steiner(1972)所说的过程损失（process losses）。协调失败的特征是：重复的工作、生产的延误及因现有产出间的不相容而需要重做。

组织行为中经典的权变理论认为，同一个协调机制会产生不同的结果，这取决于任务的不确定性。（Katz & Tushman, 1979）尽管大多数早先的权变研究都检验了协调机制和绩效产出之间的直接关系（Argote, 1982），但是很有可能这种关系部分地受到团队达到的协调状态的中介影响（Gittell, 2002）。

事实上，在现有的研究中，很多对协调的研究都没有明确地区分作为过程的协调和作为结果的协调。Hoegl & Gemuenden(2001)提出了“团队工作质量”,指的是一个团队的状态,这种状态导致有效果和效率的团队绩效。他们把团队工作质量看成一个潜变量,它有六个组成部分:①成员间沟通;②作为状态的协调;③努力;④成员贡献的平衡;⑤团队凝聚;⑥互相支持。遗憾的是,他们的模型合并了团队效能传统的投入—过程—产出模型中的原因和效果(Hackman, 1987; McGrath et al., 1984),没有区分协调过程(如沟通)和协调本身的结果状态。这会导致团队过程和团队结果的共同偏差。类似地,Lewis(2003)开发的交互记忆的量表也同样合并了协调过程和由这些过程产生的状态。在他的量表中,专长(specialization)是一种达到协调的机制(如问卷题项“不同团队成员对不同专业的专长负责”)和作为状态的协调(如问卷题项“我们团队以协调的方式工作”)。也有研究和这种区分相呼应,其中的一个代表是 Gittell(2001, 2002)有关关系协调的研究,她区分了获取协调的过程和协调本身,以及协调对于产出效率和效能的影响。她对关系协调的定义和理论处理把其作为介于协调机制(如监督、惯例、跨边界者和团队会议)和团队产出之间的中介变量,显示出她把关系协调看成团队达成协调的一种状态。但是,她对关系协调的操作化聚焦于协调机制本身,包括频繁和及时的沟通、共同的目标和共同的知识。

3.2.3 团队时间协调机制内涵的重新界定

既然时间内嵌于任务结构之中(Orlikowski & Yates, 2002),那么,就需要从时间的角度考察任务之间的互依关系,也需要对任务的时间互依性进行管理。而帮助团队管理互依性的机制可以被定义为协调机制。(Espinosa, Lerch & Kraut, 2004)事实上,对于团队时间协调和团队时间协调机制问题,学界已经有了一些初步的研究。Zerubavel (1981)较早提出了时间协调的两种基本模式,即时间对称和时间互补。McGrath (1991)在其 TIP 理论中提出,在任何团队活动中,有三种一般的时间模式问题:时间模糊性、时间要求的冲突、时间资源的稀缺;团队需要利用一些协调机制来管理时间问题,包括排程、同步化和时间资源分配。Montoya-Weiss, Massey & Song(2001)则直接把时间协调机制定义为介入和指导团队沟通的模式、时机和内容的过程;类似地,Massey,

Montoya-Weiss & Hung(2003)借用 TIP 中的三种时间管理策略，把排程、同步化和时间资源分配称为时间协调机制。

对时间互依性的刻画和对作为机制的协调及作为状态的协调的区分，有助于我们理解和拓展团队时间协调机制的内涵。从本质上而言，在任务互依性和不确定的情境下，协调是对团队工作的整合（Faraj & Xiao, 2006)，从这个意义上说，协调机制就是对任务互依性的管理(Malone et al. ,1999)；相应地，从时间的角度来看，由于时间内嵌于任务结构之中(Orlikowski & Yates, 2002)，因此，时间互依性也就内嵌于任务互依性之中，从而对任务互依性的时间侧面的管理能够对团队工作进行整合，进而达成团队协调的状态。因此，笔者把团队时间协调机制界定为团队对时间互依性的管理，其目的是使团队达成协调的状态。在这里，应该注意的是，团队时间协调机制是团队管理时间互依性的手段或途径，其目的是团队协调状态的达成。

通过对时间互依性概念的引入和对团队协调机制与团队协调状态这两个概念的区分，笔者对团队时间协调机制重新进行了定义。与以往的定义相比，这个定义至少有如下特点：首先，澄清了现有研究对团队时间协调机制定义的混乱和模糊。在现有有关团队时间协调机制的研究中，研究者或者基于时间对称和时间互补(Zerubavel ,1981)或基于 TIP 理论(McGrath, 1991; Massey, Montoya-Weiss & Hung, 2003)对团队时间协调机制的内涵进行定义，或者对其内涵采取模糊化处理（Montoya-Weiss, Massey & Song, 2001)。而互依性是协调和协调机制的核心(Malone et al. ,1999)，因此，从时间互依性的角度来定义时间协调机制能够抓住后者的本质。其次，这个定义严格区分了作为机制的协调和作为状态的协调。正如上文所述，由于协调机制和协调状态存在重要的联系和区别，因此，只有在厘清了这两者关系的基础上定义团队时间协调机制，才能进一步深化团队时间协调机制的研究。最后，本章的时间互依性视角立足于互依性，而后者是传统的组织协调和团队协调研究的核心，因此，从时间互依性的角度对团队时间协调机制进行定义能够将其纳入经典的团队协调研究之中。

3.3 团队时间协调机制的类型化

3.3.1 团队协调机制的两个特性

团队时间协调机制作为一种特殊的团队协调机制,关注的是对团队时间互依性的管理,指向团队的协调或有序的状态。在明确团队时间协调机制的内涵及其与团队协调、团队协调机制的关系之后,笔者对具体的团队时间协调机制进行类型化,以深化对团队时间协调机制的认识。当然,在此过程中,我们首先需要回顾和拓展团队协调机制的类型;而对团队协调机制类型的理解是从其特性开始的。因此,笔者首先回顾团队协调机制的以下两个特性:

①有机性/机械性。团队协调机制的有机性指的是团队协调的非程序化程度。如果某一个团队协调机制的有机化程度比较高,那就意味着其不类似于标准化的操作流程和其他提前规定的行为;与其相对的是团队协调机制的机械性。有机性/机械性是经典的协调机制的分类标准,例如,Van et al. (1976, 1984)把组织中的协调机制概括为两种基本形式:一是程序化协调机制,主要指利用标准、规则和计划等可事先设计出来的规则或制度对组织中各种的依赖关系进行协调控制和处理的机制;二是基于人际关系和沟通的协调机制,主要指利用相互调整、反馈、群体会议、工作关系建立和信任等处理组织中依赖关系的机制。在其他研究中,和前者相类似的机制包括非人际协调机制(Van, Delbecq & Koening, 1976)和行政协调机制(Faraj & Sproull, 2000),和后者相类似的机制包括反馈过程(March & Simon, 1958)和关系协调(Gittell, 2000, 2002)。可见,在经典的协调理论中,对协调机制的分类标准主要是其有机性/机械化程度,在March & Simon(1958)的经典研究中,他们直接把通过计划而进行的协调称为机械式协调,把通过沟通而进行的协调称为有机式协调。

②外显性/内隐性。Rico et al. (2008)指出,通过计划协调和通过沟通协调的外显协调机制只是揭示了协调的一个外显侧面,应该用内隐协调的概念拓展对协调机制的理解。他们认为,外显协调是指通过成员的直接交互或外在媒介而实现的调整,如相互沟通、直接监督、标准的工作流程或行为规范等;而当团队成员对其他人的行为、需求和任务需求有期

望，并相应动态调整自己的行为而不需要经过交流时，内隐协调就产生了(Cannon-Bowers, Salas & Converse, 1993; Espinosa, Lerch & Kraut, 2004; Wittembaum, Stasser & Merry, 1996)。外显协调是可察觉的、有意识的、外在的协调方式，内隐协调是由深层认知驱动的调整行为，是自发的、难以察觉的协调方式；内隐协调可以介于无意识和有意识之间；内隐协调有时是自动的和无意识的。虽然内隐协调机制和外显协调机制在团队中扮演相似的角色——让团队成员能够管理团队中的各种互依性，但是它们内在的机制是不同的。(Rico et al,2008)对协调机制内隐侧面的考察拓展了我们对协调机制的认识，也丰富了协调机制的类型。

3.3.2 团队时间协调机制的四种类型

基于以上分析我们认为，对团队协调机制进而团队时间协调机制的理解不能是单维的，而必须是多维的。而团队协调机制的有机性/机械性和外显性/内隐性，给我们提示了理解和刻画团队协调机制的两个维度，即有机性/机械维度和外显性/内隐维度。团队时间协调机制作为一种特殊的团队协调机制，其基本的类型化过程和后者应该是一致的。因此，笔者按照上述两个维度对团队时间协调机制进行类型化，并探讨四种重要的团队时间协调机制，即时间表、时间领导、TTMM 和团队时间适应(图 3-3)。

	机械	有机
外显	时间表	时间领导
内隐	TTMM	TTMM 时间适应

图 3-3　团队时间协调机制的四种类型

(1)时间表

时间表是团队中机械的和外显的团队时间协调机制的代表，它是任务排序、时间资源分配、最后期限确定等任务时间要素安排的集合。事实上，时间表是组织时间结构的一个重要组成部分，它组成了与社会时间平行的组织时间的外显表征。(Blount & Janicik,2001)而如果在团队情境下,时间表就是团队时间的外显表征。时间表不但能够赋予团队行为以社会意义,而且时间表和最后期限通过诱发时间压力能够影响任务开展的时机和节奏。(Rastegary & Landy, 1993)当然,更重要的是,时间表是一种常用的时间协调机制。

经理们用明确的时间表、排序模式和最后期限来协调组织内人们的行动。回到 Moore(1963)和 Thompson(1967)的文献中,研究者均指出协调活动时间(coordination of people's activities over time)是一个重要的组织任务。为了达到协调,经理们制订时间表以在下属部门间分配时间资源,这样各个职能、团队和个体能够独立而协调地工作(Bluedorn & Denhardt, 1988),也减少了时间冲突(McGrath & Rotchford, 1983)。这些组织的时间表为个人提供了很多好处(McGrath & Rotchford, 1983):规定了独立的活动何时结束,规定了共享的资源何时可得、何时可用,规定了不同活动之间的转变何时进行,从而减少了不确定性(Brown & Eisenhardt, 1998; Hassard, 1991; Weick, 1979),消除了时间模糊性(Zerubavel, 1981),也使得人们能够协调自己和他人的行为(Ancona, Goodman, et al. 2001)。

(2)时间领导

很多学者已认识到团队领导经常需要对时间相关行为负责,如制订时间表和提醒团队成员最后期限的来临。(Gevers, Rutte & Van, 2004; Gevers, Van & Rutte, 2009)甚至 Ancona,Okhuysen & Perlow(2001)在讨论高层团队帮助组织适应变动环境的问题时,提出了时间领导的构念。他们认为,为了使组织适应技术和竞争周期、管理多样化的时间框架和创造时间构架(temporal architecture),团队需要增强时间领导力。Halbesleben et al. (2003)提出,管理时间框架(temporal frame)、协调节奏和使团队成员同步化等时间管理行为是领导力的内在组成部分;Mohammed & Nadkarni(2011)则明确将团队时间领导力定义为团队领导参与设定最后期限、同步化组织成员行为和分配时间资源等领导行为,也将时间领导行为的行为模式划分为三项,即排程、同步化和时间资源分配。比较现有团队时间协调机制理论和团队时间领导理论发现,两者有高度的一致性,主要表现在以下三方面:①理论基础一致,无论是团队时间协调机制理论(Montoya-Weiss, Massey & Song, 2001; Massey,

Montoya-Weiss & Hung，2003)，还是团队时间领导理论(Mohammed & Nadkarni，2011)都以 McGrath(1991)的 TIP 理论为基础；②行为表征一致，两者的行为都表现为 TIP 理论提出的排程、同步化和时间资源分配这三种行为；③结果指向一致，两者都认为排程、同步化和时间资源分配这三个行为能够避免时间冲突、减少时间模糊性、增加团队协调性并提升团队绩效。不同的是，团队时间领导构念的提出将团队时间结构安排、时间资源分配和团队成员行为同步化这些超越个体的协调行为落实到领导行为中。因此，可以将时间领导行为视为现有团队时间协调机制的具体化。

虽然时间表和时间领导这两个外显时间协调机制可能存在内在联系，如 Gevers，Rutte & Van(2004)和 Gevers，Van & Rutte(2009)的时间计划构念就对时间表和时间领导构念做模糊化处理。但是在我们看来，两者的区别非常明显，具体体现在如下方面：首先，两者的特性方面。时间表是一种机械化的外显时间协调机制，具有很强的刚性；也就是说，一旦一个时间表制订之后，一般情况下都需要按照这个时间表规定的节奏、步骤和时间安排执行。时间领导是一种有机化的外显时间协调机制，具有很高的柔性，因而能够处理时间不确定性和时间冲突性问题。其次，两者的来源方面。时间领导的主体很明显是团队内的领导，因而是一种团队内部的时间协调机制。而时间表既可能来自团队内部，也可能来自团队外部，特别当外部的授时因子比较强势时，内部的时间表甚至内部的时间领导都必须服从外部的时间表。最后，两者的体现不同。时间表往往体现在一定的正式文本中，而时间领导往往体现在团队内部的行为和沟通中。

(3)TTMM

在现实中，很多项目团队都采用时间表或时间领导来降低时间的模糊性，增加团队顺利推进项目的可能性。但行为是否按照预计执行取决于时间表和最后期限如何被团队成员解读。不同的团队成员具有异质性的时间使用风格和时间个性(Blount & Janicik，2001，2002)；不同的团队对时间的不同看法和不同规范，会影响团队对任务及其实施过程的时间侧面的看法，进而影响团队成员的行为。因而，团队共享时间理解受到越来越多的关注。

由于团队成员可能会对时间具有不同的期望、偏好和使用风格,所以,当团队面临复杂、非独立、有特定产出要求的任务时,时间共享认知是重要的。(Bartel & Milliken, 2004)但是在团队认知领域内,研究者很少把时间看作显性的方面;而在团队时间协调机制领域,大多数的机制是被研究者设计好的,被强加给团队的,而不是随着团队活动的开展而涌现出来的(Im et al, 2005),也就是说,基本都是显性的,而没有涉及隐性的时间协调机制(Rico et al. , 2008)。

内隐协调是成员依据对任务和其他成员需求的预期调整自身行动的过程,借鉴 Rico et al. (2008)将团队共享认识视为团队内隐协调的一个重要形式。本书将 TTMM 视为团队内隐时间协调机制的一个重要形式。TTMM 是团队成员对团队时间的一种内隐表征,它使团队成员对任务状态的时间侧面和其他人的时间行为有一致的解释和预期,从而帮助他们管理任务的时间互依性。(Espinosa, Lerch & Kraut, 2004)事实上,在以时间领导为代表的外显时间协调机制的基础上引入团队时间内隐协调机制,可以丰富现有团队协调机制的内涵和类型。

有关 TTMM 这一团队内隐时间协调机制在有机/机械维度的连续谱系中的位置,不同的学者有不一致的看法。一方面,以 Rico et al. (2008)为代表的观点认为,包括团队心智模型在内的内隐协调是一个团队通过预期任务和团队成员的需要,相应地调整行为以达成一致性的行为,因而,预期和动态适应是内隐协调的两个基本的组成部分;另一方面,按照 Kraut et al. (2005)的观点,共享认知作为一种团队协调机制,处在有机/机械维度的机械式一端。事实上,TTMM 兼具机械性和有机性的特征。基于认知的观点,TTMM 是团队内部涌现出的超越个人时间观念和时间意识的团队认知,它是个体时间心智模型的重叠或相似,被认为是成员共同拥有的一种状态,那么从静态的角度来看,此时 TTMM 就是一个机械的认知共同体。而从另一个角度来看,包括 TTMM 的团队认知都不是固化的知识集合,成员之间的互动和学习、团队结构或规模的变动、团队任务及任务环境的变动,都会导致团队成员的时间心智模型的变动,也就使得基于个体时间心智模型的 TTMM 发生有机变动。总而言之,从团队时间协调机制的有机/机械的维度来看,TTMM 是一种特殊的时间协调机制,它同时具有机械性和有机性的特征。

(4)时间适应

时间适应(entrainment)的概念首先产生于物理学，而后广泛运用于生物学。在生物学的研究中，entrainment 被译作导引，指的是环境因素促使生物节律与环境节律同步的作用，广而言之，机体两个或更多生物节律之间导致彼此同步的相互影响和作用，都可以被称为导引(冼励坚，2003)，其中的例子包括蟋蟀的同步鸣叫和萤火虫的同步闪动。

Hall(1983)及 McGrath & Rotchford(1983)将周期适应引入社会科学领域之后，时间适应被定义为一个系统内两个或者多个活动节奏或者阶段的同步性(Ancona & Chong，1996；Standifer & Bluedorn，2006)。在这个定义中，节奏指的是周期性活动的速度，阶段指的是一个周期中的特定阶段或者一个完整活动周期的一部分。与生物学中的导引相比，社会科学中定义的时间适应进行了两个方面的改动。其一，放宽了方向性的假设。在生物学的概念中，导引的方向性从机体的环境节律指向机体本身的节律，而机体只能被动地接受导引、变更行为，而社会科学中的时间适应在机体时间性—环境时间性的作用关系上是双向性的。其二，时间适应可以是本能的、潜意识的或有意识的。这是 entrainment 的概念被引入社会科学后做出的最大改变。在生物学的研究中，机体对环境导引的生理或行为反应是本能的或潜意识的，但是在社会科学特别是组织理论中，时间适应却主要是有意识的战略决策过程。与这种认识相一致的，McGrath et al.(1984)通过明确地提出几条基本假设发展了社会时间适应的概念，这些假设包括：①不同层次的人类行为(个体的、团队的和组织的)在时间上是相匹配的；②时间周期是内生的(无论它们是否与其他周期同步，也无论它们是否在外部的周期力量下存在)；③一个时间系统的时间周期会与外部强有力的"定速器"相适应，这种外部强有力的"定速器"就是授时因子。

所谓授时因子(zeitgeber 或称 time-giver)，指的是导致其他主体的周期与之适应的主导性周期。(McGrath et al.，1984)在自然科学中，授时因子的一个例子是创造日夜循环的太阳；而社会学和人类学研究者强调，人们依赖社会规范和共享文化理解来赋予时间价值(Blount&Janicik，2001)。如果将分析层次放到组织层次，在组织内部，授时因子的一个例子是由组织颁布的工作时间表，此时，组织的工作时间表压倒了自然的生物模式,影响平常日/夜睡觉的模式;在组织外部,授时因子通常是它的外部环境,包括顾客、供应商、政府(Pérez-Nordtvedt et al.,2008)、技术(Benner&Tushman,2003)和竞争者(Meyer,1982)。无论是在社会层次上或组织层次上,授时因子都是多样化的,这在团队内部也是一样的。在一个团队内部,无论是团队时间表或者团队时间领导都扮演着授时因子的作用,也就都能够影响成员个体的活动周期的安排,更一般地,团队成员之间也可能由于种种因素产生相互的活动周期影响,在所有的过程中,节奏和阶段的时间适应就发生了。

在社会中,节奏和阶段的时间适应是非常普遍的(Ancona & Chong,1996),由此便产生了两种类型的时间适应形式,即节奏适应和阶段适应。节奏适应指的是使一个时间系统的阶段和另一个时间系统的阶段同步(如决策制订的速度和技术变革的速度一致)。如图 3-4 所示,周期一、周期二和周期四有相同的节奏,这可以从一个特定循环的结束到再开始的时间中看出来,也可以从一个特定循环结束到再开始的视觉距离上看出来。但是,周期三的节奏较慢。阶段适应与一个时间系统的阶段相关,而不是与频率相关,它涉及两个或者多个活动阶段的一致。周期一和周期二有着同样的阶段,但是周期四被认为是阶段外,原因是周期四的时间间隔与周期一和周期二的时间间隔不一致。

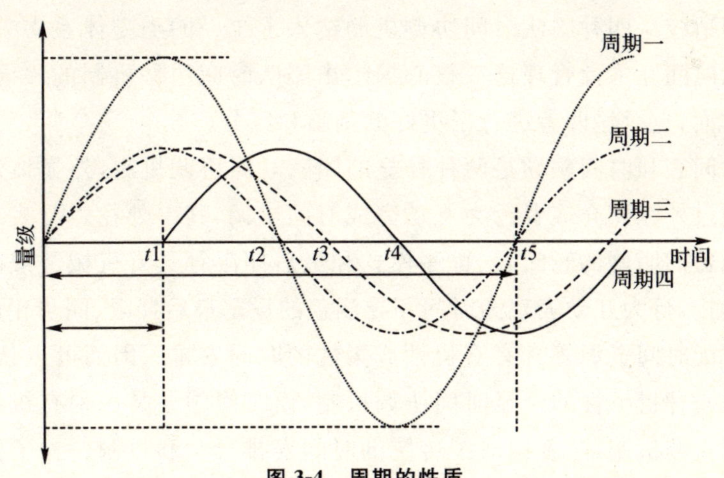

图 3-4 周期的性质

资料来源:Pérez-Nordtvedt L, Payne G T, et al. *An entrainment-based model of temporal organizational fit misfit and performance*, *Organization Science*, Vol. 19(5), 2008, pp. 785-801.

在多个周期之后，节奏不匹配会导致阶段不匹配。（Pérez-Nordtvedt et al.，2008）为了更好地阐释这种关系，考虑到两个周期（如图 3-4 中的周期一和周期二所示）在开始时都是非常同步的（包括节奏和阶段），如果存在某些原因，其中一个周期加速或者减速了（如周期三所示），那么就会导致两个周期的节奏不匹配。然后，由于这个新的周期（周期三）变得更短/长了，那么它就会比那个不变的周期（周期一或周期二）提早/推迟开始，这个过程就会导致阶段不匹配。总而言之，节奏不匹配总是会导致阶段不匹配，而阶段不匹配却可以独立发生，不会导致节奏不匹配。

在组织的情境中，许多研究者观察了那些相互之间交流频繁的团队如何适应它们活动的周期。（Ancona & Chong，1996；McGrath & Kelly，1986）考虑两个相互依赖的团队行为：生产线团队和管理团队。由于这些团队之间经常交流，生产线团队可以观察管理团队内部工作的循环模式，所以，生产线团队就可以安排它们自己工作完成的进度，以适应这些模式。随着时间的推移，生产线团队的时间就会和管理团队的时间相适应。而在一个团队内部，也存在着时间适应的现象，事实上，这也是一种具有内隐性和有机性的团队时间协调机制。

基于有机性/机械性和外显性/内隐性这两个团队协调机制的特性对团队时间协调机制四种类型的划分，一方面将时间表、时间领导、TTMM 和时间适应这四种团队时间协调机制纳入了统一的类型体系中去，并围绕团队时间互依性管理这一核心揭示出团队时间协调机制的不同侧面；另一方面，也对这四者进行了更好的刻画和区分。

时间表和时间领导是两种外显的团队时间协调机制，外显体现在成员间通过外在媒介或者行为互动完成时间协调，其中外在媒介表现为时间表涵盖的明确的时间表、排序模式和最后期限等具有机械性或刚性的时间安排，行为互动表现为时间领导涵盖的设定最后期限、同步化成员行为和分配时间资源等具有有机性或柔性的时间安排。因而可以认为，时间表是一种机械性的外显时间协调机制，而时间领导是一种有机性的外显时间协调机制，两者构成了传统的时间安排行为和机制。为了弥补外显时间协调机制对团队时间研究的不足，一些学者提出了以团队时间认知为代表的内隐时间协调机制。内隐时间协调机制对团队时间的协调从外在媒介和行为互动拓展到了团队认知的层面，主要包括 TTMM 和时间适应这两个机制。时间适应采纳了社会学家对时间适应理论的解读，认为它可能是本能的、潜意识的或有意识的，其核心是随着外部时间环境或授时因子的变动而发生变化，因而可以说，时间适应是一种具有有机性的内隐时间协调机制。相对地，如上所述，TTMM是一种更为复杂的团队时间协调机制，心智模型的图式特征表明，TTMM具有更多的稳定性和机械性，但是心智模型的涌现特征又表明，TTMM具有更多的变动性和有机性，因而我们认为，其是一种兼具有机性和机械性的内隐时间协调机制。将TTMM和时间适应引入团队时间协调机制的研究中，丰富了后者的内涵和类型；反过来而言，将时间表、时间领导、TTMM和时间适应纳入以时间互依性管理为核心的团队时间协调机制的统一框架中，也能更好地理解前四者之间的联系和区别，从而拓展对团队时间的认识，并进而更好地开发团队时间的管理策略和协调模式。

3.3.3 简要总结和启示

在本章中，笔者参照团队协调和团队协调机制对团队互依性的分析，将团队时间互依性作为团队时间协调机制的分析起点，进而通过区分作为过程的协调和作为结果的协调，厘清了时间要素在团队时间协调机制中的位置和作用，从而将团队时间协调机制界定为团队对时间互依性的管理机制，其目的是团队协调状态的达成。在此基础上，笔者指出以往的研究往往关注外显的时间协调机制，没有考察完整的时间协调机制分类体系，因而笔者从有机性/机械性和外显性/内隐性这两个团队协调机制的惯常特性出发，建立一个2×2的分类框架，将团队时间协调机制区分为包括时间表、时间领导、TTMM和时间适应在内的四种类型，不同的类型之间既有联系也存在区别。对团队时间协调机制四种类型的划分是进一步探索四种时间协调机制的各自个性及四者之间相互关系的概念前提，也是考察团队时间协调机制这种混合中介对团队效能影响的分析起点和理论前提。

但需要注意的是，在谈及协调机制时，很多学者并未区分过程性机制和状态性机制（图3-5）。（Rico et al.，2008；Espinosa，Lerch & Kraut，2004；Espinosa et al.，2007等）事实上，在对协调机制的分类中，有些具有过程的性质，如计划、领导、沟通等；而有些却具有状态的性质，如团队认知和团队惯例等。这种区别可以被视为两个团队效能模型——IPO模型和IMO模型——的差异在协调模型分类中的体现。在经典的团队效能研究进程中，IPO模型被批评不能区分不同类型的过程和结果，而“很多介入和传递将团队输入转化为团队产出的中介因素都不是过程”(Ilgen et al., 2005)。比如Marks, Mathieu & Zaccaro(2001)在团队效能的片段模型中指出，团队过程包括成员行为，也包括认知或动机或情感状态，他们把后者的这些中介因素称为涌现状态(比如心理安全和共同情感)。团队时间协调机制也存在过程性机制和状态性机制的区别；事实上，这种区别和我们之前基于有机性/机械性和外显性/内隐性对团队时间协调机制的类型化是逻辑一致的，一个基本的判断是两个外显的时间协调机制，即时间表和时间领导，由于涉及更多的主观安排和行为表征，所以可以被认为是过程性的时间协调机制；而两个内隐的时间协调机制，即TTMM和时间适应，由于涉及更多的客观涌现和认知表征，所以可以被认为是状态性的时间协调机制。

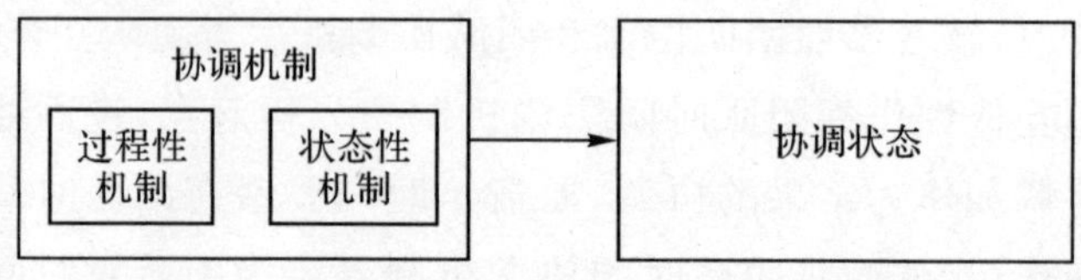

图3-5 过程性协调机制vs状态性协调机制

至此，通过对互依性和时间互依性、协调机制和协调状态、过程性协调机制和状态性协调机制等概念的区分和辨析(图3-2、图3-3和图3-5)，笔者进一步界定了团队时间协调机制的内涵，划分了团队时间协调机制的类型，考察了不同团队时间协调机制间的联系和区别。当然，到目前为止，这些发现和结论都是理论推演和概念分析的结果，因而我们迫切需要在现实团队中考察下述两个问题：①团队时间协调机制的四种类型在现实中是否都存在？②由于团队实践管理策略的多样性和复杂性，不同团队主导性的时间协调机制是否存在差异，其影响因素又是什么？带着这两个疑问，笔者进行了一个描述性的多案例分析研究。

3.4　一个描述性多案例分析

3.4.1 研究问题和研究方法

时间的概念无处不在,在组织和团队的情境中,时间存在于任务、行为、规范、个性和心理等方面,而且时间又是无形的,我们无法通过直接的观察获取团队时间协调机制在团队中的体现。因此,要验证团队时间协调机制的四种类型在组织和团队实践中是否存在,首先必须从现实运作的团队中获取第一手的情境性资料,然后通过这些情境性的资料离析出结果。这个研究议题很适合采用案例研究方法。(殷,2010)基于这样的目的,笔者拟采取半结构的深度访谈法,直接获取丰富而鲜活的信息,然后对这些信息进行深入的探索。

根据研究目的的差异,案例研究可以区分为探索性、描述性和解释性三种。(殷,2010)当对某一个研究问题了解较少,特别是当某一研究领域处于理论构建的初期时,对这个问题的讨论一般都存在于内涵的界定、现实存在性的考察及不同现象的归纳和不同类型的比较,此时,较适合采用探索性案例分析。当研究者对某一问题已经有了初步的了解,在该研究领域内已经初步建立了概念工具和类型表现时,为了进一步探索这个问题,就需要对现象进行更好的归纳和完整的描述,此时就需要进行描述性案例分析。当对某一理论问题有了较多的了解,基本的理论框架已经建立,但是变量和变量间的复杂关系需要得到进一步的揭示时,就可以进行解释性案例分析。另外,根据样本数量的差异,案例分析又可以区分为单案例分析和多案例分析。

本章意在考察团队时间协调机制在现实组织和团队中的表现,具有一定的理论先验性,而且研究并不着意于考察不同变量之间的关系,也不侧重于分析现象的前因和后果。因此,本章较适宜进行一个描述性案例分析。进一步地,为了增强本章对团队时间协调机制类型化的理论效度,较适宜进行多案例分析。所以,本案例研究的定位是描述性的多案例分析。

3.4.2 案例选择与数据收集

(1)案例选择

由于本章研究的目的是在一个时间横截面上考察四种团队时间协调机制的存在性，本章研究中的案例团队必须满足两个条件：第一，团队成员之间应存在一定的互动，这样就保证了团队内存在一定的基于任务互依性的协调，也就保证了团队时间协调机制的存在性。第二，必须存在一定的外部时间要求，这是因为团队时间协调机制不仅表现为对团队内时间的管理，也表现为对团队外时间要求的适应和满足，考察内外部的时间要素能够更好地刻画团队时间协调机制及其选择。鉴于此，笔者选择面临特定任务的知识型团队作为本章的研究对象。其原因是知识型团队不同于生产型团队，知识型员工往往面临知识型任务，而认知互动是知识型任务的内在要求。

(2)访谈设计

本章研究主要围绕现实团队中团队时间协调机制的存在性及其类型这一问题展开，设计几个相关的题目。由于时间是一个抽象的概念，而且其内涵和外延非常广阔，在访谈中，笔者尽量将时间嵌入特定的任务、行为、个性和规范中，并落实到特定主体上。在访谈的过程中，我们尽量不使用时间这个词，而是针对不同的任务、行为、个性和规范，用"持续了多久""什么时候开始什么时候结束""多久发生一次""节奏怎么样""是不是一起展开"等口语化的语言向访谈对象解释团队时间协调机制在团队运作中的具体体现形式，然后结合具体情况，适当追问或者与他们讨论。这样通过时间协调在团队运作中的具体体现形式，笔者就把握了翔实的情境性资料，为深入的单案例和多案例比较分析奠定了基础。

(3)资料搜集

本章研究的访谈对象来自三家企业的三个团队。这三个团队中，一个来自审计行业(A 团队)，一个来自移动网络规划行业(B 团队)，一个来自水利工程设计行业(C 团队)，每个团队的采访对象包括 1 名主管和 2 名团队成员。所有的被访者共 9 名，其中女性 2 名，男性 7 名。在 2012 年 6—9 月，对这些团队进行访谈。基于半结构化的访谈提纲进行 1—1.5 个小时的访谈，访谈后，及时把访谈内容整理成 word 文本。此后，将整理后的访谈资料以电子邮件的方式发回给被访者,请他们进行校对,以避免出现差错,同时也让被访者审查是否存在一些涉及保密或者不宜公开的资料。

3.4.3 单案例资料分析

通过以上方式收集到访谈内容后,结合二手资料,本章从时间表、时间领导、TTMM和时间适应四个方面有侧重点地对这三个团队进行逐个分析。

3.4.3.1 A团队的某服装公司拟上市审计项目

(1)团队与项目情况

A团队隶属于X会计师事务所。该事务所成立于2003年,主要客户为国内A股上市及拟上市公司,经过多年的发展,从建立初期的20余人发展到目前的近300人,其中注册会计师100多名,客户已遍及江苏、安徽、上海、福建、江西、广东、湖南、辽宁、内蒙古等地。X会计师事务所现有11个部门,其中有10个审计部,1个工程造价部。A团队所在的审计部门一共有30余人,被分成5个固定小组(即5个团队),A团队属于这5个小组之一;一般的项目以团队为单位进行(A团队所在组织的结构如图3-6所示)。A团队中有5个人,其中团队负责人有5—6年的工作经历,其他3位在团队中的工作年限为2年,还有1个实习生。

笔者于2012年8月12日和14日对A团队的3位审计员进行现场访谈,围绕的关键事件是A团队之前完成的对某服装公司的上市申报材料的审计项目。这个项目针对某服装公司的上市需求,经过A团队5位成员为期10天的审计周期,经历底稿阶段—分析阶段—纂写阶段三个阶段,完成对会计资料和证据的搜集、分析和写作,最终成果是一个符合规范的、准确的和可信的审计报告。

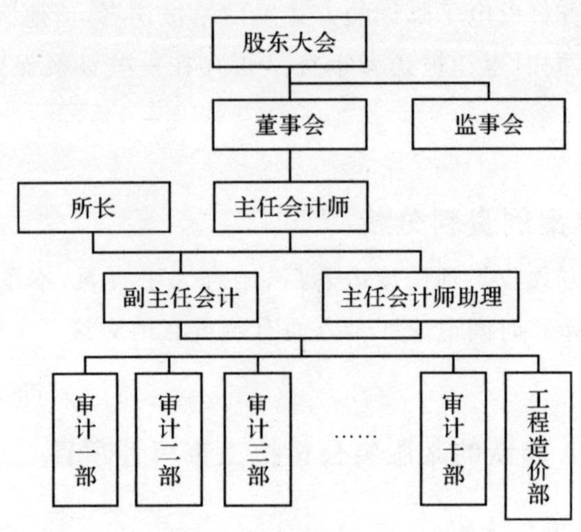

图 3-6 A团队所在组织的结构

(2)A团队的时间协调机制

A团队在团队协调过程中对外显时间表的态度和做法在该事务所中具有代表性,团队成员往往不太重视将时间结构安排得外显化,虽然有时需要遵循事务所的要求做出一个具体的时间安排表,但是这种时间安排往往成为一种形式,正如A团队中的张审计所说:“写在计划书中的时间安排对我们实际操作的意义不是很大。”而更多的时候,A团队的做法是“等做完了整个项目之后,再copy一份计划书,然后一起交上去”(A团队苏审计员语)。而在服装公司审计的这个项目中,A团队也还是采取了惯例的方式,即先做完项目,然后再将以前其他项目的时间计划书修改一下,跟审计报告一起提交。

当然,对时间表的不重视并不意味着A团队不关注外显的时间协调机制。事实上,时间领导在A团队的时间节点确定、时间资源分配和成员同步化中扮演着重要作用。比如A团队的主要项目是浙江省内大型公司的拟上市审计,一般项目需要在较短的期限内完成,当说及包括这个服装公司项目的总时间期限是如何确定的时候,张审计员的回答是:“领导的经验。不会和下属商量,而是他会先看一下,根据经验他就知道什么时候能完成。”吴审计员也有类似的回答:“负责人比较了解,一般不会定一个比较离谱的时间,而且低级别的人员根本不了解收入、成本是什么东西,对整个项目没有把握,所以也没办法知道多少时间才能完成,所以只能由组长来安排。"

进一步地,由于最终的审计报告包括长期资产、薪酬、货币资金、费用和成本等多个科目,而底稿是需要逐科来做的,不同成员负责不同的科目,那么,在团队成员同步推进不同科目的进度时,就需要时间领导发挥作用。比如苏审计员就提及:"每一两天就一个科目做出来;领导可能会问,做到哪一步了,大家一起汇报一下。我们有一个模板的,每个科目你要获取哪些资料,执行什么程序,领导都知道的,他会问你到哪一步了,你就汇报一下。比如他会问,明细表填完了吗?凭证查验完了吗?"而且,像组织中绝大多数的团队一样,领导也会对团队成员的时间行为有一定的考核,比如需要上报周报以分析完成进度和未完成的原因,项目负责人需要对周报进行评价。

但是需要注意的是,在A团队的案例中,时间领导的行为主要侧重在排程和同步化方面,而对任务的时间资源分配涉及较少,这可能和领导风格有关。但是更重要的是,这可能源于知识型员工和知识型任务本身的特征和性质,正如吴审计员在谈到团队成员对时间资源的规划和配置时提到的:"除非是刚上班的人,不知道自己要多少时间完成,做了几次之后,就完全清楚自己大概需要多长时间完成这个任务。"也就是说,由于知识型员工一般具有较高的专业知识和专业技能,他们在反复的任务执行后,能够大概把握分配到自己手头上的任务所需的时间。当然,这也和A团队中存在大量的内隐时间协调机制有关。

虽然A团队是一个知识型团队,但是审计任务是很大程度上的标准流程。据笔者了解,A团队所有科目的审计工作都有一个底稿模板,基本上所有的程序都是标准性的,而且他们有三本内部教材,这三本内部教材规定了各个科目底稿所需的会计资料、底稿分析的流程和步骤、审计报告写作的规范和要求等等内容,这就使得团队成员对任务本身具有高度的一致性理解,对任务时间侧面也有较高的共同认识。这体现在无论是对任务总时间的把控还是各科目所需时间的估计,团队成员都能达成比较一致的看法。正如苏审计员说的:"经过两三次合作之后,对于花多少时间什么的都会有一个默契了。"

当然,这种默契不仅针对任务的时间侧面,也针对队友的时间个性和时间使用风格的一致性认识。比如在谈及对不同科目审计的先后顺序安排协调时，张审计员说："看他什么时候要数据。比如，我们领导很喜欢发函，就是函证往来款，客户和供应方的业务往来，所以大家都喜欢这样，第一天要发出去，人家还要回函，需要时间，所以这就是一个默契。刚开始的时候不知道，爱做哪里做哪里，后来发现人家在等你发函，比如，过了两三天问你，发函弄好没，然后你就知道了。"而 A 团队中的吴审计员也有类似的回应："刚开始不知道，按照自己的进度来，因为不是所有的数据他都要，所以时间久了，就会提前准备好他要的数据；如果待在一个小组时间久了，大家的步调会比较一致，所以虽然我喜欢前松后紧，但是发现大家都是前紧后松的，调整后和大家的节奏也会一致。如果大家老等你，这对自己的发展也是不利的。"可见，在 A 团队的时间协调过程中，存在大量通过对团队成员间时间个性和时间使用风格的认知和理解，并以此来安排自己的行为。这是团队心智模型的一个重要体现。

A 团队只有 5 个人，规模较小，大多数人员的年龄都相仿(除了团队负责人，年龄都在 23—30 岁之间)，而且在近两年内没有团队人员的变动。因此，团队成员不仅对任务时间和成员特征时间达成了较高的一致理解，而且发展出了本团队特有的时间规范。比如提及整个团队的步调风格的时候，张审计员的说法是："我们都是前紧后松的，因为我们领导就是这样的，他的理论就是赶紧做完然后休息。"一旦团队领导的时间偏好被团队成员接受，上升为团队层面的时间规范，就能够指导每个团队成员的时间使用风格和习惯。

在 A 团队中，成员时间适应体现在两个方面：其一是团队成员间有意识地相互同步化他们的行为；其二是团队成员间无意识地将自己的工作节奏和其他人的工作节奏相匹配，这两类时间适应行为在我们的访谈中都有涉及。张审计员就说："我们的工作大多数需要出差，大家集中在一个房间里，在一个大桌子上一起工作，如果一个人都做完了，就会问一下其他人是否需要帮助，这一方面是因为一年有 4 个月的时间不在家，大家都想快点回家，所以不会拖；另一方面领导也不会让你闲着。"

而更为特殊的是，由于团队成员集中工作这一方式的特点，团队成员会在时间的使用和利用上相互影响，其中的一个体现是"有的时候不知不觉就放慢了速度或者加快了速度"(苏审计员语)。而张审计员更是利用了节奏一词来刻画团队成员间的时间适应现象，她说："一般两三个项目之后,就可以和其他人的节奏比较一致了。你如果慢了,需要你数据的人会催你的,但是很容易,就坐别人旁边,说一声就好。”

(3)A团队的任务特征

A团队内部存在广泛的分工,主要体现在不同审计科目上的分工。正如张审计员指出的:“一般按照会计科目分,高级别的人做成本,稍微低级别的做收入,长期资产、薪酬、往来什么的再低点,刚进来的做费用和货币资金;不同科目的难度不同。”但是A团队内不同成员间的分工必须有彼此间的合作来保证,这是由审计工作本身的特征决定的。“科目之间本身有联系,每一个东西比如收入、成本都会涉及货币资金,长期资产和费用也相关,收入也会用到成本,相互都有关联”(苏审计员语)、“成本是很多科目的基础,比如毛利”(张审计员语)。

时间压力大是在谈及审计这个工作时被访者反复提到的一句话。A团队工作的时间压力氛围是很明显的,这一方面体现在A团队的审计工作时间紧、任务多,基本上都是“工作从早9点到晚9点……完成了一个项目,中间没有休息,都直接做下个项目”(吴审计员语);另一方面,时间压力也体现在A团队的工作模式中,具体而言,他们的工作经常是集体出差,并且在一间办公室的大桌子上集体作业。“除了睡觉,基本都在一块儿。所以一年下来,你对那个人是特别了解……因为工作强度大,只要我管你要数据,你给我了,你就是好人(苏审计员语)。”

3.4.3.2 B团队的H市地铁通信覆盖规划项目

(1)团队与项目情况

B团队所在的Y邮电咨询设计公司成立于1984年,注册资本为3亿元,经营范围涵盖通信和建筑工程勘察设计、工程咨询、工程总承包、通信工程系统集成和招投标代理等。Y公司拥有职工近1 500人,设置有网络规划研究院、综合通信设计研究院、无线设计研究院、移动设计研究院、3G设计研究院、咨询设计研究院、建筑设计研究院、建筑设计咨询院、网络优化事业部、研究发展中心等机构,其中移动设计研究院的客户对象是国内的通信行业,特别是服务通信运营商。按照客户地域分布情况,该院又划分为若干个所,其中五所主要负责浙江电信移动网络的规划和设计,共有56个成员,其中46人隶属于设计院,10人隶属于合作方;56人分成了10个子团队，其中1个是负责省层面电信网络的团队，其余9个是负责各地市电信网络的团队。本案例涉及的是其中的一个地市级团队，该团队包括8个成员，主要负责H市的移动网络规划和设计工作（B团队所在组织的结构如图3-7所示）。

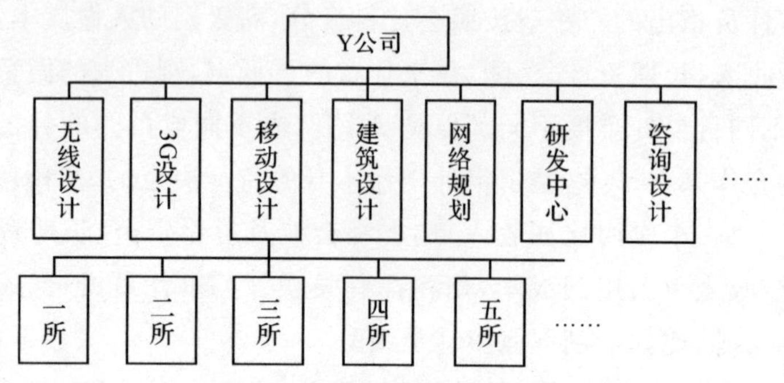

图3-7　B团队所在组织的结构

笔者于2012年8月24日和28日对B团队的3位设计员进行现场访谈，围绕的关键事件是B团队正在进行的H市地铁通信覆盖规划项目。这个项目的主要目的是在H市的地铁运行前，完成地铁沿线的通信网络覆盖，主要包括可行性报告阶段—方案设计阶段—施工阶段等步骤，其中可行性报告阶段主要包括勘查、资料获取、预算管理等环节，方案设计阶段涉及基站的分布、设备的配置、机房的设备安装控制图和室外天线的分布图等内容。当然在这个过程中，访谈内容也涉及之前其他项目的情况。访谈的对象包括这个B团队的负责人王工程师（以下简称王工），以及2个成员——刘工程师和黄工程师（以下分别简称刘工和黄工）。

(2)B团队的时间协调机制

B团队的这个项目是一个重要市政项目，涉及政府部门、通信公司和地铁公司等多个利益相关者，因此，在多方压力之下，时间表这一刚性的和外显的时间协调机制在其中扮演着重要角色。可以说，在项目执行的每一步中，都包含着严格的时间表制订工作。正如王工说的："几个关键要点，比如项目建议书阶段、可研阶段、设计阶段和会审阶段都有非常明确的时间点。"事实上，和A团队不同，B团队的时间表更多来自团队外部利益相关者而不是团队内部自己的规划和安排，比如基本上所有的网络规划项目的时间节点安排都"由省层面的网络规划团队和省级的通信公司协商决定,因为需要全省统一”(黄工语)、“快慢都差不多,因为全省的文本都一起出的。项目建议书阶段、可研阶段、设计阶段,这些关键点都是全省统一的”(刘工语)。

事实上,通信网络规划是一个相对机械性和程序化的知识型任务;也就是说,团队成员所做的工作一般都有较完备和成熟的标准和规范,甚至存在很多的模板,这一方面能够保证程序的完备性和设备的安全,另一方面也能够用重复性提高工作效率,而这种模板除了规定特定的流程、规范和标准外,对时间要求也有一定的控制。正如黄工所说的:“省层面的团队主要做整体项目的方向、计划的安排、时间的分配、绩效考核和工作流程,一般会做一些模板,地市级的团队再根据自己的情况做调整。”这就进一步论证了B团队基于多方要求下所做的严格的时间表。

时间表是时间领导的一种物质化,但是两者发挥的作用存在差异。在很多情况下,时间领导和团队成员的同步化有关。比如,团队负责人王工在谈到H市地铁网络覆盖项目时,就有这样的体会:“最近我也挺苦恼的,以前基本两三个团队做,做完就好了;这个项目人多了,就涉及协调,比如各个团队的进度保持一致,比如一件事情,甲已经做完了,但是乙还没做完,这就需要我去跟进一下。”当然,时间领导还体现在对时间绩效的考核上,正如王工所说的:“时间进度、质量、工作量是我考核的几个维度。”

(3)B团队的任务特征

分工在B团队的地铁通信网络规划中也有所体现。正如王工说的:“地市负责人主要负责团队的管理、内部工作的安排、客户的沟通及质量的把关;一些质量的审查、图纸的审核、关键数据的把关这类核心的技术工作,会有个人来做;还有一些相关的基础性的工作,勘察、填写相应的表格、制作相应的单站设计、填写相应的周报月报,也需要个人来做。我们分成了几类,具体由地市负责人来分配。”但是有分工并不意味着有互动,这主要和B团队所面临的工作任务性质有关。比如,当笔者困惑于H市内庞大的通信网络覆盖规划项目的核心成员竟不到10人时,黄工是这样回应的:“因为我们的场景是有复制性的,里面的东西差别不会很大。比如这个车站和那个车站,设备基本上是一样的,典型车站搞定后,就能完成70%—80%的工作了。”工作的可复制性导致了团队任务互依性的降低，这就能够印证为什么Y邮电咨询设计公司移动网络设计院的组织结构是按照区域而不是专业进行分工的了，当然这种分工方式和工作模式也落实到了团队内不同人员的分工上。比如王工谈到的："H市是按照区域来分的，划分为不同的城区，每个人负责一到两个区，和自己负责区的电信局联系，商讨具体区的建设方案，定了后和区局联系，进行现场的勘察。"B团队任务的低互依性直接导致笔者在访谈中较少了解到内隐时间协调机制，包括TTMM和时间适应行为在B团队中也较少被提及。

B团队的时间压力也较大，一般来说，经营商都会不断地催促要求尽快完成任务。正如黄工指出的："运营商来定时间，一般都往前赶，越快越好。"而且，包括经营商在内的外部授时因子会不断地通过一些方式来掌控和催促时间，"时间比较紧，日常协调工作比较多，每个礼拜都有工程例会，九方会议"，黄工的话就是一个很好的体现。

3.4.3.3 C团队的某水电站设计项目

(1)团队与项目情况

C团队所在的Z工程技术有限公司创建于20世纪90年代，是一家以水利水电工程技术服务为主营业务的勘察设计咨询单位，通过了ISO9001标准质量管理体系认证；现有员工130多人，拥有各类中高级专业技术人员80余人。Z公司专业配置完善，设有若干个专业所(公司结构如图3-8所示)，业务涉足越南、土耳其以及我国的江苏、江西、甘肃、西藏、云南、河南、安徽等国家和地区，承接项目涵盖水利水电、港口河海、市政公用、生态环境、工程勘察、设备成套等多个业务领域，完成了规划咨询、勘察设计等项目300余项，其中先后承担了60余项大中型水电水利工程的规划咨询和勘察设计；在国际上也承担了近10项工程建设项目设计工作。

本案例涉及的C团队是一个临时组成的团队，团队任务是某市的水电站项目；C团队包括13个成员，涉及Z公司下设的所有设计所。C团队的一个水电站设计项目主要包括五个阶段，即可行性研究报告阶段—初步设计阶段—技术设计阶段—招标设计阶段—施工图设计阶段，其中技术设计阶段和招标设计阶段往往是重叠的，而该设计最终的成果是一整套的设计报告和设计图纸。但是水电站设计是一个庞大的项目，而且

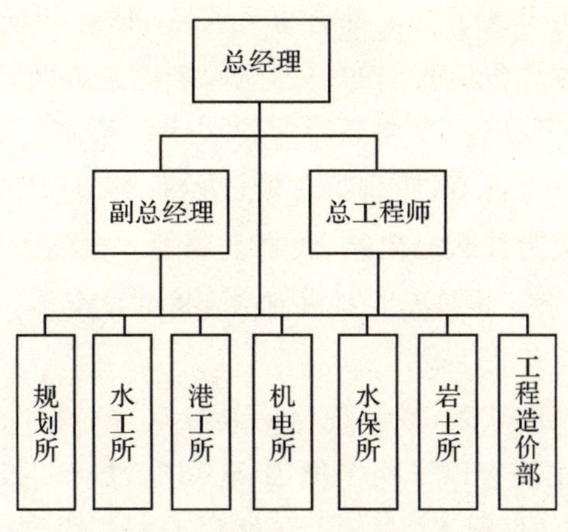

图 3-8 C 团队所在组织的结构

会有很多意料不到的情况,“水利工程不像住宅建筑,我们的工作会随着水文的状况变动很大……往往需要边施工边设计,而且整个施工过程是一个不断调整、不断优化的过程,经常需要做设计变更”(被访者语),所以这是一个复杂的设计过程。笔者主要围绕这个水电站设计项目,于 2012 年 8 月 27 日和 28 日对 C 团队进行访谈,访谈的对象包括该项目的负责人,即水工所的林所长(以下称林所),以及水工所的陈工程师(以下称陈工)和规划所的胡工程师(以下称胡工)。

(2)C 团队的时间协调机制

C 团队所从事的某市水电站设计项目中的围垦项目、水电站项目、引供水项目、河道项目和水库枢纽项目的主要客户是政府部门。因此,C 团队的外显时间要求具有“分段”的特征,也就是说,在某些阶段有具体的时间表要求,但是在另外一些阶段则没有这种外显的和固定的时间表要求。正如林所在谈到时间表时提到的:“初步设计阶段有一个详细的时间表,后面的招标设计和技术设计需要满足业主的要求,没有具体的时间表,因为工期很长,要根据每块的安排。”可见,在 C 团队的水电站设计工作中,时间表的作用并不是特别的重要,当然,其原因可能是 C 团队设计工作开展的时间约束不是很稳定,导致了外显的、机械的时间表在其中未能发挥作用。

事实上,在对他们的访谈和观察过程中,笔者发现了时间领导这种灵活的外显时间协调机制在 C 团队的时间协调中起着重要作用。正如胡工讲到的："我们每个人手头上都有好几个项目，这些项目的进度安排和时间安排主要是领导告诉我们的……他们来把握进度。"而林所的话指出了这种情况存在的原因："主要是看客户要求。很多时候都是突发性的，你昨天问我明天过来行不，我告诉你晚上给你答复，因为昨天我出差，我根本不知道我昨天为什么会出差，我早上到了才接到领导的电话，说和我去外地一下，去开会。也许待会业主来了，我就没空了。所以时间不确定（程度）就很高。"

良好的时间表的缺乏，或者说时间领导这种有机的时间协调机制没有发挥主导作用主要有以下两个原因：①可行性研究报告的审批时间一般都较长，在这样的情况下，一旦可行性研究报告得到政府部门的审批，主管部门就会要求C团队以最快的时间拿出设计方案和设计图纸，正如陈工讲到的，"大多数的事情都会拖在可研上……比如可研批了2年，初步设计会要求在一个礼拜内拿出来"；②这是由水利设计的特征决定的，主要体现为自然时间对整个设计也具有决定性的作用，"水利施工有一个特点，一年里面有枯水期和汛期，有时候按照施工进度安排要在5月份汛期来临之前完成的，但是存在种种原因比如供货的原因，这个时间节点完成不了，这样5—10月份就要停工（丰水期），所以整个工程可能就要推迟一年"（陈工语）。

由于水利施工和水利设计的这两个特点，C团队所从事的水电站设计项目的外部时间约束具有两个显著的性质：其一是外部授时因子强有力的决定性作用；二是外部时间约束的不稳定性。正是由于这两个性质，C团队只能依靠时间领导来协调团队的时间，从而满足外部授时因子的要求。

（3）C团队的任务特征

由于水电站设计是一个囊括了规划、水工、机电等不同的水利设计专业的综合设计项目，所以，需要不同专业所的配合，体现在C团队的任务执行过程中，就是团队成员间的互动和协调。比如，林所在讲到电站设计时说："会根据规划的成果和水工的设计标准（设计），就像三峡一样，比如洪水位是175米，我们就要做一个大坝，能够拦住这个水位；这个大坝首先要保证其结构安全，如果做得不合理，就可能产生裂缝，但是如果做得很庞大又会很浪费，这样就需要在安全的前提下做到经济，而且还能施工。然后根据机电的设计,比如需要多少的装机容量,然后选出一个合理的机型,根据选出来的机型来配置土建,这个土建除了要保持基本的结构要求,还要能够抗洪。"类似地,陈工在讲到水库的例子时也指出:"比如大坝水库需要先知道水位,才能设计厂房,参数设计也会不同;再比如大坝和坝区枢纽在建筑上的相互协调,都会有交叉的地方。再比如饮水工程,会很长,34千米,每个阀井的高度需要根据管道设计,如果是同一个人做那就自己来统筹,但是如果是分开两个人或者多个人做,那就需要相互沟通和合作了。而且成员之间需要相互校对,这是公司的要求。"

时间压力在C团队中体现较为明显,"手头上有好几个项目……基本都是加班的",被访者说。当然,C团队时间压力的存在不仅是因为项目的数量,更是因为外部授时因子的时间要求的不稳定性,"比如可研批了2年,初步设计会要求在一个礼拜内拿出来,所以最近我已经加班一个月了"(林所语),就是一个很好的例子。

3.4.4 跨案例比较

3.4.4.1 四种时间协调机制的体现

基于以上分析,表3-1从时间表、时间领导、TTMM和时间适应这四个方面汇总了四种团队时间协调机制在现实团队任务执行过程中的具体体现。通过表3-1,初步验证了前文基于团队时间协调机制的两个特性划分的四种类型的团队协调机制的现实存在性,也初步刻画了这四种时间协调机制在具体团队运行中的表现。当然,对时间表、时间领导、TTMM和时间适应这四种团队时间协调机制的初步刻画并不是本章研究的最终目的,因而在下文中,笔者试图通过多案例的比较和分析,继续深入探索两个相关的问题:①不同团队的主导时间协调机制的比较;②任务特征与团队主导时间协调机制的关系初探。

表 3-1　团队时间协调机制在团队任务执行中的体现举例

团队时间协调机制类型	体现举例
时间表	①几个关键要点，比如项目建议书阶段、可研阶段、设计阶段和会审阶段都有非常明确的时间点(B团队) ②全省的文本都一起出的；项目建议书阶段、可研阶段、设计阶段，这些关键点都是全省统一的(B团队) ③初步设计阶段有一个详细的时间表，后面的招标设计和技术设计需要满足业主的要求，没有具体的时间表(C团队)
时间领导	①项目的进度安排和时间安排主要是领导告诉我们的……他们来把握进度(C团队) ②时间进度、质量、工作量是考核的几个维度(B团队) ③每一两天就有一个科目出来；领导可能会问，做到哪一步了，大家一起汇报一下(A团队)
TTMM	①三本内部教材规定了各个科目底稿所需的会计资料、底稿分析的流程和步骤、审计报告写作的规范和要求等内容，使得团队成员对任务时间侧面也有较高的共同认识(A团队) ②经过两三次合作之后，对于花多少时间什么的都会有一个默契了(A团队) ③刚开始不知道，按照自己的进度来，因为不是所有的数据他都要，所以时间久了，就会提前准备好他要的数据；所以如果和一个小组合作时间久了，大家的步调会比较一致(A团队)
时间适应	①一般两三个项目之后，就可以和其他人的节奏比较一致了。你如果慢了，需要你数据的人会催你的，但是很容易，就坐别人旁边，说一声就好(A团队) ②有的时候不知不觉就放慢了速度或者加快了速度(A团队)

3.4.4.2 不同团队的主导时间协调机制比较

正如 McGrath(1991)指出的，组织和团队面临三个一般性的时间问题，即时间模糊性、时间冲突和时间资源稀缺，正如前文提到的，由于时间要素的特殊性，团队只能通过协调的方式来缓解这三个一般性的时间问题，从而提高团队绩效或者团队效能。但是在现实的团队中，不同的团队利用不同的团队时间协调机制来解决这些时间问题；换而言之，在不同的团队中，包括时间表、时间领导、TTMM 和时间适应在内的四种团队时间协调机制发挥着不同的作用。

具体在本章研究中所涉及的 A 团队、B 团队和 C 团队中,分析比较如下。在 A 团队中,外显时间协调机制较少发挥作用。比如在时间表方面,A 团队的做法是“等做完了整个项目之后,再 copy 一份计划书,然后一起交上去”(A 团队苏审计员语),这种与时间表或者时间计划原本含义完全相反的做法,恰好体现了时间表在 A 团队中扮演的形同虚设的作用。就算是时间领导,也主要侧重在排程和同步化方面,而对任务的时间资源分配涉及较少,因而发挥的作用也比较有限。相反,在 A 团队中占据主导性的是内隐时间协调机制,特别是 TTMM,在其行为协调和任务推进中扮演着重要作用。无论是基于内部教材对任务时间的一致性理解和认知,还是在长期的互动和交流过程中形成的对团队时间规范和成员时间个性的了解,A 团队的时间协调更多地是以一种内隐的方式进行。特别是 A 团队集体作业和压缩时间作业的工作方式,更让时间适应这种时间协调方式在 A 团队中得以体现,正如团队成员苏审计员所说的,“有的时候不知不觉就放慢了速度或者加快了速度”。

与 A 团队形成鲜明对比的是,B 团队和 C 团队中的时间协调机制主要以外显时间协调为主,但事实上,这两者也存在差异性。在 B 团队中,时间表对任务时间协调的作用非常大,“几个关键要点,比如项目建议书阶段、可研阶段、设计阶段和会审阶段都有非常明确的时间点”(王工语),因而,在推进各项工作的过程中,团队成员只需要按照这些固化的和外显的时间节点,就可以顺利地完成自己的工作,也能够在相互之间形成良好的协调关系。当然,时间领导也在其中起着一定的作用。虽然 C 团队和 B 团队一样都强调外显时间协调机制的作用,但不同的是,前者更加突出时间领导的作用而淡化时间表的作用。正如团队成员胡工所讲到的:“我们每个人手头上都有好几个项目,这些项目的进度安排和时间安排主要是领导告诉我们的……他们来把握进度。”而时间表在不同的任务阶段发挥不同的作用,“初步设计阶段有一个详细的时间表,后面的招标设计和技术设计需要满足业主的要求,没有具体的时间表,因为工期很长,要根据每块的安排”(林所语)。而内隐时间协调机制,即 TTMM 和时间适应在 B 团队和 C 团队中体现较少。

笔者将以上的分析总结为表 3-2。简要的一个比对结论是,A 团队中主导的是内隐时间协调机制，TTMM 和时间适应在其行为协调和任务推进中起着重要作用；B 团队和 C 团队中主导的是外显时间协调机制，前者更强调时间表的作用，而后者更强调时间领导的作用。那么，是什么因素导致了不同团队中主导时间协调机制的差异性呢？在下文中，笔者从任务特征的角度给出了一个初步的讨论和分析。

表 3-2　三个团队的主导时间协调机制对比

时间协调机制	A 团队	B 团队	C 团队
时间表	低	高	中
时间领导	中	中	高
TTMM	高	低	中
时间适应	高	低	低

3.4.4.3 任务特征与主导时间协调机制的关系初探

团队时间协调机制既是团队时间结构的构建方式和团队时间行为的协调方式，也是对时间压力的一种应对方式。因此，笔者将时间压力纳入对主导时间协调机制的分析中。另外，由于包括时间协调机制在内的团队协调机制都是一种对互依性的管理手段，笔者也从任务互依性的角度来分析主导时间协调机制。

首先，任务互依性和不同团队的主导时间协调机制相关。在团队中，沟通被认为是行为调节的最重要方式（Von, Ochsenbein & Valach, 1986），而且团队成员可能利用显性的团队沟通过程以使得他们对时间的认知达成一致，团队时间认知被认为是在明确的沟通中形成的（Gevers, Rutte & Van, 2006）。当团队面临互依性较高的任务时，孤立的团队成员没有办法完成自己的任务，而必须依赖成员间的合作和互动，此时，沟通就产生了。随着沟通和互动的增加，团队成员间就任务及其执行过程的时间侧面能够形成较为一致的理解和解读，从而在后续的任务执行中，能够依赖于这种时间认知的一致性来协调彼此的时间行为，此时，TTMM 这种内隐的时间协调机制就能够发挥作用了。在上文的分析中可以看出，A 团队审计项目中的任务互依性较高，团队成员间必须依赖于会计科目的分工和合作才能完成一个完整的公司审计项目，而且科目和科目之间很多时候都互为基础,“比如成本是很多科目的基础,比如毛利”(张审计员语)。当然,A团队的工作方式(集中作业)也为时间适应的发生提供了地理临近的条件。

这种任务的高度互依性在B团队和C团队中体现得较少。比如在C团队中,虽然在水电站项目中需要机电、水工和规划等不同专业的配合,但是由于这种互动和交流是需要跨部门的,因此交流的频率和质量都不是很高。而在B团队中,由于任务性质和工作方式的问题,任务互依性就更加低了,正如该团队中的王工所说的:“H市是按照区域来分的,划分为不同的城区,每个人负责一到两个区,和自己负责区的电信局联系,商讨具体自己区的建设方案,定了后和区局联系,进行现场的勘察。”

根据以上的逻辑和案例素材,我们可以得到这样的结论:较高的团队任务互依性会增加团队成员的沟通和互动频率,从而能够形成较高的TTMM,并增加团队成员时间适应的可能性,因而在这样的团队中,以TTMM和时间适应为代表的内隐时间协调机制会起到更大的作用。

其次,对本案例中三个团队的时间压力状况进行比较,发现这三个团队所面临的时间压力都比较大。比如A团队“工作从早9点到晚9点……完成了一个项目,中间没有休息,都直接下个项目”(吴审计员语),B团队“时间都由运营商来决定,一般都往前赶,越快越好”,C团队也有类似的状况,“初步设计会要求在一个礼拜内拿出来,所以最近我已经加班一个月了”。在本章的案例分析中,我们没有办法区分时间压力在团队时间协调机制的作用发挥中起到作用,因而,这一工作只能在后两个基于问卷调查的子研究中来实现。

最后,为了能够区分B团队和C团队在外显时间协调机制中的差异性,笔者尝试引入对外部时间约束稳定性的考察。B团队和C团队都面临强有力的外部授时因子,比如B团队地铁通信覆盖设计项目是一个重要市政项目,涉及政府部门、通信公司和地铁公司等多个利益相关者,“每个礼拜都有工程例会,九方会议”(黄工语),而在C团队的水电站设计规划项目中,也必须满足政府部门的时间要求。但是不同的是,B团队的外部时间约束条件比较稳定,C团队的外部时间约束条件变动性比较大,这种变动来自自然时间(比如丰水期和枯水期)和强大授时因子的交互作用。因此,面对这种变动性大的时间环境,C团队主要采取时间领导这种灵活的外显时间协调方式来进行时间协调。

综上分析，笔者从时间压力、任务互依性和任务外部时间约束稳定性这些任务性质出发，分析了本案例中三个团队主导时间协调机制差异性的原因(具体见表 3-3)。简而言之，基于任务互依性的高低程度，笔者分析了 A 团队以内隐时间协调机制为主导，而 B 团队和 C 团队以外显时间协调机制为主导的原因；进一步，基于外部时间约束稳定性的高低程度，笔者分析了 B 团队主要采取时间表这种外显时间协调机制，而 C 团队主要采取时间领导这种外显时间协调机制的原因；时间压力在其中的作用分析超出了案例研究的范畴，需要在后两个子研究中用问卷调查的方式进行分析。

表 3-3　任务性质与团队主导时间机制的关系初探

团队	主导时间协调机制	时间压力	互依性	外部时间约束稳定性
A 团队	TTMM 和时间适应	高	高	/
B 团队	时间表和时间领导	高	低	高
C 团队	时间领导和时间表	高	中	低

3.5　本章小结

团队工作区别于个人工作的重要特征是前者具有互依性，对这种任务性质的管理就产生了协调；而现有的协调主要侧重于任务的协调和资源的协调，但是对它们的时间侧面关注不够。同时，现有的对团队时间协调的研究普遍存在内涵不全面[比如 Montoya-Weiss，Massey & Song (2001)基于团队沟通的定义，Massey，Montoya-Weiss & Hung(2003)基于 TIP 理论的定义]、分类不系统(普遍忽视内隐协调机制)和理论基础不坚实(没有把团队时间协调纳入团队协调的体系中)的特点。因而，在本章研究中，笔者借鉴已有的团队协调和团队协调机制成熟的研究成果，从互依性和时间互依性的角度出发，对团队时间协调机制进行比较完整的定义，并从有机性/机械性和外显性/内隐性这两个维度考察团队时间协调机制的分类。理论推演的结果表明，时间表、时间领导、TTMM 和时间适应是四种不同性质的时间协调机制。

进而,本章研究利用对A团队的审计项目、B团队的地铁通信覆盖规划项目和C团队的水电站设计项目这三个团队的案例分析,考察了这四种时间协调机制在现实团队中的具体表现。进一步的分析表明,不同团队的主导时间协调机制具有显著的差异性,而且任务特征对这种差异性有很大的影响。对任务互依性和外部时间约束稳定性这两个任务特征的考察初步解释了三个团队的主导时间协调机制差异性存在的原因。而时间压力在其中扮演的角色未在本案例分析中得到解释,这需要在后面两个子研究的问卷调查中进行分析。

进一步地,对团队时间协调机制进行类型化的目的不仅在于全面刻画团队时间协调机制的形式,更重要的是,深入之前被忽视的团队时间协调机制类型中,深入考察其内涵、维度、测量方式及其对团队绩效的影响,同时,也需要摒弃孤立的视角,考察不同的团队时间协调机制间的关系及其对团队效能的影响,这一方面是对团队时间协调理论本身的拓展,另一方面也响应了对不同类型的团队中介和团队效能间的关系进行深入探索的呼吁。(Mathieu et al,2008)遵循这样的思路,笔者在接下来的章节中分别考察TTMM这个往往被忽视的内隐时间协调机制的内涵、维度、测量和绩效影响,也考察时间领导这一常见的外显时间协调机制和TTMM间的关系及其对团队效能的影响,这些内容体现在第4章、第5章和第6章中。

第4章　TTMM：内涵拓展与量表开发

4.1　问题提出[①]

随着团队工作节奏的日益加快，能按时完成任务已成为衡量团队成功与否的重要标准（Waller, Zellmer-Bruhn & Giambatista, 2002）；因而，团队任务及其完成过程的时间控制问题受到越来越多的关注。虽然大多数项目团队都采用时间表和最后期限作为客观的时间参考点，但事实上，即使团队成员同样面临客观的最后期限，他们头脑中也可能会有不同的时间表，这不仅包括对整个任务何时开始、何时结束的不同理解，还包括对子任务何时开始、何时结束的不同理解。这种不一致的理解会导致冲突，并影响团队产出的速度和质量。（Gevers, Van & Rutte, 2009）因此，关于团队中时间控制问题的研究，不仅要考察日程表和甘特图这些外显的时间安排，更要探究团队成员对时间的内隐理解及其一致性，即团队共享时间理解的问题。事实上，正如在上一章指出的，在现有的团队时间协调机制的研究中，内隐时间协调机制是一种常常被忽视的机制，所以对团队时间协调机制的研究首先应该聚焦于这个重要的被忽视的协调机制上，即考察团队成员对时间的共享理解或者一致性理解。

从整个社会来看，"时"的意识产生于与环境的协调经验中；世间万物内在和外在的节律，不断被抽象成规则、规律、秩序、和谐等观念，往复循环的周期现象直接引发了时间的测量意识。（吴国盛，2009）社会时间的共享首先体现于人们对一个社会的计时体系有共享的认知。不同群体甚

---

① 第4章、第5章、第6章、第7章简用TMM代表团队心智模型。

至不同社会的计时规范存在一定的差异性;而日历的出现,成为时间在社会层面的一种共享性表征,从而协调了社会内不同主体间的行为。涂尔干(1947)的研究清晰地表明了这种认识,其表明,日历表达了集体活动的节奏;与此同时,它的功能就是要确保集体活动的规律性。日历虽然作为一种共享性的行为协调机制存在,但是社会中的节奏必须以一定的时间标识进行表征,由此产生了财政年度、节假日、特定的营业时间、学术日程表、任期时间及季节性收割等对社会节奏进行刻画的共享性表征,这些都可以被看作外部现象的客观显示器,或者共同寻求意义时的社会产物。这些时间标识给人们传递了时间意义,人们运用这些惯例来组织和分割他们的时间(Lauer, 1982)。除了这些正式的、外显的共享时间表征,社会中还存在一种内隐的共享时间表征,那就是社会时间规范,比如社会对准时性的看法。

"时"的意识不仅在社会内及社会和社会之间差异显著(Bluedorn & Denhardt, 1988),在组织和组织之间也有很大的差异。所谓的组织时间,是指一个组织所特有的、为组织成员所普遍接受的时间个性,被认为是与客观的外部时间平行的。(Gherardi & Strati, 1988)组织时间有三个组成要素(Blount & Janicik, 2001),第一个要素是显性的,包括明确的时间表、排序模式和最后期限等。组织时间表明确规定了组织成员自身的任务时间及与其他组织成员在时间上的关系,从这个意义上来说,组织时间表创造出了组织内部的共享时间图式(shared temporal schemas)和共享时间期望(shared temporal expectations)。(Blount & Leroy, 2007)第二个要素包括镶嵌在组织文化中的时间规范(Orlikowski & Yates, 2002),比如:①最后期限严格执行的程度;②强调准时上班的程度;③组织更赞赏快速还是慢速的工作;④在决策制订中速度和质量的权衡;⑤人们是否允许其工作介入个人生活;⑥活动是按顺序开展还是同时展开(Ballard & Seibold, 2003)。时间规范反映了组织对时间隐性的信念和价值观,影响着组织成员对时间共同意义的构建(sense-making)、解释和感受(Blount & Leroy, 2007)。第三个要素涉及组织行为隐含的周期和节奏。无论是组织显性的时间表或者是隐性的时间规范,都会影响组织行为的周期、节奏和时间惯例(routine)(Schriber & Gutek, 1987);这些周期、节奏和时间惯例主导了组织的每一个具体行为,并通过有意识或无意识的时间适应过程，对每一个组织成员产生影响(Ancona & Chong，1996)。

可见，在包括组织和整个社会的群体中，时间的每一个表征都传递了一个不同类型的社会时间信息。值得注意的是，这个信息可以是通过社会交互产生的，也可以是通过被正式排程产生的。前者的具体途径包括制度化、学习、适应性力量和惯例。(Lawrence et al.，2001)通过社会交互产生和通过被正式排程产生这两个过程都创造了共享的社会意义。

而在很多项目团队中，时间表和最后期限作为客观的时间参考点，降低了模糊性和增加了个人与团队顺利推进项目的可能性；但是行为是否按照预计执行取决于时间表和最后期限如何被团队成员解释。行动理论指出，人们不是按照给定的任务来执行的，人们会根据个人的偏好和感受到的压力和机会来执行任务。(Hacker，2003)不同的团队成员对相互依赖的任务的时间期望有冲突的看法(比如最后期限及其弹性、完成任务的速度等)，这会影响到团队产出的时间性和质量。(Bartel & Milliken，2004；Gevers，Van & Rutte，2009)而且不同的人具有不同的时间使用风格和时间个性(Blount & Janicik，2001，2002)，不同的团队对时间不同的看法和规范，这也会影响团队及其成员对团队的时间侧面的看法，进而影响团队及其成员的行为。从这个意义上来说，团队时间同社会时间、组织时间一样，其基本特征都是“共享”(图 4-1)。

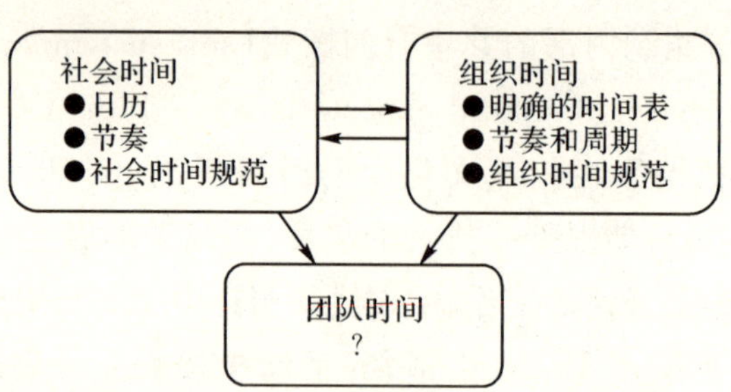

图 4-1　从社会时间和组织时间到团队时间

在以往有关团队共享时间理解的研究中，学者们借用不同的构念刻画了团队成员对团队任务及其完成过程的共享时间表征。Bartel & Milliken (2004)基于个体和情境两个因素，首先用时间的共享认知(shared cognition on time)来刻画团队成员对时间感知的共享。他们认为，团队时间同步的达成,需要团队发展出对时间相关需求的共同认知;Gevers et al.(2004, 2006, 2009)采用更有针对性的任务视角,在一系列研究中分别使用时间的共享认知、共享时间认知和时间共识等构念来刻画团队成员对任务最后期限、时间量和速度的一致性理解;Standifer & Bluedorn(2006)则从时间适应的角度提出了共享时间心智模型的构念。Hamilton et al.(2010)进一步提出 TTMM 构念来深化关于团队共享时间理解的研究。他们在传统的 TMM 构念中所包含的两个维度——任务模型和团队模型——的基础上,增加了时间模型维度,并指出,前两者涉及的是"完成什么"及"怎样完成"的问题,而时间模型涉及的是"何时完成"的问题,从而使团队共享时间理解的对象和地位更加清晰化。

这些构念从不同视角揭示了团队时间所具有的主观性,并促使人们从在团队任务及其完成过程中所嵌入的时间维度来把握团队共享时间理解问题。但是目前关于对团队共享时间理解的研究更多关注的是团队任务、团队过程和团队成员,而相对缺乏对时间本身的深入探析,这具体表现在:其一,没有对时间的结构维度和阐释维度做明确区分,在与团队时间有关构念的内涵和测量中忽视了时间的阐释维度;其二,未引进相对成熟的时间结构维度下的属性设置,并将其纳入量表题项的设计中。事实上,要把握团队共享时间理解的内涵,首先需要澄清时间本身的维度和属性,因为时间维度(Ballard & Seibold, 2003)作为对时间的不同侧面的刻画,其两个方面——时间的结构维度和阐释维度的内涵间既存在区别,也存在联系;仅用时间的结构维度来理解团队和组织中的时间现象显得过于简化(McGrath & Kelly, 1986)。鉴于此,本章将借鉴已有的相关研究成果,以 Hamilton et al.(2010)提出的 TTMM 构念为基础,借助时间维度理论和 TMM 理论,进一步拓展 TTMM 构念的内涵,并遵循合理的量表开发程序,开发出关于 TTMM 构念的测量量表,以期为团队时间认知问题的研究提供概念基础和测量工具。

4.2 时间的维度、TMM 和 TTMM

在现实生活中,许多事件本身并没有固有的时间序列或时间结构,处理这些事件时,内隐的、直接的、程序性的事件调节行为往往会失败,因此，人们就会主动采取一些程序和策略，把事件划入时距、时序、时点及过去、现在和未来的维度之中，以此表征时间（李伯约，2006），这就是时间的外部表征问题；时间的外部表征往往通过一些可测量的、可见的人工物来进行（Yakura，2002），比如日历、日程安排、甘特图等。与此相对应，关于人们如何对嵌入在事件、任务或者行为中的时间进行感知和理解的问题，往往涉及时间信息在头脑中的存储、加工和呈现方式，这就是时间的内部表征问题。TTMM 就是一种对时间的内部表征，用来描绘团队成员对团队任务及其完成过程的时间侧面的共享理解。（Hamilton，et al.，2010）但是时间构成了各种事件发生的背景（McGrath & Tschan，2004），如果只是从任务的角度来构思团队时间的内部表征，显然是不充分的。这需要从时间的维度理论出发，借用有关 TMM 的研究，把 TTMM 单维构念内涵进行拓展。

4.2.1 团队管理中时间的维度

在组织和团队情境中，时间有不同的表现形式。（Goodman，et al.，2001）时间心理学的研究认为，时间具有的三个基本维度是时距、时点和时序。这体现的是钟表时间或客观时间，其特征是同质性、结构可分性、流动的线性、均匀性、客观性和绝对性。（Clark，1985；Hassard，1996）除了客观时间的表现形式外，Das（1990）还强调指出，时间应该被看成一种主观现象，不同的人在用时间这个词时，他们的所指其实是不一样的。时间维度就是对时间不同侧面的刻画。（Ballard & Seibold，2003）

Barley（1988）明确区分出两个时间维度，即结构维度和阐释维度。但是时间维度只是对于时间的不同侧面的刻画，而在组织和团队情境中，时间不是抽象的，它总是和特定的事件、任务、行为、个性和规范相联系，因而，这就需要通过一些时间属性来具体刻画组织和团队情境中的时间维度，并设置不同的时间变量对这些时间属性进行描述，如表 4-1 所示。

表 4-1 时间的维度和属性

时间维度	内涵	子维度	时间属性	强调主观/客观时间	强调定量/定性时间	其他
结构维度	人们如何通过特定的任务和行为规定来使用时间	时间背景维度	•时点 •时长 •时序 •时速 •时隔……	客观时间	定量时间	任务/行为
		时间执行维度	•排程 •分配 •节奏 •同步性 •准时 •时间适应 ……			
阐释维度	人们感受时间的方式和运用时间的风格	时间感知与时间个性维度	•时[illegible]感 •步调风格 •单一/多重时间取向 •时间视野……	主观时间	定性时间	态度/个性
		时间规范维度	•准时性 •时间意识……			

资料来源:综合 Shen(2009),Ballard & Seibold(2003)等文献编制。

在表 4-1 中,根据载体不同,时间的结构维度又可以区分为时间背景维度和时间执行维度。反映在任务和事件中的时间子维度可以称为时间背景维度(Shen, 2009),是任务和事件的外部轮廓,包括时点、时长和时序等时间属性;反映在行为中的时间子维度可以称为时间执行维度(Shen, 2009),是行为固有的时间模式,包括排程、同步性、节奏等时间属性。时间的阐释维度又可以区分为时间感知与时间个性维度和时间规范维度。反映在组织及其成员对时间的感知与使用风格中的子维度可以称为时间感知与时间个性维度,包括时间紧迫感、步调风格、单一/多重时间取向和时间视野等时间属性;反映组织或团队对时间的稳定看法的子维度可以称为时间规范维度,包括准时性和时间意识等时间属性。

对时间的维度和子维度的区分只是为了更好地刻画组织和团队情境中时间的结构和内容,但不同的时间维度间和子维度间存在着互动的关系。首先,时间的不同维度之间存在紧密的联系。时间的阐释维度是对结构维度的不同感知方式和运用风格;结构维度体现了一种客观时间,而阐释维度体现了一种主观时间。组织及其成员对时间的感知和运用总是将两者混合起来,而且,恰恰是时间结构维度和时间阐释维度的互动才使组织行为有序展开,并使不同行为得以协调。其次,在时间的结构维度下，时间背景维度和时间执行维度相互关联。已有研究表明，时间背景维度对时间执行维度产生影响（Ancona & Chong，1996；Gersick，1988），比如，存在于任务或者事件中的最后期限影响着体现在团体行为中的节奏。但是这种关系不应该是单向的，时间执行维度也影响时间背景维度，比如团队行为中的时间适应行为会影响任务推进中的时点、时长和时序。再次，在阐释维度之下，时间感知与时间个性子维度和时间规范子维度也存在不同程度的互动关系。时间感知与时间个性代表的是组织内个体对时间差异性的感受和使用风格，这种感受和风格会在组织内的人际互动中塑造组织的时间规范；相反，时间规范是团队或者组织稳定的时间使用风格和惯例，它也会反过来影响个体的时间感知与时间个性。不同时间维度间及子维度间的关系参见图 4-2。

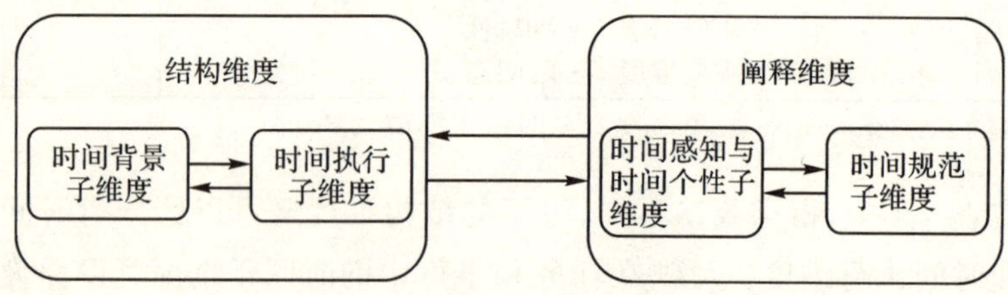

图 4-2 不同时间维度间和子维度间的关系

基于时间的维度理论重新审视包括 TTMM 在内的团队时间认知相关构念发现，它们大多缺乏对时间本身的深入考察，特别是缺乏对时间的阐释维度的重视。因而，笔者主张，对时间的阐释维度的共享理解应该纳入 TTMM 的内涵和测量中，以更全面地刻画团队中时间的内涵。

4.2.2 TMM 的内涵与结构

在团队知识的表征研究中，TMM 是一个重要的构念，用以解释在高效的团队中经常可以观察到的、流畅的、隐性的沟通，这有助于团队在复杂、动态和模糊环境中有效执行任务。Cannon-Bowers & Salas（1990）通过对专家团队的观察，首次提出了 TMM 的构念，他们指出当我们观察专家型的、高效的团队时，清晰地发现他们经常不需要交流就可以协调他们的行为。

心智模型是对环境及其预期行为的一种心理表征（Holyoak，1984），根据功能观的解释,Rouse & Morris(1986)指出,心智模型的作用是提供一个概念框架,帮助人们描述、解释和预测。用认知心理学的语言来看,团队成员在他们解释世界时发展出了而且利用了范畴化的作用。比如一个模型指向使用的工具,范畴可能"很难使用";如果一个模型指向面临的问题,范畴可能是"威胁"。TMM 实现了很多的功能,比如允许团队成员以相似的方式解释信息(描述功能)、对未来的时间有共享的期望(预测功能)、对一个情境持相似的因果解释(解释功能)。(Rouse, Cannon-Bowers & Salas, 1992)因此,一个共同的理论假设是:TMM 是有效团队过程和绩效的先导力量。(Klimoski & Mohammed, 1994; Kraiger & Wenzel, 1997; Rentsch & Hall, 1994)

对 TMM 的很多研究都指出,团队拥有多种形式的心智模型(Cannon-Bowers, Salas & Converse, 1993; Klimoski & Mohammed, 1994; Cooke et al., 2000, 2003, 2007, 2009; Mohammed & Dumville, 2001),主要包括四种形式的观点和两种形式的观点。Cannon-Bowers, Salas & Converse (1993)最早提出四种非独立的 TMM 内容:设备或技术模型、团队任务模型、团队交互模型和团队成员模型(具体如表 4-2 所示)。而在更多时候,TMM 被划为团队工作和任务工作两大类(Cooke, Kiekel & Helm, 2001; Mathieu et al., 2000),其中任务工作的心智模型包括工作目标和绩效要求,团队的心智模型包含人际互动和其他成员的技能。

表 4-2 Cannon-Bowers et al. (1993)提出的共享心智模型的四维结构

心智模型的类型	共享的内容	稳定性
设备或技术模型	设备的功能,操作流程,设备的局限性,可能存在的失效	高
团队任务模型	完成任务的程序,可能发生的意外事故任务情境,策略,环境约束,子任务之间的关系	中
团队交互模型	角色/职责,信息来源,互动方式,沟通渠道,成员角色的相依关系,信息流通	中
团队成员模型	队友的知识,队友的技能,队友的态度,队友的爱好,队友的偏好	低

资料来源:Cannon-Bowers J A, Salas E, Converse S. *Shared mental models in expert team decision making*, Hillsdale, NJ: Lawrence Erlbaum, 1993.

尽管大多数现有的关于 TMM 的研究都关注知识结构，但是 TMM 构念也应该包括共享的想法、评估性的信念结构。(Cannon-Bowers & Salas, 2001; Mohammed, Klimoski & Rentsch, 2000)知识结构是对相信为真实的本质的描述性状态，信念结构指的是关于偏好或期望的本质的欲望状态。(Mohammed, Klimoski & Rentsch, 2000) Kraiger & Wenzel(1997)曾指出，TMM 不仅包括共同的知识结构，还应包括团队成员对任务相关行为的共同态度和预期；而 Mohammed, Klimoski & Rentsch(2000)也强调了信念结构对于知识结构的补充作用。

4.2.3 TTMM 的内涵拓展

透过时间这一重要的理论视角，笔者发现，现有团队认知理论往往忽视了时间维度，即使是团队时间认知研究也往往忽视了对时间本身的研究，其具体表现为只重视时间的结构维度而忽视时间的阐释维度。

Hamilton et al. (2010)提出了 TTMM，用以表征团队成员对任务的最后期限、节奏和顺序的一致性理解。在以往的研究中，他们将 TTMM 视为 TMM 中与任务模型和团队模型相并列的时间模型的内容，并认为三者分别涉及“完成什么样的任务”“怎样完成任务”及“何时完成任务”，时间模型是团队成员对任务最后期限、活动节奏和任务次序的一致性认知程度。他们研究的 TTMM 无论是内涵界定还是测量方式上，都仅限于时间的结构维度，忽略了时间的阐释维度。

通过对时间维度的分析可以发现，无论 Bartel & Milliken(2004)的时间的共享认知、Gevers et al. (2004, 2006, 2009)的共享时间认知或时间共识、Hamilton et al. (2010)的 TTMM，还是 Standifer & Bluedorn (2006)的共享时间心智模型，都只涉及时间的结构维度。这种忽视时间的阐释维度的观念被称为线性—量化传统(Hassard,1996)，或均衡时间(Clark,1985)，或“时间的牛顿观”(McGrath & Kelly, 1986)。由于时间具有社会构建性，仅用时间的结构维度来理解团队和组织中的时间现象显然过于简单化。(McGrath & Kelly, 1986)

类似于 TMM 是对团队知识的表征，TTMM 是对团队时间的表征。鉴于此，本章将 TTMM 重新定义为：团队成员对团队任务及其完成过程的时间侧面的一致性理解和表征，体现为团队成员对团队任务时间、团队规范时间和成员特征时间的共享性认知。其中，团队任务时间指的是体现在任务中的时间侧面，包括任务的开始时间、结束时间、展开顺序和速度等；团队规范时间指的是体现在团队规范中的时间侧面，包括团队的准时性规范和团队时间意识等；成员特征时间指的是体现在团队成员个性和态度中的时间侧面，包括成员的时间紧迫感、步调风格和时间视野等（如表 4-3 所示）。关于前者的共享认知体现的是团队对时间结构维度的共享认知，关于后两者的共享认知体现的是团队对时间的阐释维度的共享认知。

表 4-3 TTMM 的内涵

时间的维度	TTMM 的维度	时间的属性
时间的结构维度	团队任务时间	• 时点 • 时长 • 时序 • 时速 • 时隔……
时间的阐释维度	团队规范时间	• 准时性 • 时间意识……
	成员特征时间	• 时间紧迫感 • 步调风格 • 单一/多重时间取向 • 时间视野……

需要说明的是，一些学者探讨过什么是共享的问题。（例如 Cooke et al.，2000；Mohammed & Dumville，2001；Cannon-Bowers et al.，1993）Cannon-Bowers & Salas（2001）提出了对分享含义的四个宽泛的分类：分享或重叠（overlapping）、相似或同一（identical）、相容或互补（compatible or complementary）、分布（distributed）。分享或重叠指的是两个或者更多的团队成员需要拥有一些共同的知识；相似或同一指团队成员需要相似（尽管不是同一）的知识，这个类型更多地指共享态度和信念，也就是说，为了达成共同的解释，团队成员需要持有相似的态度和信念；相容或互补指的是团队成员不一定需要重叠或者相似的知识，但是他们的知识必须引导他们对绩效有相似的期望；分布式的和其他的类型相比，更加关注的是任务知识（task knowledge）。综上所述，共享的定义不是单一的（not unitary）。事实上，在任何团队中，一些知识必须共享（重

叠），其他的知识相似、分布或者共享（Cannon-Bowers & Salas, 2001）。

基于时间的结构维度和阐释维度的 TTMM 内涵界定，拓展了 Bartel & Milliken(2004)，Gevers et al.（2004，2006，2009）及 Hamilton et al.（2010）对团队共享时间理解问题的认识。具体而言，从时间的两个维度出发，必然超越单纯的任务视角，将任务开展过程中的团队规范和团队成员特征纳入其中，进而用团队规范时间和成员特征时间弥补单纯的团队任务时间的不足。拓展后的 TTMM 构念将成为进一步探索团队共享时间理解问题的有效分析工具。

4.3 TTMM 量表开发与验证

基于前述对 TTMM 内涵的拓展，本章将遵从规范的量表开发步骤（Hinkin,1998），开发 TTMM 的测量量表，并检验其适用性。

4.3.1 编制量表

（1）深入访谈

为了有效测量 TTMM，笔者借鉴 TMM 的测量，分别从表征和一致性程度入手对现实中团队时间的外显表征及相关理解进行深入访谈。与第 3 章相似，在访谈过程中，尽量不使用时间这个词，而是针对不同的任务、行为、个性和规范，用“持续了多久”“什么时候开始什么时候结束”“多久发生一次”“节奏怎么样”“是不是一起展开”等口语化方式进行交流，然后再视具体情况，适当追问或者与访谈对象进行讨论。访谈对象来自 4 家企业的 6 个团队，其中 1 个是审计团队，1 个是产品设计团队，2 个是移动网络规划团队，2 个是水利工程设计团队。每个团队的访谈对象包括 1 名主管和 2 名团队成员，6 个团队共 18 名访谈对象，其中女性 1 名，男性 17 名。

（2）编制和确定初始问卷

一般而言，可以遵循两种不同的方式开发测量题项，分别是归纳法和演绎法（Hinkin,1998）；前者需要研究者通过定性方法了解测量的内容，并结合现有文献，产生测量指标，而后者则是通过研究者自己对构念的理解发展或改编现有的测量题项（陈晓萍等，2008）。本章将这两种方法结合起来开发 TTMM 的题项,并编制初始问卷。

对团队任务时间维度,之前量表(如 Gevers et al.,2006,2009)中体现的时间内涵较为零散,因此,笔者借鉴心理学和管理学对时间维度的研究,从时点、时长、时序、时速和时隔这五个方面出发,以访谈资料为基础设计 5 个题项。

对团队规范时间维度,笔者借鉴 Janicik & Bartel(2003)对团队时间规范的研究,从时间表和最后期限、时间意识这两个方面,设置 9 个题项进行测量。

对成员特征时间维度,笔者借鉴 Mohammed & Nadkarni(2011)对团队成员时间个性的测量,结合访谈资料,从时间紧迫感、步调风格和时间视野三个方面,设置 5 个题项进行测量。这里需要指出的是,尽管单一/多重时间取向是一种重要的时间个性和时间使用风格,但是在访谈中可以发现,很难对其进行界定和描述,而在最新的有关时间个性的研究中也没有将其纳入测量(Mohammed & Nadkarni,2011)。因此,我们在测量中也未将其纳入。TTMM 构念中各维度的测量内容和题项来源如表 4-4 所示。

表 4-4 TTMM 的测量内容和题项来源

TTMM 维度	测量内容	题项来源
团队任务时间	• 时点 • 时长 • 时序 • 时速 • 时隔	Michon(1975);Ancona et al.(2001);Gevers et al.(2006,2009);访谈
团队规范时间	• 时间表和最后期限 • 时间意识	Janicik & Bartel(2003)
成员特征时间	• 时间紧迫感 • 步调风格 • 时间视野	Mohammed & Nadkarni(2011);访谈

笔者邀请 8 位专家(1 位教授,1 位讲师,6 位管理学博士研究生)围绕这些题项的翻译准确性、测量可行性、表述可读性等进行讨论和确定。最后确定的 TTMM 测量量表包括 3 个维度、19 个题项,其中:测

量团队任务时间维度共6个题项(F1—F6),测量团队规范时间维度的共8个题项(G1—G8),测量成员特征时间维度的共有5个题项(H1—H5)。

(3)问卷预测试

通过95名公司员工对初始问卷进行测试,并使用探索性因子分析对问卷结构进行分析。在分析中,删除或改编题项所遵循的标准是:与其他题项的相关系数均小于0.3的题项或者在各个因子上的载荷均小于0.4的题项。(Nunnally, 1978)根据这个标准,删除1个题项(G6),最后形成了包括18个题项的正式量表,其中6个题项测量团队任务时间维度,7个题项测量团队规范时间维度,5个题项测量成员特征时间维度。

4.3.2 数据收集

笔者在2012年12月—2013年3月间进行大规模的问卷发放,取样范围包括杭州、深圳、南宁、郑州、宁波、上海和昆明等地,共29个企业,主要涉及设计、通信、互联网、建筑规划和银行等行业。共发放问卷580份,回收问卷437份,回收率为75.3%。在问卷的初步查验阶段,剔除随意填答、填答不完整等问卷56份,保留有效问卷381份,问卷有效率65.7%。样本基本情况见表4-5。

表 4-5 样本基本情况(N=381)

	样本特征	数量	比例/%	样本特征		数量	比例/%
性别	男	212	55.6	教育专业背景	科学工程	140	36.7
	女	169	44.4		经济管理	140	36.7
年龄/岁	＜25	130	34.1		法律	18	4.7
	26—30	163	42.8		文学艺术	30	7.9
	31—35	63	16.5		其他	53	14.0
	36—40	20	5.2	工作性质	一般员工	259	68.0
	＞40	5	1.3		基层管理	80	21.0
学历	初中及以下	3	0.8		中层管理	38	10.0
	高中/中专	10	2.6		高层管理	4	1.0
	专科	88	23.1				
	本科	235	61.7				
	硕士及以上	45	11.8				

4.3.3 数据分析

在对回收的调查问卷进行审核和整理的基础上,将样本随机分成两部分,其中一部分(N=190)进行探索性因子分析,另外一部分(N=191)进行验证性因子分析。

(1)探索性因子分析

采用 SPSS 21.0 软件进行探索性因子分析。先利用信度分析和题项间的相关关系净化题项,删除题项的标准是:删除该题项后,Cronbach's α 系数提高或者与其他测量项目的相关系数的绝对值均小于 0.3。根据这一标准,又有 1 个题项被删除(G7),而 Cronbach's α 也提高为 0.911。对剩下的 17 个题项做探索性因子分析,发现 KMO=0.879,Bartlett 球形检验的卡方=1 623.069,df=136,$sig.$=0.000,显示原始数据适合做因子分析。根据主成分分析法,采用最大变异旋转法,按照特征值大于 1 的原则抽取因子,并根据 Straub(1989)的建议,保留在某一因子上载荷超过 0.50 并且不存在交叉载荷(cross-loading),即不同时在两个因子上都有超过 0.50 载荷的题项。通过以上步骤,剩下的题项形成了一个清晰的三维结构，剩下的 13 个题项的载荷均大于 0.50，并且不存在交叉载荷，累计解释方差变异达 68.189%，具体如表 4-6 所示。

表 4-6 探索性因子分析结果

测量题项	旋转后的因子载荷		
	因子 1(团队任务时间)	因子 2(团队规范时间)	因子 3(成员特征时间)
F2	0.791	0.182	0.017
F3	0.834	0.194	0.211
F4	0.750	0.027	0.335
F5	0.750	0.247	0.176
F6	0.769	0.255	0.153
G1	0.189	0.823	0.054
G2	0.235	0.774	0.274
G3	0.173	0.815	0.154
G4	0.195	0.551	0.400
H1	0.168	0.230	0.792
H2	0.241	0.333	0.753
H3	0.197	0.165	0.763
H4	0.098	0.030	0.806
累计解释方差变异	25.618%	47.921%	68.189%

(2)验证性因子分析

为了进一步检验 TTMM 三个维度的稳定性，针对第二个样本组(N=191)对探索性因子分析得到的 13 个题项进行验证性因子分析。结果显示，题项 F2，G4 和 H4 的标准化因子载荷低于 0.71(分别为 0.70，0.70 和 0.65)，修正系数(MI)也未通过统计要求，而且模型整体的 χ^2/df 虽然基本符合小于 3.0 的标准，但是其他拟合指标较差($GFI=0.885<0.9$，$RMSEA=0.098>0.08$)。因此，考虑对剔除了这 3 个题项的模型再次进行验证性因子分析。图 4-3 和表 4-7 显示，10 个题项在三个维度上的标准化因子载荷均大于 0.71，表明，复相关系数(因子载荷的平方)R^2 大于 0.5，即该潜变量能解释对应题项的 50%以上；另外，模型的拟合指标也均满足拟合度评价标准的要求(表 4-7)。验证性因子分析的结果表明,探索性因子分析得出的 TTMM 三维结构是存在并且稳固的。

此外,针对验证性因子分析中得到的量表结构,对第一个样本组(N=190)再次进行探索性因子分析,结果表明,数据结构没有发生改变,但是累计解释方差变异提高为 73.642%,并且各个题项的载荷量也均有所提高。

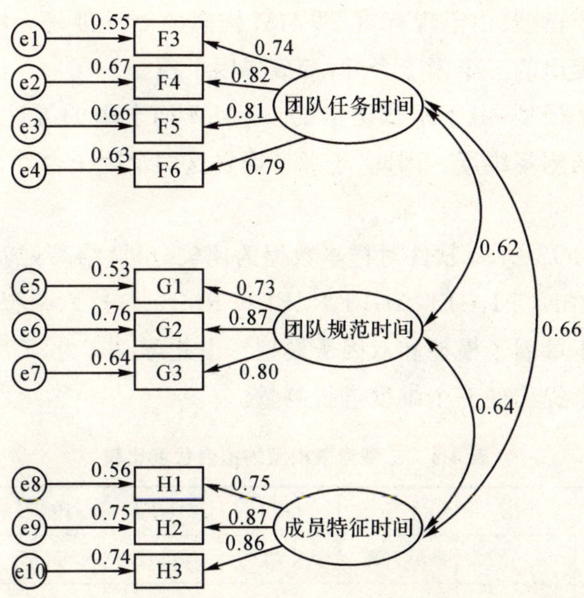

图 4-3　验证性因子分析结果

表 4-7　验证性因子分析结果

因子	题项	载荷	t 值
模型	模型拟合优度指标:χ^2=57.322;df=32;χ^2/df=1.791;CFI=0.973;GFI=0.940;$AGFI$=0.898;$PCFI$=0.692;$RMSEA$=0.068		
团队任务时间	F3	0.74	10.119***
CR=0.87	F4	0.82	11.425***
AVE=0.63	F5	0.81	9.892***
	F6	0.79	11.035***
团队规范时间	G1	0.73	10.225***
CR=0.84	G2	0.87	9.332***
AVE=0.64	G3	0.80	11.791***
成员特征时间	H1	0.75	13.154***
CR=0.87	H2	0.87	11.116***
AVE=0.69	H3	0.86	11.033***

注:N=381,* 表示 $p<0.05$(双尾),** 表示 $p<0.01$(双尾),*** 表示 $p<0.001$(双尾)。

(3)竞争模型分析

为了验证三维结构是否是 *TTMM* 构念的最佳模型，本部分还进一步测试了两个竞争结构。通过上文的理论推演，笔者认为可能存在的竞争模型包括：

①单因子模型：由于现有对 *TTMM* 构念的测量都是一维的。因此，笔者将上文提出的三个因子合并，变成单因子模型。

②双因子模型：由于本章提出的 *TTMM* 构念中的维度二和维度三都涉及时间的阐释维度。因此，笔者考虑将这两个因子合并，变成双因子模型。

经过 *AMOS* 21.0 软件对样本数据的比较分析(结果见表 4-8)，三因子模型在 χ^2/df,CFI,GFI,AGFI,PCFI 和 RMSEA 这六个拟合优度指标上均显著优于单因子模型和双因子模型。由此可以认为，*TTMM* 这一构念可以由本章提出的三个维度进行测量。

表 4-8 三种竞争模型的拟合优度比较

模型	χ^2/df	*CFI*	*GFI*	*AGFI*	*PCFI*	*RMSEA*
单因子模型	7.602	0.755	0.732	0.578	0.587	0.198
双因子模型	4.855	0.861	0.815	0.700	0.650	0.151
三因子模型	1.791	0.973	0.940	0.898	0.692	0.068

(4)信度检验

分析表明，量表各个维度的 Cronbach's α 系数均大于 0.7，基于 AMOS 软件的复合信度值(*CR*)也全部大于 0.7，并且各因子测量题项因子载荷的 t 值介于 8.32—15.47 之间，均大于 3.29，具有统计显著性(参见表 4-7)。另外，笔者对问卷的分半信度进行检验，利用 SPSS 21.0 软件计算得 Guttman 分半相关系数为 0.764，表明该量表具有较好的分半信度。基于以上信度检验结果，TTMM 构念的测量量表通过信度检验。(Hair et al.，1998)

(5)效度检验

效度检验包括对内容效度和构念效度的检验。内容效度用来检验量表对欲测内容的适当程度，构念效度主要用来检验量表是否真正测量了本章的理论所要测量的内容。

①内容效度检验。

本章的量表开发过程符合规范的量表开发步骤。(Hinkin, 1998)在理论推演、构念拓展、维度识别、题项产生和评判等过程中都有1位教授、6名管理学博士研究生的参与和控制;而且所有题项均来自本研究的深入访谈和相关成熟量表中。因此,最后确定的10个题项能够反映TTMM构念的内涵,量表的内容效度可以得到保证。

②构念效度检验。

构念效度检验包括聚合效度(convergent validity)检验和区分效度(discriminant validity)检验。首先,利用验证性因子分析可知,各个潜变量测量题项的标准化载荷值均大于0.71,继而检查各个因子的平均抽取变异(*AVE*)是否大于0.5。如表4-7所示,所有测量题项的标准化载荷值介于0.73—0.87之间,均大于0.71而小于"违反估计"临界值0.95。(侯杰泰等,2004)并且从表4-9可知,所有因子的*AVE*值都介于0.61—0.69之间,均大于0.5,表明每个因子所解释的变异量中有超过50%来自该因子中的题项,这意味着量表具有良好的聚合效度。(Fornell & Larcker, 1981)对于区分效度的检验,按照Fornell & Larcker(1981)的建议,笔者比较各因子本身*AVE*值的算术平方根是否大于其与其他因子的相关系数。从表4-9可知,各因子*AVE*值的算术平方根均明显大于其与其他因子的相关系数,这说明量表具有良好的区分效度。

表4-9 结构效度检验

	*AVE*值	F1	F2	F3
F	0.63	**0.79**		
G	0.64	0.53	**0.80**	
H	0.69	0.55	0.54	**0.83**

注:对角线上的数字是各因子*AVE*值的算术平方根,对角线以下的数字是各因子间的相关系数。

4.4 本章小结

本章研究针对TTMM在构念内涵和测量方式上的不足,基于组织和团队中时间的维度理论,借鉴TMM的研究,把单维度的TTMM拓展为三维度的构念，并开发了相应的测量量表。研究结论如下：

①TTMM 是一个多维度的构念，应该在区分时间的结构维度和阐释维度的基础上将时间的阐释维度纳入 TTMM 的内涵中，从而拓展 TTMM 的维度和内涵。尽管不同的学者用不同的构念刻画了团队时间认知的内涵(Bartel & Milliken, 2004; Gevers et al. , 2004, 2006, 2009; Standifer & Bluedorn, 2006 等)，但这些构念基本都是基于任务视角的，而团队任务及其展开和团队规范与团队成员是紧密相连的；更重要的是，从时间维度的理论来看，时间的结构维度和阐释维度两者不是独立存在的，仅用时间的结构维度来理解团队和组织现象显得过于简单化(McGrath & Kelly, 1986)。因此，和之前学者相比，笔者主张 TTMM 不仅需要涵盖时间的结构维度，还应该涵盖时间的阐释维度，从而拓展了原有量表的任务视角，更全面地刻画了团队成员对团队任务及其过程的共享时间表征。

②对 TTMM 的测量需要从单维度测量拓展到多维度测量。通过团队内部讨论，TTMM 量表的表面效度获得支持，构念效度也基本得到支持。基于 190 个样本的探索性因子分析结果显示，按照一定的标准删除题项之后，获得一个清晰的三维结构，剩余 13 个题项的载荷均大于 0.50，并且不存在交叉载荷；基于 191 个样本的验证性因子分析结果显示，按照一定标准删除 3 个题项之后，剩余 10 个题项在 3 个维度上的标准化因子载荷均大于 0.71，表明复相关系数(因子载荷的平方)R^2 大于 0.5，χ^2/df，CFI，GFI，$AGFI$，$PCFI$ 和 $RMSEA$ 这六个模型拟合优度指标也达到要求。进一步地，竞争模型分析、信度分析[包括各维度的 Cronbach's α 系数、复合信度(CR)和 Guttman 分半信度等]和效度分析(包括内容效度、聚合效度和区分效度)也达到要求。综合上述结果可知，TTMM 量表具有较好的信度和效度。

和前人的研究相比，本章构建的三维度 10 个测量题项的 TTMM 量表能够更好地测量团队层面的共享时间认知。已有的 TTMM 量表(比如 Gevers et al. , 2006; Hamilton, et al. , 2010)(详见附录 2)大多是基于任务视角的单维测量量表，未明确区分 TTMM 的团队任务时间维度、团队规范时间维度和成员特征时间维度。笔者认为，无论是基于时间维度理论还是 TMM 理论，TTMM 的测量都必须是多维的，都必须将团队规范时间维度和成员特征时间维度纳入测量中。当然,TTMM 内涵的拓展和量表的开发并不是本章研究的最终目的;事实上,有关 TTMM 的内涵和测量方式的深入探讨仅是为团队时间认知的相关研究奠定了一定的概念基础和测量基础,因而在之后的研究中,笔者试图进一步探索三维度的 TTMM 构念及其子模型和团队绩效的关系,这体现在第 5 章的子研究三中。

第5章 TTMM及其内部交互与团队绩效

5.1 问题提出

TTMM是团队时间结构的一种内隐表征，也是一种重要的内隐团队时间协调机制。笔者在本书第4章中基于时间维度理论和TMM理论将TTMM重新定义为：团队成员对团队任务及其完成过程的时间侧面的一致性理解和表征，这一定义的贡献在于：①不仅强调时间的结构维度，也强调时间的阐释维度，从而更加全面地刻画了现代组织和团队中时间表现形式的多样性，也更好地符合现代组织理论对社会时间观的重视；②更加强调过程在团队任务执行中的重要作用，从而真正表征了团队时间行为的动态性；③把TTMM和现有的团队知识表征方式即TMM相对应，将TTMM视为TMM的时间侧面，从而可以更好地把TTMM纳入TMM的研究中。针对TTMM内涵的拓展在其维度设置方面，笔者将单维度的TTMM拓展为三维度的TTMM，这三个维度包括团队任务时间维度、团队规范时间维度和成员特征时间维度。其中，关于前者的共享认知体现的是团队对时间的结构维度的共享认知，关于后两者的共享认知体现的是团队对时间的阐释维度的共享认知。在此基础上，笔者在第4章开发了相应的量表。

TTMM内涵的拓展、维度的划分和量表的开发，为我们进一步探索有关团队共享时间理解的问题提供了有力的概念工具和测量工具，也能让我们更好地理解现实团队中的时间现象。其中一个有趣的现象是，现实团队往往具有不同程度的TTMM子模型的组合，但这些团队间的绩效差异可能并不是特别明显。换而言之，在现实世界中的团队里，每一个

TTMM子模型——即团队任务时间心智模型、团队规范时间心智模型和成员特征时间心智模型的全部最优组合往往是比较难实现的。比如,有些团队的任务时间心智模型较优而另外两个时间心智模型相对较差,而有些团队的规范时间心智模型较优而另外两个时间心智模型相对较差。这就意味着,TTMM内部各子模型间可能存在交互作用,并进而影响团队绩效。正如在对TMM的研究中Cannon-Bowers et al.(1993)指出的,技术模型、任务模型、协作模型和队友模型间不是独立存在的,不同的子模型间存在互动关系;不同子模型之间的互动和互补使不同的TMM组合能对团队绩效产生综合作用。

另外,在第3章中,笔者考察了时间压力这一任务特性对团队时间协调机制的影响。事实上,当我们进入TTMM这一内隐时间协调机制的内部后,由于TTMM不同子模型的本质是团队成员对团队任务及其完成过程的时间侧面的一致性理解,这些不同的子模型对团队绩效的影响可能也会受到任务互依性的影响。

总之,研究二对TTMM的内涵拓展、维度划分和量表开发是对团队任务及其完成过程的时间侧面的静态探索。在本章中,笔者将从动态的角度探索TTMM及其不同子模型间的交互作用对团队绩效的影响,并利用时间压力这一外部时间情境要素探索TTMM及其子模型对团队绩效产生作用的时间条件。具体而言,本章有待解决的理论问题主要有:①TTMM及其子模型对团队绩效作用的探索。现有研究均将TTMM看作一个单维度构念,因而无法区分团队成员对不同时间维度和时间主体的共享性理解,也就没有办法考察这种区分对团队绩效的影响。笔者在上一章探索TTMM概念工具和测量工具的基础上,考察TTMM及其子模型对团队绩效的影响,从而进一步打开了TTMM的内部黑箱和TTMM与团队绩效间关系的过程黑箱。②TTMM子模型之间的交互作用及其对团队绩效的影响。在上一个子研究的基础上,笔者试图进一步从动态的角度考察TTMM子模型之间的相互作用,以及这种作用对团队绩效的影响。可以说,这是TTMM与团队绩效间关系的机理性考察。③时间压力在TTMM及其子模型和团队绩效间关系的调节作用探索。

5.2 研究假设

5.2.1 任务 TTMM 与团队绩效

团队任务时间心智模型指的是团队成员对任务的时间侧面的共享理解，包括任务的开始时间、结束时间、展开顺序和速度等内容。从时间维度的角度来看，任务时间体现了时间的结构维度。团队任务时间心智模型是一种基本的 TTMM。

正如前文指出的，现有对团队共享时间理解的研究都围绕任务时间展开，这可以从 Gevers et al.(2004, 2006, 2009)等对时间共享认知的定义上看出。他们认为，所谓时间共享认知指的是团队成员对共同任务的时间方面的一致认识，或者说是团队成员对他们共同任务的时间侧面的一致性心智表征程度(Gevers et al., 2006, 2009)，具体包括对里程碑和时间表、互依任务的时间参考点等的一致认识。同时，他们认为，团队对任务的时间侧面的一致理解能够协调团队行为、避免冲突及提高团队绩效。(Gevers, Rutte & Van, 2004; Hamilton et al., 2010)因而，本部分提出如下假设：

H1a：任务 TTMM 对团队绩效有显著的正向影响。

5.2.2 规范 TTMM 与团队绩效

Schriber(1986)及 Schriber & Gutek (1987)检验了组织中时间规范的存在，并检验了不同类型组织、团队和职位的不同时间规范。结果表明，不同的工作团队类型对工作周期长度和工作节奏模式的感知是不同的。他们得出结论，时间精确地说是时间规范，是组织文化的潜在方面。

时间规范是阐释性时间的一个重要部分，指的是体现在团队规范中的时间侧面，是人们所感知的、对有节奏的活动的共享和期望模式(Ancona et al., 2001)，包括团队的准时性规范和团队时间意识等。Schriber & Gutek(1987)认为，时间规范描述了对工作组织中掌控组织行为的时间规则和规范的感知，主要包括如下几个组成部分：①最后期限严格执行的程度；②强调准时上班的程度；③组织更赞赏快速的工作还是慢速的工作;④在决策制订中速度和质量的权衡;⑤人们是否允许其工作介入个人生活。同时指出,这些时间构件可以帮助组织整合复杂的工作程序,并因而有利于工作的开展。Schein(1992)在组织文化的研究中也指出,时间规范暗含的价值观是:在特定的工作环境中,时间是如何被感知和被评估的。

但是,不同的时间规范具有不同的来源,其中的一个分类方法是:通过社会交互产生的时间规范和通过被正式排程产生的时间规范(Ancona et al.,2001)进行分类。虽然不同来源的时间规范都可以创造出时间的社会性共享意义,但两者存在很大的差异。在前者中,时间规范是在团队互动中涌现出来的,因此,具有天然的团队共享性;但是在后者中,时间规范是被一个外部权威规定的。因此,通过团队交互产生的时间规范和通过正式安排产生的时间规范在团队成员的共享性和认同感上存在较大的差异性。

时间规范影响团队成员对时间的感知和构建。(Schein,1982;Schriber & Gutek,1987)如果团队成员对团队时间规范具有较高的共享性和一致理解时,能够赋予团队时间以共享的社会意义。比如当管理者确立了一个有挑战性的最后期限后,团队时间规范决定着团队或个体是否将这个最后期限内化于自己的行动中。它们会影响由同事给出的时间需求是否需要及多快做出响应,比如回电话和回复邮件,也影响员工对顾客和供应商的时间需求的回应。并且,团队时间规范塑造了组织成员间的互动模式和节奏,当团队成员对团队时间规范具有较高的共享理解时,他们彼此间会发展出共享性工作步调倾向,从而使团队采用其自身独特的步调(Perlow,1999;Roy,1959),并更好地协调团队行为和完成团队任务。因此,提出以下假设:

H1b:规范TTMM对团队绩效有显著的正向影响。

5.2.3 成员TTMM与团队绩效

成员特征时间指的是体现在团队成员个性和态度中的时间侧面,包括成员的时间紧迫感、步调风格和时间视野等。成员特征时间也是时间阐释性维度的体现。

团队成员间异质性的时间个性和时间使用风格会导致团队成员在节

奏、排序等问题上产生模糊性和冲突，比如高时间紧迫感的人和低时间紧迫感的人对时间的看法完全不同，他们之间显著的差异会造成模糊的时间表和最后期限；具有高时间紧迫感的成员经常会被由低时间紧迫感成员造成的拖延搞得沮丧和不舒服，类似地，后者也会被前者的紧张和苛刻搞得焦虑。(Mohammed & Nadkarni, 2011) TTMM 建立的团队时间共享理解增加了团队成员对事件何时发生的一致认同，从而减少时间模糊性和时间冲突。

有关团队共享时间认知的文献都假设团队成员在最后期限、时间表和节奏上的共识能帮助这些成员调整他们自己的速度、节奏和工作周期以适应其他成员和外部任务环境的速度、节奏和周期。(Gevers, Rutte & Van, 2004; Standifer & Bluedorn, 2006)因此，基于高 TTMM 的团队成员间的动态时间调整能够增加他们互动的流畅性，从而提高团队绩效。因而提出如下假设：

H1c：成员 TTMM 对团队绩效有显著的正向影响；

H1：TTMM 对团队绩效有显著的正向影响。

5.2.4 三个 TTMM 子模型间的交互作用

团队任务时间模型、团队规范时间模型和成员特征时间模型是 TTMM 所包含的三个子模型，也是这个构念的三个维度。上文已经分别考察了这三个子模型和团队绩效间的关系，而事实上，在 TTMM 和团队绩效的关系中，TTMM 的三个子模型并不是独立的关系，因而，我们需要进一步考察它们三者之间的交互关系。类似地，在 TMM 理论中，已经有一些研究考察了不同类型的心智模型间的互动关系，如 Cannon-Bowers et al. (1993)在区分 TMM 的四个子模型，即技术模型、任务模型、协作模型和队友模型的基础上，指出这几个模型不是独立存在的。不同的团队有不同类型和不同水平的子模型的组合和配置，但是这些团队的绩效可能并没有差别，这其中的解释机制来自不同子模型间的互动和缓冲。进一步地，Smith-Jentsch, Mathieu & Kraiger (2005)通过实验验证了不同子模型之间的交互关系。在他们的研究中，基于对联邦航空管理部航空塔中工作的空中交通控制员的考察发现，作为团队模型的位置—目标依附模型和作为任务模型的线索—战略关联模型存在交互作用，这在一定程度上打开了 TMM 发挥作用时的过程黑箱。

在我们的研究中,团队任务时间模型、团队规范时间模型和成员特征时间模型间可能也存在类似的交互关系。比如在一个流程标准化较高的新建团队中,团队成员间对基于标准流程和规范性知识的一致性理解较高,因而此时团队成员间对新任务的时间侧面能够达成较高的共识,因而团队成员能够利用较高的任务 TTMM 来协调彼此间的行为,并推进团队的执行进度。随着时间的推移,当团队成员间互相了解的程度加深,团队成员对彼此间的时间个性和时间使用风格有更多的了解,此时,团队成员除了依靠任务 TTMM 来协调活动外,还能够依靠高成员的 TTMM 来协调活动,特别是当团队出现非惯例性任务而需要成员间采取更加柔性的时间协调时,任务 TTMM 对团队绩效的影响可能会降低,而反过来的关系也成立。假设新建团队中,成员间的了解和认识较多,对彼此的时间个性和时间使用风格也较熟悉,那样在团队初始阶段,团队成员能利用高成员 TTMM 来协调彼此的时间行动;随着时间的推移,由于团队成员间互动和联系的增加,他们对任务的时间侧面有了更高的一致性理解,也就是说,逐渐形成了较高的任务 TTMM,那么在后续的行为协调和任务推进过程中,可能也会依赖于任务 TTMM,而不是纯粹依赖成员 TTMM。换而言之,在这个例子中,任务 TTMM 和成员 TTMM 间存在交互关系。按照同样的逻辑,任务 TTMM、规范 TTMM 和成员 TMMM 两两间都存在交互关系。因而,提出如下假设:

H2:任务 TTMM 和规范 TTMM 对团队绩效产生负向的交互作用。具体而言,任务 TTMM 对团队绩效的正向影响会因规范 TTMM 的提高而减弱;反之也成立。

H3:任务 TTMM 和成员 TTMM 对团队绩效产生负向的交互作用。具体而言,任务 TTMM 对团队绩效的正向影响会因成员 TTMM 的提高而减弱;反之也成立。

H4:规范 TTMM 和成员 TTMM 对团队绩效产生负向的交互作用。具体而言,规范 TTMM 对团队绩效的正向影响会因成员 TTMM 的提高而减弱;反之也成立。

5.2.5 时间压力的调节作用

在第 3 章的案例分析中，笔者原本预期时间压力是决定不同团队主导时间协调机制差异性的原因，但是由于案例中涉及的 A 团队、B 团队和 C 团队均表现出了较高的时间压力水平，因而，在研究中，笔者尝试聚焦于 TTMM 这种内隐时间协调机制，考察时间压力在其中的作用。

时间压力作为一种外部的时间约束条件，可能会塑造个体对任务采取的方法。(Bartel & Milliken, 2004)时间压力加大时，团队成员会加快他们的活动(Gersick, 1989)，这会造成团队任务在实施过程中的时间模糊性和时间冲突，此时就需要团队采取外显或者内隐的时间协调机制缓冲。所以笔者预计当团队面临的时间压力较大时，团队成员需要更多的注意力和精力对任务、规范和成员行为中体现出来的时间信息进行加工，并且和其他成员产生时间协同，此时，TTMM 就能对团队绩效产生更大的影响。进一步地，由于时间信息内嵌于团队任务、团队规范和团队成员的个性和风格中，所以，在时间压力较大的情况下，TTMM 三个子模型对团队绩效的影响也会增加。因而，提出如下假设：

H5：时间压力在 TTMM 与团队绩效之间具有正向调节作用；

H5a：时间压力在任务 TTMM 与团队绩效之间具有正向调节作用；

H5b：时间压力在规范 TTMM 与团队绩效之间具有正向调节作用；

H5c：时间压力在成员 TTMM 与团队绩效之间具有正向调节作用。

5.3 研究方法

5.3.1 调查结构与样本结构

根据第 4 章所述，有效问卷 381 份，问卷有效率 65.7%，再剔除团队答题人数少于 3 人的，剩余 371 份问卷，归属于 102 个团队。各个团队参与的成员数量在 3 至 12 人之间(M=3.63, SD=4.11)，团队内成员的平均填答率为 66%。在团队成员的被试中，约 60%是男性，86%拥有学士或更高的学位，76%在当前团队工作一年以上。参与的团队主管主要为男性(78%)，大部分拥有学士或更高的学位(89%)，88%是企业的一般员工。样本的基本情况如表 5-1 所示。

表 5-1 样本基本情况(N=371)

样本特征		数量	比例/%	样本特征		数量	比例/%
性别	男	216	58.2	教育专业背景	科学工程	138	37.2
	女	155	41.8		经济管理	137	36.9
年龄/岁	＜25	127	34.2		法律	16	4.3
	26—30	160	43.1		文学艺术	30	8.1
	31—35	60	16.2		其他	50	13.5
	36—40	19	5.1	工作性质	一般员工	254	68.5
	＞40	5	1.3		基层管理	77	20.8
学历	初中及以下	3	0.8		高中/中专	36	9.7
	高中/中专	9	2.4		高层管理	4	1.1
	专科	86	23.2				
	本科	231	62.3				
	硕士及以上	42	11.3				

5.3.2 研究测量

(1)TTMM 量表

TTMM 量表的开发过程详见第 4 章。

(2)团队绩效量表

采用 Shaw(2010)开发的团队效能量表,测量团队效能的两个维度,即团队绩效和团队成员满意度;量表包括 8 个题项,团队绩效和团队成员满意度分别设 4 个题项。采用 7 点量表,例如“团队的工作质量好”及“总体而言,我对我所在的团队感到满意”等题项,其中 1 个为反向提问题项。该问卷在本研究中的内部一致性系数为 0.86,满足心理测量学的要求。

(3)时间压力量表

采用 Andrews & Smith(1996)开发的时间压力量表,运用 7 点量表,测量包括“为了完成工作我需要加班加点”和“我没有足够的时间事先考虑问题”等 6 个题项,其中 3 个为反向提问题项。该问卷在本研究中的内部一致性系数为 0.75，满足心理测量学的要求。

5.3.3 数据聚合

由于本章研究中所涉及的变量均为团队水平变量，因此，需要将个体数据聚合成团队数据，而在此之前需要判断各变量数据聚合的可行性。本章研究采用 Bliese 所提出的组内一致性 Rwg(Within-Group Agreement)、组内相关 ICC(1)[Intra Class Correlation(1)]和 ICC(2)[Intra Class Correlation (2)]三个常用的指标来确保数据聚合的合理性。其中，Rwg 用来衡量团队内部不同个体对构念是否有相同的反应程度，取值范围在 0 到 1 之间，假若它的值大于 0.70，表示聚合有足够的一致度(Bliese, 2000)；ICC(1)利用每个被试的个体评价，比较了工作团队之间的变异与工作团队内的变异，一般认为大于 0.10 则满足要求；ICC(2)则利用被试的平均评价，评估了组间与组内的变异，取值最好的达 0.7(James, 1984)。

结果表明，Rwg(j)的组内一致性达到聚合要求，大部分团队在 TTMM(92%)、任务 TTMM(87%)、规范 TTMM(85%)、成员 TTMM(93%)、团队绩效(90%)和时间压力(88%)的测量上具有大于 0.70 的 Rwg(j)值，六个变量(或维度)的平均 Rwg 水平分别为 0.92，0.90，0.91，0.88，0.87 和 0.90。其中有几个团队的 Rwg 值小于 0.70 的临界水平，删除 Rwg 低的团队之后进行分析，结果呈现同样的显著水平，仅在系数值上发生微小的改变，笔者保留了所有可行的分析样本。由于 Rwg 具有一致的零分布，当存在回答偏差时，可能会过高地估计组内一致性，因此还需要从其他方面表明这些群体水平构念的效度问题。(Bliese, 2000)根据单因素方差分析的结果，TTMM、任务 TTMM、规范 TTMM、成员 TTMM、团队绩效和时间压力的组间方差显著(p 值小于 0.01 或 0.001)。通过进一步计算六个测量变量的组内相关系数，得到 ICC(1)值分别为 0.40，0.35，0.30，0.35，0.29，0.40，ICC(2)值分别为 0.80，0.82，0.85，0.83，0.80，0.82。所有这些值都高于 James(1984)建议的群体水平构念的 ICC 临界值。以上分析结果表明，这些数据在团队层次上的聚合是合理的。

5.4 研究结果

5.4.1 变量的描述性统计与相关性分析

表5-2显示了各个变量的均值、标准差及变量之间的相关系数。TTMM和TPer显著相关($r=0.58$, $p<0.01$),任务TTMM和TPer显著相关($r=0.64$, $p<0.01$),规范TTMM和TPer显著相关($r=0.65$, $p<0.01$),成员TTMM和TPer显著相关($r=0.62$, $p<0.01$)。

表5-2 描述性统计和相关系数

变量	M	SD	1	2	3	4	5	6	7	8
1. 团队规模	10.78	10.45								
2. 团队年限	3.15	1.44	0.14							
3. TTMM	5.31	0.66	0.02	0.16	(0.88)					
4. 任务TTMM	5.20	0.75	0.03	0.09	0.65**	(0.90)				
5. 规范TTMM	5.60	0.74	0.04	0.19	0.60**	0.65**	(0.87)			
6. 成员TTMM	5.12	0.77	−0.03	0.15	0.56**	0.68**	0.61**	(0.91)		
7. TP	4.18	0.84	−0.21	0.01	0.21*	0.12	0.24*	0.20	(0.77)	
8. TPer	5.42	0.72	0.04	0.02	0.58**	0.64**	0.65**	0.62**	0.06	(0.87)

注:$N=102$,* 表示 $p<0.05$(双尾),** 表示 $p<0.01$(双尾),括号内为相应量表的Cronbach's α系数,TP为变量时间压力,TPer为变量团队绩效,下同。

5.4.2 回归分析结果

多元回归分析首先需要进行多重共线性检验,其方式是考察方差膨胀因子(Variance Inflation Factor,VIF),一般认为VIF在1—5之间都可以接受,越接近1越好。

5.4.2.1 TTMM及其子模型与团队绩效

表5-3显示,所有的VIF都接近1,即不存在多重共线性问题。首先检验TTMM和团队绩效的关系。在表5-3中,模型1显示,当将团队规模和团队年限这两个控制变量放入回归方程后,它们与团队绩效均无显

著关系(β分别为 0.03 和 0.01，p 值均大于 0.1)。在这两个控制变量的基础上，笔者把自变量 TTMM 分别放入回归方程中，模型 2 显示，TTMM 对团队绩效有显著的正向影响(β=0.74，$p<0.01$)，并且其额外的变异解释度(ΔR^2)为 0.54，从而 H1 得到支持。

继而检验 TTMM 各子模型，即任务 TTMM、规范 TTMM 及成员 TTMM 和团队绩效间的关系。在表 5-3 中，笔者把自变量任务 TTMM 放入回归方程中，模型 3 显示，任务 TTMM 对团队绩效有显著的正向影响($\beta=0.64$，$p<0.01$)，并且其额外的变异解释度(ΔR^2)为 0.41，从而 H1a 得到支持。重复这一步骤，模型 4 显示，规范 TTMM 对团队绩效具有显著的正向影响($\beta=0.67$，$p<0.01$)，其额外的变异解释度为 0.44，从而 H1b 得到支持；模型 5 显示，成员 TTMM 对团队绩效具有显著的正向影响($\beta=0.76$，$p<0.01$)，其额外的变异解释度为 0.40，从而 H1c 得到支持。

表 5-3　TTMM 及其子模型与团队绩效

常数/变量	TPer					
	模型 1	模型 2	模型 3	模型 4	模型 5	VIF
常数项	5.38**	1.30**	2.27**	1.93**	2.46**	
团队规模	0.03	0.04	0.02	0.02	0.07	1.02
团队年限	0.01	−0.11	−0.04	−0.11	−0.09	1.04
TTMM		0.74**				1.03
任务 TTMM			0.64**			1.01
规范 TTMM				0.67**		1.04
成员 TTMM					0.76**	1.02
R^2	0.00	0.73	0.41	0.44	0.40	
调整 R^2	−0.02	0.52	0.39	0.42	0.38	
ΔR^2	0.00	0.54	0.41	0.44	0.40	
F	0.06	33.87**	20.38**	22.81**	19.16**	

注：* 表示 $p<0.05$(双尾)，** 表示 $p<0.01$(双尾)。

5.4.2.2 TTMM 子模型间的交互与团队绩效

本章采用阶层回归法(hierarchical regression)考察 TTMM 各子模型之间的内部交互作用。为了检测和控制方程在引入交互项过程中的多重共线性问题,除了利用 VIF 来测量变量间的多重共线性之外,笔者将构建交互项的变量进行中心化后再计算其交互项。(Schwab,2005) TTMM 子模型间交互作用的具体检验步骤是:第一步,分别检验 TTMM 各子模型对团队绩效的影响;第二步,同时在一个方程中引入两个 TTMM 子模型,并考察其与团队绩效的关系;第三步,引入两个 TTMM 子模型间的交互项。

(1)任务 TTMM 和规范 TTMM 的交互与团队绩效

本检验的第一步如表 5-3 中的模型 3 和模型 4 所示,当分别以任务 TTMM 和规范 TTMM 为自变量,团队绩效为因变量时,任务 TTMM 和规范 TTMM 能够解释的变异 R^2 分别为 39%和 42%,F 值显著,并且其回归系数分别为 0.64 和 0.67,而且均在 0.01 的水平下显著。这表明,任务 TTMM 和规范 TTMM 对团队绩效均有显著的正向影响,而且影响作用较大。

第二步如表 5-4 中的模型 6 所示,同时将任务 TTMM 和规范 TTMM 引入以团队绩效为因变量的方程中,解释变异量 R^2 上升为 46%,比第一步解释变异量 R^2 提高了 7%和 4%。这表明,在同一个方程中引入这两个 TTMM 子模型能够提高方程的解释力。但是,与第一步未同时引入这两个 TTMM 子模型相比,任务 TTMM 和规范 TTMM 的 β 系数均有所下降,任务 TTMM 对团队绩效的影响下降了 0.27($\beta=0.37$, $p<0.01$),规范 TTMM 对团队绩效的影响下降了 0.24($\beta=0.43$, $p<0.01$)。

第三步如表 5-4 中的模型 7 所示,在引入任务 TTMM 和规范 TTMM 的交互项后,团队绩效为因变量的模型的解释变异量 R^2 上升为 52%,比第二步的解释变异量提高了 6%,F 值显著。这表明,任务 TTMM 和规范 TTMM 的交互作用对团队绩效的预测能力提高。与第二步未引入交互项时相比,任务 TTMM 对团队绩效的正面影响减弱了($\beta=0.33$, $p<0.01$),规范 TTMM 对团队绩效的正面影响也减弱($\beta=0.40$, $p<0.01$)。同时,任务 TTMM 与规范 TTMM 的交互项的系

数显著($\beta=-0.05$, $p<0.05$)。这表明,任务 TTMM 和规范 TTMM 之间存在负向交互作用,从而 H2 得到支持。

表 5-4 任务 TTMM 与规范 TTMM 的交互效应检验

常数/变量	TPer		
	模型 6	模型 7	VIF
常数项	1.39**	1.47**	
团队规模	0.02	0.01	1.05
团队年限	−0.10	−0.10	1.06
任务 TTMM	0.37**	0.33**	1.74
规范 TTMM	0.43**	0.40**	1.83
任务 TTMM×规范 TTMM		−0.05*	1.08
R^2	0.49	0.55	
调整 R^2	0.46	0.52	
ΔR^2	0.48	0.54	
F	23.09**	28.05*	
Durbin-Watson		2.06	

注：* 表示 $p<0.05$(双尾), ** 表示 $p<0.01$(双尾),VIF 为模型在回归过程中的最大 VIF 值。

为了更加形象地刻画任务 TTMM 和规范 TTMM 之间的交互关系,笔者采用 Cohen et al.(2003)推荐的方法分别展示这两个子模型间的相互调节关系。根据 Cohen et al.(2003)的方法,笔者先将任务 TTMM 以高于均值一个标准差和低于均值一个标准差为界划分为高低两个群,并以规范 TTMM 为自变量,团队绩效为因变量,绘制出以任务 TTMM 为调节变量的两条回归直线。由图 5-1(a)可以看出,在任务 TTMM 较低的样本中,规范 TTMM 对团队绩效的影响较大;而在任务 TTMM 较高的样本中,规范 TTMM 对团队绩效的影响被削弱了。而如果任务 TTMM 不具有调节效应,则两条回归直线的关系应该如图 5-1(b)所示,即随着任务 TTMM 的提高,规范 TTMM 对团队绩效的促进作用并不会得到显著的降低。

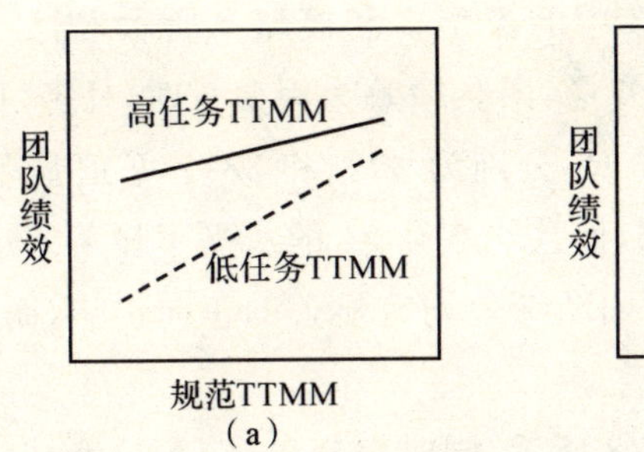

(a)

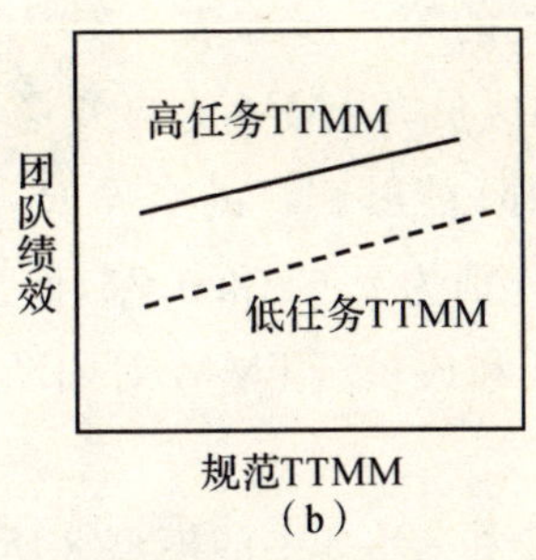

(b)

图 5-1　任务 TTMM 的调节效应(1)

按照同样的步骤,笔者绘出规范 TTMM 对任务 TTMM 和团队绩效间关系影响的示意图。笔者先将规范 TTMM 以高于均值一个标准差和低于均值一个标准差为界划分为高低两个群,并以任务 TTMM 为自变量,团队绩效为因变量,绘制出以规范 TTMM 为调节变量的两条回归直线。由图 5-2(a)可以看出,在规范 TTMM 较低的样本中,任务 TTMM 对团队绩效的影响较大;而在规范 TTMM 较高的样本中,任务 TTMM 对团队绩效的影响被削弱了。而图 5-1(a)和图 5-2(a)的区别在于,任务 TTMM 和规范 TTMM 的调节力度不同,通过对这两个图的对比可以发现,与任务 TTMM 的调节作用相比,规范 TTMM 的调节作用更大。而如果任务 TTMM 不具有调节效应,则两条回归直线的关系应该如图 5-2(b)所示,即随着规范 TTMM 的提高,任务 TTMM 对团队绩效的促进作用并不会得到显著的降低。

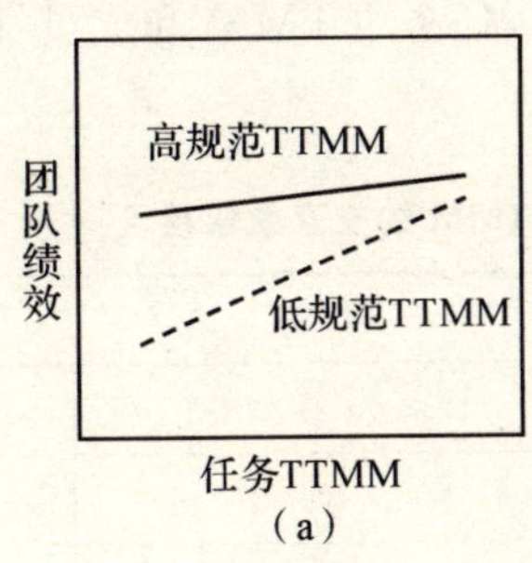

(a)

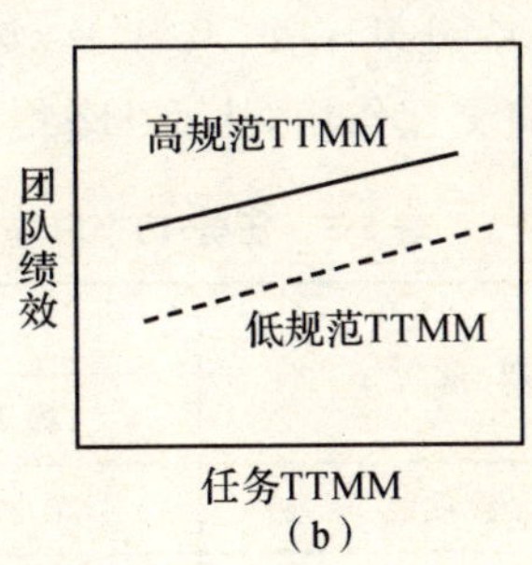

(b)

图 5-2　规范 TTMM 的调节效应(1)

(2)任务 TTMM 和成员 TTMM 的交互与团队绩效

与上一部分检验交互效应的步骤类似,这一部分探讨任务 TTMM 和成员 TTMM 的交互作用,分析结果如表 5-5 所示。分析步骤如下:

本检验的第一步如表 5-3 中的模型 3 和模型 5 所示，当分别以任务 TTMM 和成员 TTMM 为自变量，团队绩效为因变量时，任务 TTMM 和成员 TTMM 能够解释的变异 R^2 分别为 39%和 38%，F 值显著，并且其回归系数分别为 0.64 和 0.76，而且均在 0.01 的水平下显著。这表明，任务 TTMM 和成员 TTMM 对团队绩效均有显著的正向影响，而且影响作用较大。

第二步如表 5-5 中的模型 8 所示，同时将任务 TTMM 和成员 TTMM 引入以团队绩效为因变量的方程中，解释变异量 R^2 上升为 45%，比第一步解释变异量 R^2 提高了 6%和 7%。这表明，在同一个方程中引入这两个 TTMM 子模型能够提高方程的解释力。但是，与第一步未同时引入这两个 TTMM 子模型相比，任务 TTMM 和成员 TTMM 的 β 系数均有所下降，任务 TTMM 对团队绩效的影响下降了 0.25（$\beta=0.39$，$p<0.01$），成员 TTMM 对团队绩效的影响下降了 0.41（$\beta=0.35$，$p<0.01$）。

第三步如表 5-5 中的模型 9 所示，在引入任务 TTMM 和成员 TTMM 的交互项后，团队绩效为因变量的模型的解释变异量 R^2 上升为 54%，比第二步的解释变异量提高了 9%，F 值显著。这表明，任务 TTMM 和成员 TTMM 的交互作用对团队绩效的预测能力提高。与第二步未引入交互项时相比，任务 TTMM 对团队绩效的正面影响减弱（$\beta=0.35$，$p<0.01$），成员 TTMM 对团队绩效的正面影响也减弱了（$\beta=0.30$，$p<0.01$）。同时，任务 TTMM 与成员 TTMM 的交互项的系数显著（$\beta=-0.09$，$p<0.05$）。这表明，任务 TTMM 和成员 TTMM 之间存在负向交互作用，从而 H3 得到支持。

表 5-5 任务 TTMM 与成员 TTMM 的交互效应检验

常数/变量	TPer		
	模型 8	模型 9	VIF
常数项	1.87**	2.00**	
团队规模	0.05	0.03	1.05
团队年限	−0.08	−0.06	1.08
任务 TTMM	0.39**	0.35**	1.14

续　表

常数/变量	TPer		
	模型 8	模型 9	VIF
成员 TTMM	0.35**	0.30**	1.14
任务 TTMM×成员 TTMM		−0.09*	1.10
R^2	0.47	0.53	
调整 R^2	0.45	0.54	
ΔR^2	0.47	0.56	
F	19.12**	25.52*	
Durbin-Watson		1.99	

注：* 表示 $p<0.05$（双尾），** 表示 $p<0.01$（双尾），VIF 为模型在回归过程中的最大 VIF 值。

为了更加形象地刻画任务 TTMM 和成员 TTMM 之间的交互关系，笔者同样采用 Cohen et al.(2003)推荐的方法分别展示这两个子模型间的相互调节关系。笔者先将任务 TTMM 以高于均值一个标准差和低于均值一个标准差为界划分为高低两个群，并以成员 TTMM 为自变量，团队绩效为因变量，绘制出以任务 TTMM 为调节变量的两条回归直线。由图 5-3(a)可以看出，在任务 TTMM 较低的样本中，成员 TTMM 对团队绩效的影响较大；而在任务 TTMM 较高的样本中，成员 TTMM 对团队绩效的影响被削弱了。而如果任务 TTMM 不具有调节效应，则两条回归直线的关系应该如图 5-3(b)所示，即随着任务 TTMM 的提高，成员 TTMM 对团队绩效的促进作用并不会得到显著的降低。

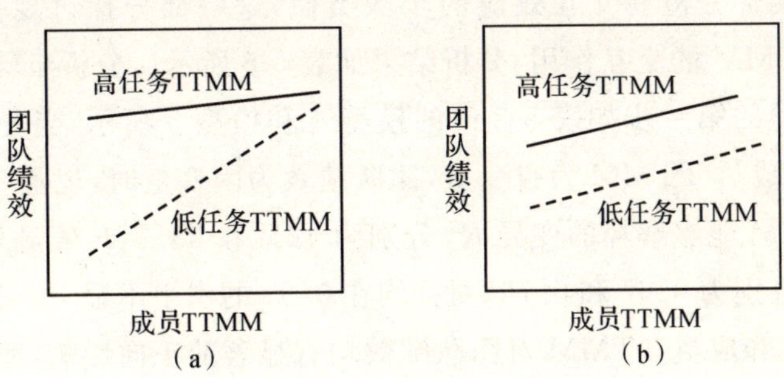

图 5-3　任务 TTMM 的调节效应(2)

按照同样的步骤，笔者绘出成员 TTMM 对任务 TTMM 和团队绩效间关系影响的示意图。笔者先将成员 TTMM 以高于均值一个标准差和低于均值一个标准差为界划分为高低两个群，并以任务 TTMM 为自变量，团队绩效为因变量，绘制出以成员 TTMM 为调节变量的两条回归直线。由图 5-4(a)可以看出，在成员 TTMM 较低的样本中，任务 TTMM 对团队绩效的影响较大；而在成员 TTMM 较高的样本中，任务 TTMM 对团队绩效的影响被削弱了。而图 5-3(a)和图 5-4(a)的区别在于，任务 TTMM 和成员 TTMM 的调节力度不同，通过对这两个图的对比可以发现，与成员 TTMM 的调节作用相比，任务 TTMM 的调节作用更大。而如果成员 TTMM 不具有调节效应，则两条回归直线的关系应该如图 5-4(b)所示，即随着成员 TTMM 的提高，任务 TTMM 对团队绩效的促进作用并不会得到显著的降低。

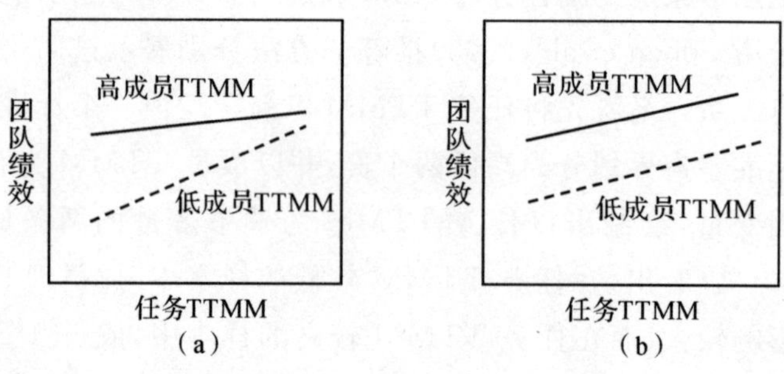

图 5-4 成员 TTMM 的调节效应(1)

(3)规范 TTMM 和成员 TTMM 的交互与团队绩效

与上两部分检验交互效应的步骤类似，这一部分探讨规范 TTMM 和成员 TTMM 的交互作用，分析结果如表 5-6 所示。分析步骤如下：

本检验的第一步如表 5-3 中的模型 4 和模型 5 所示，当分别以规范 TTMM 和成员 TTMM 为自变量，团队绩效为因变量时，规范 TTMM 和成员 TTMM 能够解释的变异 R^2 分别为 42%和 38%，F 值显著，并且其回归系数分别为 0.67 和 0.76，而且均在 0.01 的水平下显著。这表明，规范 TTMM 和成员 TTMM 对团队绩效均有显著的正向影响，而且影响作用较大。

第二步如表 5-6 中的模型 10 所示，同时将规范 TTMM 和成员 TTMM 引入以团队绩效为因变量的方程中，解释变异量 R^2 上升为

50%，比第一步解释变异量 R^2 提高了 8%和 12%。这表明，在同一个方程中引入这两个 TTMM 子模型能够提高方程的解释力。但是，与第一步未同时引入这两个 TTMM 子模型相比，规范 TTMM 和成员 TTMM 的 β 系数均有所下降，规范 TTMM 对团队绩效的影响下降了 0.22($\beta=0.45$，$p<0.01$)，成员 TTMM 对团队绩效的影响下降了 0.40($\beta=0.36$，$p<0.01$)。

第三步如表 5-6 中的模型 11 所示，在引入规范 TTMM 和成员 TTMM 的交互项后，团队绩效为因变量的模型的解释变异量 R^2 上升为 55%，比第二步的解释变异量提高了 5%，F 值显著。这表明，规范 TTMM 和成员 TTMM 的交互作用对团队绩效的预测能力提高。与第二步未引入交互项时相比，规范 TTMM 对团队绩效的正面影响减弱($\beta=0.43$，$p<0.01$)，成员 TTMM 对团队绩效的正面影响也减弱了($\beta=0.37$，$p<0.01$)。同时，规范 TTMM 与成员 TTMM 的交互项的系数显著($\beta=-0.06$，$p<0.05$)。这表明，规范 TTMM 和成员 TTMM 之间存在负向交互作用，从而 H4 得到支持。

表 5-6 规范 TTMM 与成员 TTMM 的交互效应检验

常数/变量	TPer		
	模型 10	模型 11	VIF
常数项	1.40**	1.53**	
常数项	1.40**	1.53**	
团队规模	0.05	0.04	1.03
团队年限	−0.13	−0.13	1.06
规范 TTMM	0.45**	0.43**	1.70
成员 TTMM	0.36**	0.37**	1.62
规范 TTMM×成员 TTMM		−0.06*	1.14
R^2	0.52	0.58	
调整 R^2	0.50	0.55	
ΔR^2	0.52	0.57	
F	23.48**	28.79*	
Durbin-Watson		1.95	

注：* 表示 $p<0.05$(双尾)，** 表示 $p<0.01$(双尾)，VIF 为模型在回归过程中的最大 VIF 值。

为了更加形象地刻画规范 TTMM 和成员 TTMM 之间的交互关系，笔者也采用 Cohen et al. (2003)推荐的方法分别展示这两个子模型间的相互调节关系。笔者先将规范 TTMM 以高于均值一个标准差和低于均值一个标准差为界划分为高低两个群，并以成员 TTMM 为自变量，团队绩效为因变量，绘制出以规范 TTMM 为调节变量的两条回归直线。由图 5-5(a)可以看出，在规范 TTMM 较低的样本中，成员 TTMM 对团队绩效的影响较大；而在规范 TTMM 较高的样本中，成员 TTMM 对团队绩效的影响被削弱了。而如果规范 TTMM 不具有调节效应，则两条回归直线的关系应该如图 5-5(b)所示，即随着规范 TTMM 的提高，成员 TTMM 对团队绩效的促进作用并不会得到显著的降低。

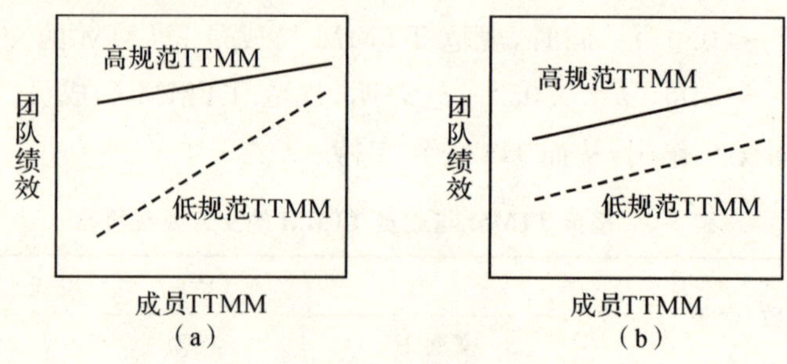

图 5-5　规范 TTMM 的调节效应(2)

按照同样的步骤，笔者绘出成员 TTMM 对规范 TTMM 和团队绩效间关系影响的示意图。笔者先将成员 TTMM 以高于均值一个标准差和低于均值一个标准差为界划分为高低两个群，并以规范 TTMM 为自变量，团队绩效为因变量，绘制出以成员 TTMM 为调节变量的两条回归直线。由图 5-6(a)可以看出，在成员 TTMM 较低的样本中，规范 TTMM 对团队绩效的影响较大；而在成员 TTMM 较高的样本中，规范 TTMM 对团队绩效的影响被削弱了。而图 5-5(a)和图 5-6(a)的区别在于，规范 TTMM 和成员 TTMM 的调节力度不同，对这两个图的对比可以发现，与成员 TTMM 的调节作用相比，规范 TTMM 的调节作用更大。而如果成员 TTMM 不具有调节效应，则两条回归直线的关系应该如图 5-6(b)所示，即随着成员 TTMM 的提高，任务 TTMM 对团队绩效的促进作用并不会得到显著的降低。

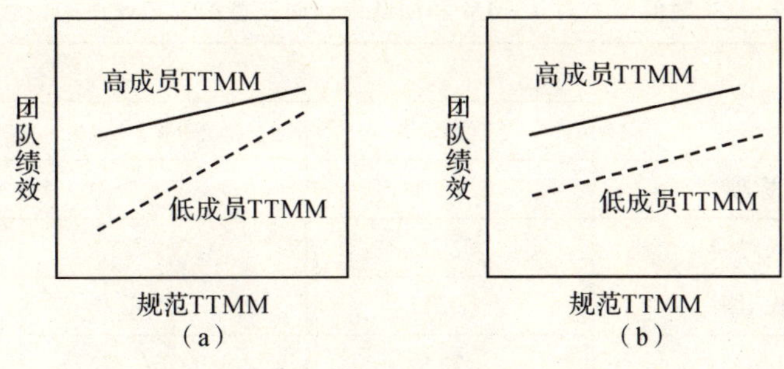

图 5-6 成员 TTMM 的调节效应(2)

5.4.2.3 时间压力(TP)的调节作用

根据上文对 TTMM 子模型间交互作用检验的步骤,笔者从以下三步来检验时间压力在 TTMM 及其子模型与团队绩效间的调节作用:第一步,将团队规模和团队年限这两个控制变量纳入以团队绩效为因变量的方程中;第二步,在第一步的基础上引入 TTMM 或其子模型和时间压力;第三步,在第二步的基础上,引入 TTMM 或其子模型和时间压力的交互项。

(1)时间压力对 TTMM 和团队绩效间关系的调节作用检验

本检验的第一步如表 5-3 中的模型 1 所示,当分别以团队规模和团队年限为自变量,团队绩效为因变量时,F 值不显著,并且两个自变量也不显著(p 值均大于 0.1)。这表明,团队规模和团队年限对团队绩效没有显著的影响。第二步如表 5-7 中的模型 12 所示,同时将 TTMM 和时间压力引入以团队绩效为因变量的方程中,方程 F 值显著($p<0.01$),并且 TTMM 也显著($\beta=0.72$, $p<0.01$)。第三步如表 5-7 中的模型 13 所示,在引入 TTMM 和时间压力的交互项后,以团队绩效为因变量的模型的解释变异量 R^2 上升为 52%,比第二步的解释变异量提高了 7%,F 值显著($p<0.05$)。这表明,TTMM 和时间压力的交互作用对团队绩效的预测能力提高了。与第二步未引入交互项时相比,TTMM 对团队绩效的正面影响增加了($\beta=0.76$, $p<0.01$)。并且,TTMM 与时间压力的交互项的系数也显著($\beta=0.06$, $p<0.05$)。这表明,时间压力在 TTMM 和团队绩效间具有显著的调节效用,从而 H5 得到支持。

表 5-7　时间压力对 TTMM 和团队绩效间关系的调节作用的检验

常数/变量	TPer		
	模型 12	模型 13	VIF
常数项	5.58**	5.54**	
团队规模	0.02	0.03	1.10
团队年限	−0.11	−0.09	1.14
TTMM	0.72**	0.76**	1.18
TP	−0.10	−0.09	1.10
TTMM×TP		0.06*	1.22
R^2	0.49	0.54	
调整 R^2	0.45	0.52	
ΔR^2	0.47	0.54	
F	20.76**	25.95*	
Durbin-Watson		2.05	

注：* 表示 $p<0.05$（双尾），** 表示 $p<0.01$（双尾），VIF 为模型在回归过程中的最大 VIF 值。

（2）时间压力对任务 TTMM 和团队绩效间关系的调节作用检验

本检验的第一步如表 5-3 中的模型 1 所示，当分别以团队规模和团队年限为自变量，团队绩效为因变量时，F 值不显著，并且两个自变量也不显著（p 值均大于 0.1）。这表明，团队规模和团队年限对团队绩效没有显著的影响。第二步如表 5-8 中的模型 14 所示，同时将任务 TTMM 和时间压力引入以团队绩效为因变量的方程中，方程 F 值显著（$p<0.01$），并且任务 TTMM 也显著（$\beta=0.60$，$p<0.01$）。第三步如表 5-8 中的模型 15 所示，在引入任务 TTMM 和时间压力的交互项后，以团队绩效为因变量的模型的解释变异量 R^2 上升为 42%，比第二步的解释变异量提高了 3%，F 值显著（$p<0.05$）。这表明，任务 TTMM 和时间压力的交互作用对团队绩效的预测能力提高。与第二步未引入交互项时相比，任务 TTMM 对团队绩效的正面影响增加了（$\beta=0.65$，$p<0.01$）。并且，任务 TTMM 与时间压力的交互项的系数也显著（$\beta=0.12$，$p<0.01$）。这表明，时间压力在任务 TTMM 和团队绩效间具有显著的调节效用，从而 H5a 得到支持。

表 5-8 时间压力对任务 TTMM 和团队绩效间关系的调节作用的检验

常数/变量	TPer		
	模型 14	模型 15	VIF
常数项	5.48**	5.43**	
团队规模	0.02	0.04	1.09
团队年限	−0.04	−0.03	1.05
任务 TTMM	0.60**	0.65**	1.18
TP	−0.10	−0.01	1.05
任务 TTMM×TP		0.12**	1.22
R^2	0.41	0.44	
调整 R^2	0.39	0.42	
ΔR^2	0.41	0.44	
F	15.12**	18.49*	
Durbin-Watson		1.92	

注：* 表示 $p<0.05$（双尾），** 表示 $p<0.01$（双尾），VIF 为模型在回归过程中的最大 VIF 值。

(3)时间压力对规范 TTMM 和团队绩效间关系的调节作用检验

本检验的第一步如表 5-3 中的模型 1 所示，当分别以团队规模和团队年限为自变量，团队绩效为因变量时，F 值不显著，并且两个自变量也不显著（p 值均大于 0.1）。这表明，团队规模和团队年限对团队绩效没有显著的影响。第二步如表 5-9 中的模型 16 所示，同时将规范 TTMM 和时间压力引入以团队绩效为因变量的方程中，方程 F 值显著（$p<0.01$），并且规范 TTMM 也显著（$\beta=0.70$，$p<0.01$）。第三步如表 5-9 中的模型 17 所示，在引入规范 TTMM 和时间压力的交互项后，以团队绩效为因变量的模型的解释变异量 R^2 上升为 48%，比第二步的解释变异量提高了 5%，F 值显著（$p<0.05$）。这表明，规范 TTMM 和时间压力的交互作用对团队绩效的预测能力提高了。与第二步未引入交互项时相比，规范 TTMM 对团队绩效的正面影响增加了（$\beta=0.73$，$p<0.01$）。并且，规范 TTMM 与时间压力的交互项的系数也显著（$\beta=0.25$，$p<0.01$）。这表明，时间压力在规范 TTMM 和团队绩效间具有显著的调节效用，从而 H5b 得到支持。

表 5-9 时间压力对规范 TTMM 和团队绩效间关系的调节作用的检验

常数/变量	TPer		
	模型 16	模型 17	VIF
常数项	5.61**	5.48**	
团队规模	0.00	0.04	1.10
团队年限	−0.11	−0.08	1.07
规范 TTMM	0.70**	0.73**	1.12
TP	−0.11	−0.10	1.12
规范 TTMM×TP		0.25**	1.08
R^2	0.45	0.51	
调整 R^2	0.43	0.48	
ΔR^2	0.45	0.50	
F	17.65**	19.53*	
Durbin-Watson		1.91	

注：* 表示 $p<0.05$（双尾），** 表示 $p<0.01$（双尾），VIF 为模型在回归过程中的最大 VIF 值。

(4)时间压力对成员 TTMM 和团队绩效间关系的调节作用检验

本检验的第一步如表 5-3 中的模型 1 所示，当分别以团队规模和团队年限为自变量，团队绩效为因变量时，F 值不显著，并且两个自变量也不显著（p 值均大于 0.1）。这表明，团队规模和团队年限对团队绩效没有显著的影响。第二步如表 5-10 中的模型 18 所示，同时将成员 TTMM 和时间压力引入以团队绩效为因变量的方程中，方程 F 值显著（$p<0.01$），并且成员 TTMM 也显著（$\beta=0.65$，$p<0.01$）。第三步如表 5-10 中的模型 19 所示，在引入成员 TTMM 和时间压力的交互项后，以团队绩效为因变量的模型的解释变异量 R^2 仍为 37%，与第二步的解释变异量相比未上升，F 值显著（$p>0.1$）。这表明，成员 TTMM 和时间压力的交互作用对团队绩效的预测能力没有显著提高。与第二步未引入交互项时相比，成员 TTMM 对团队绩效的正面影响显著下降（$\beta=0.63$，$p<0.01$）。并且，成员 TTMM 与时间压力的交互项的系数不显著（$\beta=0.07$，$p>0.1$）。这表明，时间压力在成员 TTMM 和团队绩效间没有显著的调节效用，从而 H5c 未得到支持。

表 5-10 时间压力对成员 TTMM 和团队绩效间关系的调节作用的检验

常数/变量	TPer		
	模型 18	模型 19	VIF
常数项	5.52**	5.46**	
团队规模	0.06	0.07	1.08
团队年限	−0.09	−0.06	1.19
成员 TTMM	0.65**	0.63**	1.11
TP	−0.06	−0.06	1.08
成员 TTMM×TP		0.07	1.21
R^2	0.40	0.41	
调整 R^2	0.37	0.37	
ΔR^2	0.39	0.37	
F	14.37**	11.55	
Durbin-Watson		1.84	

注：* 表示 $p<0.05$（双尾），** 表示 $p<0.01$（双尾），VIF 为模型在回归过程中的最大 VIF 值。

5.4.3 研究假设验证结果

本章研究各个假设及其验证情况如表 5-11 所示。

表 5-11 假设检验结果汇总

编号	假设内容	检验结果
	主效应	
H1a	任务 TTMM 对团队绩效有显著的正向影响	支持
H1b	规范 TTMM 对团队绩效有显著的正向影响	支持
H1c	成员 TTMM 对团队绩效有显著的正向影响	支持
H1	TTMM 对团队绩效有显著的正向影响	支持

续 表

编号	假设内容	检验结果
	交互效应	
H2	任务 TTMM 和规范 TTMM 对团队绩效产生负向的交互作用。具体而言，任务 TTMM 对团队绩效的正向影响会因规范 TTMM 的提高而减弱；反之也成立	支持
H3	任务 TTMM 和成员 TTMM 对团队绩效产生负向的交互作用。具体而言，任务 TTMM 对团队绩效的正向影响会因成员 TTMM 的提高而减弱；反之也成立	支持
H4	规范 TTMM 和成员 TTMM 对团队绩效产生负向的交互作用。具体而言，规范 TTMM 对团队绩效的正向影响会因成员 TTMM 的提高而减弱；反之也成立	支持
	调节效应	
H5	时间压力在 TTMM 与团队绩效之间具有正向调节作用	支持
H5a	时间压力在任务 TTMM 与团队绩效之间具有正向调节作用	支持
H5b	时间压力在规范 TTMM 与团队绩效之间具有正向调节作用	支持
H5c	时间压力在成员 TTMM 与团队绩效之间具有正向调节作用	不支持

5.5 研究讨论

本章研究首先考察了 TTMM 及其三个子模型，即任务 TTMM、规范 TTMM 和成员 TTMM 对团队绩效的影响。研究表明，TTMM 及其子模型对团队绩效均有显著的正向影响。而且，笔者发现，三个子模型对团队绩效的影响略微有差别，其中成员 TTMM 的正向影响最大而任务 TTMM 的正向影响最小。这种对比进一步表明了本研究在 TTMM 的任务模型上加入规范模型和成员模型的必要性和重要性，也进一步表明了深入 TTMM 内部考察各子模型和团队绩效关系的重要性。这在一定程度上打开了 TTMM 与团队绩效关系的过程黑箱。

对 TTMM 三个子模型间交互效应的检验的结论如下:①TTMM 三个子模型间具有相互的交互作用,而且是一种负向的交互,也就是说,三个子模型对团队绩效的作用具有相互抵消的效应,这也证明了在现实的团队中虽然在 TTMM 三个子模型的关注度和一致性程度上有所不同,但是它们可能会达到相同的绩效;②TTMM 三个子模型间交互作用的力度是不同的,总体来说,任务 TTMM 对其他两个子模型的调节作用最大,而成员 TTMM 对其他两个子模型的调节作用最小,这一方面可能是因为任务 TTMM 是一个相对比较容易达成一致的部分,而且在三个 TTMM 子模型中,任务 TTMM 受到外显时间协调机制的作用也最大,因而也具有最大的稳定性;而成员 TTMM 由于更多来自成员的互动和交流,因而它对绩效的影响常常具有更多的灵活性和柔性。TTMM 内部交互作用的考察进一步打开了 TTMM 和团队绩效间关系的过程黑箱。

在此基础上,笔者进一步引入了团队时间压力作为 TTMM 及其子模型与团队绩效间关系的外部时间约束要素。实证研究表明,时间压力在 TTMM 与团队绩效间、任务 TTMM 与团队绩效间及规范 TTMM 与团队绩效间具有正向的调节作用;也就是说,当时间压力较大时, TTMM、任务 TTMM 和规范 TTMM 对团队绩效的作用更大,这可能是因为在强时间压力的情况下,团队成员会专注于搜索和时间有关的信息。但是时间压力在成员 TTMM 和团队绩效间的调节作用没有得到支持,这可能是因为成员 TTMM 是三个 TTMM 子模型中作用最大的一个,也是运用范围最广和频率最高的一个。因此,无论有无时间压力,成员 TTMM 都能发挥较大的作用,这和上文的研究结论也是一致的。

5.6 本章小结

在上一章对 TTMM 多维化内涵界定和量表开发的基础上,本章进一步探索了 TTMM 及其三个子模型(维度)和团队绩效间的关系,并考察了这三个子模型间的交互作用对团队绩效的影响,以及时间压力在 TTMM 及其子模型与团队绩效的关系中的调节作用。因此,本章研究从一定程度上打开了 TTMM 与团队绩效间关系的内部黑箱和外部黑箱，检验了 TTMM 的绩效影响，丰富了团队时间认知和团队时间协调机制的相关研究。本章研究的主要贡献如下：

第一，考察了 TTMM 及其子模型对团队绩效的影响。在团队时间认知领域，之前的研究从任务时间单维地理解 TTMM，本章继第 4 章对 TTMM 的多维化及其操作化研究，考察了 TTMM 及其子模型对团队绩效的影响，从而进一步凸显了第 4 章对 TTMM 内涵拓展和量表开发的价值。具体而言，这个研究结果提示我们，除了对团队任务时间的一致性理解能够提升绩效外，对团队规范时间和成员特征时间的一致性理解也能够提升绩效。这一研究结论对管理实践也有重要的启示。

第二，考察了 TTMM 三个子模型间的交互作用及其对团队绩效的影响。笔者遵从 TMM 中类似研究的思路（如 Smith-Jentsch et al.，2005），证实了 TTMM 子模型在对团队绩效发挥作用时并不是孤立的，而是存在子模型间的互动。具体而言，任务 TTMM、规范 TTMM 和成员 TTMM 三者间存在负向的交互作用；也就是说，当其中一个 TTMM 子模型较高的时候，其他两个子模型对团队绩效的影响会减弱。这也和对团队实践的观察是一致的，即在大多数的现实团队中，很难同时满足高任务 TTMM、高规范 TTMM 和高成员 TTMM，这些团队往往在其中的一个子模型或者几个子模型上得分较高，但是在剩下的子模型上得分较低，而在不同的 TTMM 子模型的组合中，它们的绩效水平可能相似。

第三，考察了时间压力在 TTMM 及其子模型和团队绩效间关系中的调节作用。时间压力这一外部时间约束会影响团队成员对时间信息的解读，从而也会影响团队时间协调机制对团队绩效的作用水平。因而，在第 3 章案例研究的基础上，笔者在本章研究中聚焦于 TTMM 这一内隐协调机制，考察时间压力的调节作用。

第6章　团队时间协调机制与团队效能：TTMM的中介作用

6.1 引　言

本书的目的是探索团队时间协调机制这种全新的团队时间管理策略，以应对现代团队所面临的全新的时间问题。在这样的目的下，本书通过前三个子研究探索了其中的几个侧面。在第3章的子研究一中，笔者从时间互依性出发，通过有机性/机械性和外显性/内隐性这两个团队时间协调机制的特性，将团队时间协调机制划分为时间表、时间领导、TTMM和时间适应四种，考察四者之间的异同点，并通过一个描述性的多案例分析探究了这四种时间协调机制在现实团队中的体现及其差异性。在第4章的子研究二中，笔者重点关注往往被忽视的内隐时间协调机制，聚焦于TTMM这个核心构念，通过引入时间的维度理论和TMM理论的相关研究进展，拓展了TTMM的核心内涵；并在此基础上开发了相应的测量量表，从而为团队时间认知的相关研究奠定了构念基础和测量基础，也为之后的子研究提供了理论基础和量表工具。紧接着在第5章的子研究三中，笔者遵循内隐时间协调—团队绩效的经典理论框架，重点考察三维度的TTMM及其子模型和团队绩效之间的关系，以及时间压力在其中的调节作用，这进一步推进了第4章的研究，也和第3章的研究相呼应。

子研究一、子研究二和子研究三遵循"总—分—再分"的逻辑，分别考察了四种团队时间协调机制的类型、TTMM这一重要的内隐时间协调机制本身、TTMM及其子模型和团队绩效的关系等问题，逐步打开了团队时间协调机制和TTMM的内容黑箱。但是到目前为止，笔者基本都在孤立地考察几种团队时间协调机制及其与团队绩效的关系，而没有考察两个或者多个团队时间协调机制之间的关系，以及这种关系对团队绩效进而对团队效能的影响。也就是说，在逐步深入考察之后，笔者需要再次回到“总”的层次上考察团队时间协调机制间的关系，这样才能更好地考察其在团队时间管理中扮演的独特作用。

而在现有的团队时间协调机制的研究中，无论是 Zerubavel(1981)的两种基本时间协调模式、McGrath(1991)的 TIP 理论还是 Massey, Montoya-Weiss & Hung(2003)的三种时间管理策略，都只涉及可见的和外显的时间协调机制，普遍忽视了内隐时间协调机制。事实上，这也是大多数团队协调机制研究的缺陷。(Rico et al., 2008)因而考察不同的团队时间协调机制间关系的重点就是在外显时间协调的基础上引入内隐时间协调基础。在本章中，笔者引入 TTMM 作为内隐时间协调机制，并考察其在外显时间协调机制和团队效能间的作用，以拓展现有团队时间协调机制的研究。事实上，当团队面临非独立的、有特定产出要求的任务时，团队共享时间理解就变得非常重要了。(Bartel & Milliken, 2004) TTMM 作为一种具体的团队共享时间理解，涌现于团队成员及其互动中，但是超越了成员个体的时间观念和时间意识；它是成员个体 TMM 的重叠或相似，被认为是成员共同拥有的时间共享认知。通过引入 TTMM 这一内隐时间协调机制，一方面能更全面地刻画团队时间协调机制的内涵和类型，另一方面也能在一定程度上打开时间协调机制与团队效能的过程黑箱。

本章的研究考察时间领导和 TTMM 对团队效能的影响、TTMM 的中介作用，以及时间压力的调节作用，这一方面通过探索不同团队时间协调机制间的关系打开了团队时间协调机制与团队效能间关系的过程黑箱，深化了子研究一对 TTMM 的类型化研究；另一方面，也进一步利用和推进了子研究二和子研究三对 TTMM 的相关探索，从非孤立的观点考察了 TTMM 在团队效能提升中发挥的重要作用。

6.2 研究假设

正如子研究一指出的，现有对团队时间协调机制的研究主要聚焦于外显时间协调机制,包括时间表和时间领导;而且大多数的学者都承认,在团队时间的管理中领导扮演着重要作用,在很多情况下时间表只是团队时间领导的物质化体现而已(Yakura, 2002; Mohammed & Nadkarni, 2001)。因而从一定意义上来说,时间领导是团队外显时间协调机制的典型代表。另一方面,在子研究一和子研究二中均指出,需遵循 Rico et al.(2008)将团队认知作为一种内隐协调机制引入团队协调理论的思路,我们可以将团队时间认知作为一种内隐时间协调机制引入团队时间协调理论中。而正如第2章的文献综述和第4章的子研究二指出的,在现有团队时间认知的诸多相关构念中,TTMM能够嵌入团队认知的相关研究中(Hamilton et al., 2012),而且经过子研究二的内涵拓展和量表开发后的TTMM构念更优于团队时间认知的其他相关构念。因而,在本章中,笔者以TTMM作为团队内隐时间协调机制的典型代表。本章通过引入TTMM这一内隐时间协调机制,丰富了传统的以时间领导为代表的外显时间协调机制的研究;同时,也响应了 Ilgen et al.(2005)提出的以IMO模型替代传统的IPO模型时所强调的涌现状态的作用。并且,本章借鉴Ilgen et al.(2005)和 Mathieu et al.(2008)的团队效能模型中对团队绩效和成员满意度的区分,将成员满意度纳入团队时间领导和TTMM的因变量中。事实上,团队效能的成员满意度维度也往往被之前的团队协调机制研究所忽视。(如 Mohammed & Nadkarni,2011)

6.2.1 时间领导与团队效能

Van(2004)提出,领导的概念应该纳入时间行为的维度。时间领导行为是指那些组织、协调和管理任务的时间性的领导行为。(Gevers, Rutte & Van, 2004; Gevers, Van & Rutte, 2009; Mohammed & Nadkarni,2011)Mohammed & Nadkarni(2011)在 McGrath(1991)的TIP理论的基础上,将时间领导行为模式划分为三项,即排程(确定最后期限和里程碑事件)、同步化(协调团队成员之间的活动以使得同步化)和时间资源分配。首先,在当今的商业世界中,对外部授时因子的有效适应对增强团队绩效非常重要(Ancona et al., 2001; Okhuysen & Waller, 2002),但现实团队任务本身没有固定的时间结构和序列,时间领导的排程行为能够创造团队内在的时间结构,并将团队活动的节奏、步调和周期与任务外部环境的时间要求保持一致，从而提高团队的绩效和适应性。(Crossan et al.，2005)其次，协调是团队绩效的直接来源，在协调过程中保持成员间行为的同步化是非常重要的(Kozlowski & Bell，2003)，而尽管任务执行的同步化可以通过无意识的"协时"(entrainment)过程自动地发生，但很多情况下需要团队给予时间更多有意识的关注(Gevers，Van & Rutte，2009)，时间领导中的同步化行为恰恰是对时间有意识关注的关键。最后，由于时间资源的稀缺性，需要对未知的意外事件安排时间及在不同的任务和人员之间分配时间资源。(Schriber & Gutek，1987)总之，时间领导的这些活动紧密联系，共同塑造了团队活动的时间模式。(Halbesleben et al.，2003)

另外，设定清晰而容易理解的时间表可以通过明确规定什么事情什么时候发生、最后期限和里程碑时间分别是什么，使得团队成员可以跟踪任务的进度，从而减少团队的时间模糊性。(Zerubavel，1981)时间模糊性的减少可以让团队成员更好地把握自己的时间，并按照自己偏好的时间风格处理团队事务，这样就能增强其时间控制感，也就能间接地增加团队成员的满意度。而且，时间领导的这些行为能够有效避免由于团队成员时间个性的不一致带来的潜在冲突，也能通过调整工作的流程和员工的工作周期从而减少时间冲突(Schriber & Gutek，1987)，这些冲突的减少能进一步提高团队成员的满意度。因而，提出如下假设：

H1：时间领导对团队效能有显著的正向影响；

H1a：时间领导对团队绩效有显著的正向影响；

H1b：时间领导对成员满意度有显著的正向影响。

6.2.2 TTMM 与团队效能

TTMM 作为一种内隐的时间协调机制，是对团队时间的共享性心理表征。笔者在上一个子研究中已经指出，高 TTMM 的团队成员间的动态时间调整能够增加他们互动的流畅性，从而提高团队绩效，因而，在本章研究中不再赘述。笔者在本部分研究中重点关注的是，TTMM 的建立是否能够增加团队成员的满意度，并进而连同团队绩效促进团队效能的提升。

正如之前指出的，团队成员间异质性的时间个性和时间使用风格会导致团队成员在节奏、排序等问题上产生模糊性和冲突(Mohammed & Nadkarni,2011),TTMM建立的团队时间共享理解能增加团队成员对事件何时发生的一致认同,并能够使团队成员预测到其他成员的时间行为,从而减少时间模糊性和时间冲突。事实上,时间模糊性、不确定性和冲突的降低不仅能够增加团队成员间行为的协调性,而且能够增加团队成员的时间控制感,让团队成员感觉自己是时间的"主人",这能够极大地增加团队成员的满意度。

同时,现有研究表明,共识的感知会在团队成员间制造出一种积极的情绪,从而引起团队成员间的互信。(Klimoski & Mohammed, 1994)团队成员通过发展TTMM能够在团队任务时间、成员特征时间和团队规范时间等方面达成共识,使彼此间在团队任务及其执行方面都能够预测其他人的时间安排和时间使用习惯,这种共识导致的互信能够在团队中营造出一种良好的工作氛围和工作模式,这也能提高团队成员的满意度。

进一步地,团队成员每天的工作活动存在可识别的节奏,这构成了他们工作环境的一部分。McGrath & Kelly(1986)早就指出,个体与其工作环境节奏的兼容对其情绪、认知和行为有很大的影响。Jansen & Kristof-Brown(2005)也发现,当个人的节奏和他们工作环境的节奏同步化能影响工作满意度和压力感;当和一个主导节奏相适应时,参与者会在与其环境的同步中发现极大的愉悦,其原因可能是这创造了一种有序的、协调的互动模式,减少了不确定感(Moore, 1963)。因而,提出如下假设:

H2:TTMM对团队效能有显著的正向影响;

H2a:TTMM对成员满意度有显著的正向影响。

6.2.3 TTMM的中介作用

时间领导理论认为,如果领导建立了清晰的时间框架,并通过日程表、提醒和里程碑事件传达给成员,团队绩效会更好,(Halbesleben et al., 2003;Mohammed & Nadkarni,2011)但他们的研究都忽视了一点,那就是时间不仅是一种客观的现象,也是个体主观构建的结果。不同的团队成员对任务的时间会有不同的感知和解读(比如最后期限及其弹性、完成任务的速度等),这会影响到团队的绩效。(Bartel & Milliken, 2004)如果没有时间共识,那么团队成员虽然面临同样的最后期限,但是在他们的头脑中可能会有不同的时间表，不止对于整个任务何时开始、何时结束有不同的理解，而且对子任务何时开始、何时结束也有不同的理解。所以以时间领导为表征的团队外显时间协调机制虽然有可能通过排程、同步化和时间资源分配来塑造团队的时间结构，同步化团队成员的行为，并和外部授时因子的时间性相适应，但是这种可能性的达成取决于团队成员是否对与时间相关的变量持相似的看法。(Bartel & Milliken,2004)

当团队成员对团队任务的时间安排有了一个共识后，他们能够通过安排时间和达成时间默契从而减少时间不确定性(Gevers, Rutte & Van, 2004)，特别是面对多样性的、模糊的时间要求时，对时间表和最后期限的共识会允许工作中更大的调整，允许团队成员进行自我调整，重新分配时间给没有完成的任务(Gevers, van Eerde & Rutte, 2009; Zerubavel, 1981)。相反，如果团队成员间对团队任务及其实施过程的时间侧面缺乏共识，即使团队面临清晰的外部时间约束，团队成员间也可能由于对这些约束的解读的差异性而产生冲突，而且往往是过程冲突。(Gevers, Van & Rutte, 2009)因而，提出如下假设：

H3：时间领导对 TTMM 有显著的正向影响；

H4：TTMM 在时间领导与团队效能间具有中介作用；

H4a：TTMM 在时间领导与团队绩效间具有中介作用；

H4b：TTMM 在时间领导与成员满意度间具有中介作用。

6.2.4 时间压力的调节作用

团队时间领导和 TTMM 考察的都是团队内部的时间协调机制，它们的实施过程受到外界时间约束的影响，其中影响最大的是时间压力。时间压力是团队成员感知到的一种时间压缩感，它会给团队成员带来不舒适感；而 Schriber & Gutek (1987)指出，同步化和时间资源的有效分配是减少时间压力的有效手段。换言之，当团队面临较大的时间压力时，团队时间领导的排程、同步化和时间资源分配这三类行为会更快地被解读，而这种解读的结果就是 TTMM 的形成。

时间压力作为一种外部的时间约束条件，可能会塑造个体对任务采取的方法。(Bartel & Milliken, 2004)时间压力加大时，团队会加快他们的活动(Gersick, 1989)，这会造成团队任务在实施过程中的时间模糊性和时间冲突，就需要团队采取外显或者内隐的时间协调机制缓冲。因而，提出如下假设：

H5a：时间压力在时间领导与 TTMM 之间具有正向调节作用；

H5b：时间压力在时间领导与团队效能之间具有正向调节作用；

H5c：时间压力在 TTMM 与团队效能之间具有正向调节作用。

以上各假设所汇总的变量关系模型如图 6-1 所示。其中，包含了时间领导的直接效应、TTMM 的中介效应及时间压力的调节效应。为了便于对实证分析中的算式进行描述，每个变量下方的括号内都已表明对应的英文首字母简称。

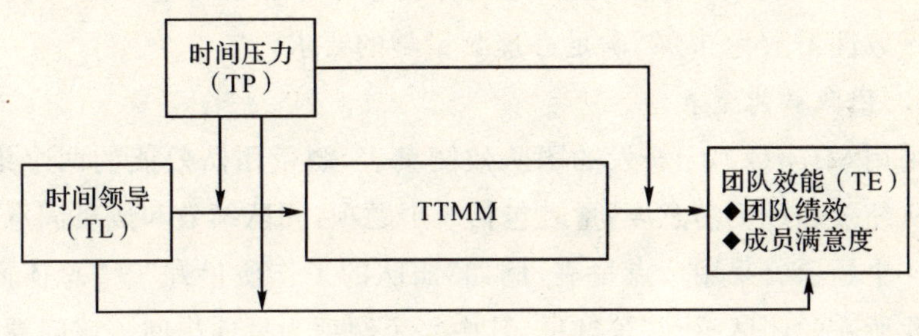

图 6-1　变量关系模型

6.3　研究设计

6.3.1 调查程序与样本结构

笔者在 2012 年 12 月—2013 年 5 月间展开大规模的问卷发放，取样范围包括杭州、深圳、南宁、郑州、宁波、上海、北京和昆明等地的 36 家企业，主要涉及设计、通信、互联网、建筑规划、银行和贸易等行业。共发放问卷 660 份，回收问卷 540 份，回收率为 81.8%。在问卷的初步查验阶段，剔除随意填答、填答不完整等问卷 67 份，保留有效问卷 473 份，问卷有效率为 71.7%，再剔除团队答题人数少于 3 人的，剩余 448 份问卷，归属于 114 个团队。各个团队参与的成员数量在 3 至 14 人之间（$M=3.92$，$SD=4.22$），团队内成员的平均填答率为 69%。

6.3.2 研究测量

(1)时间领导量表。

采用 Mohammed & Nadkarni(2011)开发的时间领导量表,用 7 点量表测量包括“团队领导会掌控团队进度使任务按时完成”及“团队领导会设定关键性的时间点以衡量项目的进度”等 7 个题项。该问卷在本研究中的内部一致性系数为 0.89,满足心理测量学的要求。

(2)TTMM 量表。

TTMM 量表的开发和验证过程详见第 4 章。该问卷在本研究中的内部一致性系数为 0.90,满足心理测量学的要求。

(3)团队效能量表。

采用 Shaw(2010)开发的团队效能量表,测量团队效能的两个维度,即团队绩效和成员满意度;量表包括 8 个题项,团队绩效和成员满意度分别设 4 个题项。采用 7 点量表,例如“团队的工作质量好”及“总体而言,我对我所在的团队感到”等题项,其中 1 个题项为反向提问。该问卷在本研究中的内部一致性系数为 0.88,满足心理测量学的要求。

(4)时间压力量表。

采用 Andrews & Smith(1996)开发的时间压力量表,运用 7 点量表测量包括“为了完成工作我需要加班加点”和“我没有足够的时间事先考虑问题”等 6 个题项,其中 3 个题项为反向提问。该问卷在本研究中的内部一致性系数为 0.76,满足心理测量学的要求。

6.3.3 数据聚合

由于本章研究中所涉及的变量均为团队水平变量,因此,需要将个体数据聚合成团队数据,而在此之前需要判断各变量数据聚合的可行性。本章研究同样采用 Bliese 所提出的组内一致性 Rwg、组内相关 ICC(1)和 ICC(2)三个常用的指标来确保数据聚合的合理性。各变量情况与第 5 章相同。

结果表明,Rwg(*j*)的组内一致性达到聚合要求,大部分团队在时间领导(94%)、TTMM(92%)、团队效能(88%)、时间压力(85%)和任务互依性(90%)的测量上具有大于0.70的Rwg(*j*)值，五个变量的平均Rwg水平分别为0.93，0.90，0.87，0.85和0.89。虽然有几个团队的Rwg值小于0.70的临界水平，删除Rwg低的团队之后进行分析，结果呈现同样的显著水平，仅在系数值上发生微小的改变，因此我们保留了所有可行的分析样本。由于Rwg具有一致的零分布，当存在回答偏差时可能会过高地估计组内一致性，还需要从其他方面表明这些群体水平构念的效度问题。(Bliese, 2000)根据单因素方差分析的结果，时间领导、TTMM、时间压力和任务互依性和团队效能的组间方差显著(p值小于0.01或0.001)。通过进一步计算四个测量的组内相关系数，得到ICC(1)值分别为0.38，0.41，0.33，0.28，ICC(2)值分别为0.78，0,82，0.85，0.83。所有这些值都高于James(1984)建议的群体水平构念的ICC临界值。以上分析结果表明，这些数据在团队层次上的聚合是合理的。

6.4 研究模型与假设检验

6.4.1 描述性统计与相关性分析

表6-1显示了各个变量的均值、标准差及变量之间的相关系数。从表中可以看出，时间领导和TTMM显著相关($r=0.52$, $p<0.01$)；时间领导和团队效能显著相关($r=0.56$, $p<0.01$)，时间领导和团队效能各维度也显著相关(r分别为0.58和0.43，p均<0.01)；TTMM和团队效能显著相关($r=0.75$, $p<0.01$)，TTMM和团队效能各维度也显著相关(r分别为0.73和0.63，p均<0.01)。

表6-1 描述性统计和相关系数

变量	*M*	*SD*	1	2	3	4	5	6	6a	6b
1.团队规模	10.72	10.02								
2.团队年限	3.20	1.45	0.12							
3.TL	5.42	0.76	0.11	0.06	(0.89)					
4.TTMM	5.34	0.64	0.01	0.12	0.52**	(0.82)				
5.TP	5.59	0.83	−1.00	0.05	−0.01	0.16	(0.76)			

续 表

变量	M	SD	1	2	3	4	5	6	6a	6b
6. TE	5.53	0.64	0.06	−0.06	0.56**	0.75**	−0.05	(0.88)		
6a. TE1	5.45	0.71	0.03	−0.03	0.58**	0.73**	−0.01	0.91**	(0.86)	
6b. TE2	5.60	0.70	0.08	−0.07	0.43**	0.63**	−0.08	0.90**	0.64**	(0.87)

注：$N=114$，* 表示 $p<0.05$（双尾），** 表示 $p<0.01$（双尾）；括号内为相应量表的 Cronbach's α 系数；各变量所对应的简称已在模型图中标明（如图 6-1 所示）；TE1 为团队绩效，TE2 为成员满意度，下同。

6.4.2 主效应检验

首先，检验时间领导与 TTMM 和团队效能的关系。在表 6-2 中，模型 1 显示，当将团队规模和团队年限这两个控制变量放入回归方程后，它们与团队效能均无显著关系（β 分别为 0.07 和 −0.06，p 值均大于0.10）。在这两个控制变量的基础上，笔者把自变量时间领导和 TTMM 分别放入回归方程中，模型 2 显示，时间领导对团队效能有显著的正向影响（$\beta=0.56$，$p<0.01$），并且其额外的变异解释度（ΔR^2）为 0.31，从而 H1 得到支持；模型 3 显示，TTMM 对团队效能有显著的正向影响（$\beta=0.77$，$p<0.01$），并且其额外的变异解释度为 0.58，从而 H2 得到支持。

其次，检验时间领导和团队绩效的关系。在表 6-2 中，模型 5 显示，当将团队规模和团队年限这两个控制变量放入回归方程后，它们与团队绩效均无显著关系（β 分别为 0.04 和 −0.04，p 值均大于 0.10）。在这两个控制变量的基础上，笔者把自变量时间领导放入回归方程中，模型 6 显示，时间领导对团队绩效有显著的正向影响（$\beta=0.59$，$p<0.01$），并且其额外的变异解释度为 0.34，从而 H1a 得到支持。

最后，检验时间领导和成员满意度、TTMM 和成员满意度的关系。步骤同上，模型 9 显示，时间领导对成员满意度有显著的正向影响（$\beta=0.43$，$p<0.01$），并且其额外的变异解释度为 0.18，从而 H1b 得到支持；模型 10 显示，TTMM 对成员满意度具有显著的正向影响（β 分别为 0.64，$p<0.01$），并且其额外变异解释度为 0.41，从而 H2a 得到支持。

表 6-2　直接效应和中介效应检验

常数/变量	团队效能				团队绩效		
	模型 1	模型 2	模型 3	模型 4	模型 5	模型 6	模型 7
常数项	5.57**	3.10**	1.65**	1.27**	5.48**	2.61**	0.73+
团队规模	0.07	0.01	0.07	0.05	0.04	−0.02	0.01
团队年限	−0.06	−0.10	−0.15*	−0.15*	−0.04	−0.07	−0.12+
TL		0.56**		0.23**		0.59**	0.28**
TTMM			0.77**	0.65**			0.60**
R^2	0.01	0.32	0.59	0.62	0.00	0.34	0.60
调整 R^2	−0.01	0.30	0.57	0.61	−0.02	0.32	0.58
ΔR^2	0.01	0.31	0.58	0.62	0.00	0.34	0.60
F	0.37	15.44**	46.09**	39.82**	0.13	17.13**	36.30**

常数/变量	成员满意度				TTMM	
	模型 8	模型 9	模型 10	模型 11	模型 12	模型 13
常数项	5.66**	3.59**	2.06**	1.81**	5.18**	2.86**
团队规模	0.08	0.04	0.09	0.07	−0.01	−0.06
团队年限	−0.08	−0.10	−0.15+	−0.15+	0.11	0.09
TL		0.43**		0.13		0.52**
TTMM			0.64**	0.58**		
R^2	0.01	0.20	0.42	0.43	0.01	0.28
调整 R^2	−0.01	0.17	0.40	0.41	−0.01	0.26
ΔR^2	0.01	0.18	0.41	0.42	0.01	0.27
F	0.56	7.90**	23.62**	18.43**	0.64	12.90**

注：+表示 $p<0.10$（双尾），* 表示 $p<0.05$（双尾），** 表示 $p<0.01$（双尾）。

6.4.3 中介效应检验

根据 Baron & Kenny（1986）的建议，中介效应的存在应该满足如下几个要求：①自变量对因变量存在显著影响；②自变量对中介变量存在显著影响；③当自变量与中介变量同时进入回归方程解释因变量时，中介变量的效应显著而自变量的效应消失（完全中介效应）或者减弱（部分中介效应)。笔者按照这个步骤来检验 TTMM 的中介作用。

首先,检验 TTMM 在时间领导和团队效能间的中介效应。首先,表 6-2 中的模型 2 显示,时间领导对团队效能有显著的正向影响($\beta=0.56$, $p<0.01$);其次,表 6-2 中的模型 13 显示,时间领导对 TTMM 有显著的正向影响($\beta=0.52$, $p<0.01$),H3 得到支持;最后,在将时间领导和 TTMM 都放入以团队效能为因变量的回归方程后,比较模型 2 和模型 4 后发现,TTMM 显著($\beta=0.65$, $p<0.01$),说明 TTMM 在时间领导和团队效能间的中介效应存在,进而发现时间领导对团队效能的影响系数有所下降($\beta=0.56$ 降为 $\beta=0.23$, p 均<0.01),故 TTMM 在时间领导和团队效能间起了部分中介的作用,从而 H4 得到部分支持。进一步分析可知,TTMM 的中介效应占总效应的比值为 60.40%[(0.52×0.65)/0.56=0.604],中介效应解释了团队效能 55.70%($\sqrt{(0.61-0.3)}=0.557$)的方差变异。

其次,检验 TTMM 在时间领导和团队绩效、时间领导和成员满意度间的中介效应。重复上述步骤,模型 6 显示,时间领导对团队绩效有显著的正向影响($\beta=0.59$, $p<0.01$);模型 13 显示,时间领导对 TTMM 有显著的正向影响($\beta=0.52$, $p<0.01$);将时间领导和 TTMM 都放入以团队绩效为因变量的回归方程后,比较模型 6 和模型 7 后发现,TTMM 显著($\beta=0.60$, $p<0.01$),说明 TTMM 在时间领导和团队绩效间的中介效应存在,进而发现时间领导对团队绩效的影响系数有所下降($\beta=0.59$ 降为 $\beta=0.28$, p 均<0.01),故 TTMM 在时间领导和团队绩效间起了部分的中介作用,从而 H4a 得到部分支持。进一步分析可知,TTMM 的中介效应占总效应的比值为 52.9%[(0.52×0.60)/0.59=0.529],中介效应解释了团队绩效 51.0%($\sqrt{(0.58-0.32)}=0.51$)的方差变异。

重复上述步骤,模型 9 显示,时间领导对成员满意度有显著的正向影响($\beta=0.43$, $p<0.01$);模型 13 显示,时间领导对 TTMM 有显著的正向影响($\beta=0.52$, $p<0.01$);将时间领导和 TTMM 都放入以成员满意度为因变量的回归方程后,比较模型 9 和模型 11 后发现,TTMM 显著($\beta=0.58$, $p<0.01$),说明 TTMM 在时间领导和成员满意度间的中介效应存在,进而发现时间领导对成员满意度的影响系数不显著($\beta=0.13$, $p>0.1$),故 TTMM 在时间领导和成员满意度间起了完全中介的作用,从而 H4b 得到了支持。

6.4.4 调节效应检验

本部分采用阶层回归法(hierarchical regression)考察时间压力的调节效应。在此过程中,笔者先对变量间可能的多重共线性进行分析。笔者用VIF来测量变量间的多重共线性。另外,笔者将构建交互项的变量进行中心化后再计算其交互项(Schwab, 2005),以控制多重共线性问题。在表6-2和表6-3中,模型1和模型12是因变量对控制变量的回归模型,模型14、模型16和模型18是因变量对控制变量和自变量的主效应回归模型,模型15、模型17和模型19是加入了交互项后的全效应模型。模型15显示,在以TTMM为因变量,团队规模、团队年限为控制变量的回归方程中,依次引入时间领导、时间压力和它们的交互项后,时间领导和时间压力的交互项对TTMM有显著的正向影响($\beta=0.17$, $p<0.05$),从而H5a得到支持。模型17显示,在以团队效能为因变量,团队规模和团队年限为控制变量的回归方程中,依次引入时间领导、时间压力和它们的交互项后,时间领导和时间压力的交互项对团队效能有显著的正向影响($\beta=0.15$, $p<0.10$),从而H5b得到支持。模型19显示,在以团队效能为因变量,团队规模和团队年限为控制变量的回归方程中,依次引入TTMM、时间压力和它们的交互项后,TTMM和时间压力的交互项对团队效能的影响不显著($\beta=0.00$, $p>0.1$),从而H5c未得到支持。

表6-3 调节效应检验

常数/变量	TTMM			团队效能					
	模型14	模型15	VIF	模型16	模型17	VIF	模型18	模型19	VIF
常数项	−0.09	−0.11		5.65**	5.64**		5.71**	5.70**	
团队规模	−0.03	−0.02	1.07	0.00	0.01	1.07	0.04	0.04	1.08
团队年限	0.08	0.08	1.02	−0.09	−0.08	1.02	−0.14	−0.14*	1.11
TP	0.15+	0.17+	1.04	−0.04	−0.03	1.04	−0.16	−0.16*	1.07
TL	0.52**	0.55**	1.05	0.56**	0.59**	1.05			
TTMM							0.79**	0.79**	1.10
TL * TP		0.17*	1.05		0.15+	1.05			

续 表

常数/变量	TTMM			团队效能					
	模型 14	模型 15	VIF	模型 16	模型 17	VIF	模型 18	模型 19	VIF
TTMM×TP								0.00	1.17
R^2	0.31	0.33		0.33	0.35		0.35	0.59	
调整 R^2	0.28	0.30		0.29	0.31		0.31	0.57	
ΔR^2	0.29	0.03		0.31	0.02		0.03	0.58	
F	10.68**	9.64*		9.27**	8.39+		8.62*	34.39**	

注：+表示 $p<0.10$（双尾），* 表示 $p<0.05$（双尾）；** 表示 $p<0.01$（双尾）。

6.4.5 研究假设验证结果

表 6-4 为本章各假设的结果汇总。

表 6-4 假设检验结果汇总

编号	假设内容	检验结果
	主效应	
H1	时间领导对团队效能有显著的正向影响	支持
H1a	时间领导对团队绩效有显著的正向影响	支持
H1b	时间领导对成员满意度有显著的正向影响	支持
H2	TTMM 对团队效能有显著的正向影响	支持
H2a	TTMM 对成员满意度有显著的正向影响	支持
	中介效应	
H3	时间领导对 TTMM 有显著的正向影响	支持
H4	TTMM 在时间领导与团队效能间具有中介作用	部分支持
H4a	TTMM 在时间领导与团队绩效间具有中介作用	部分支持
H4b	TTMM 在时间领导与成员满意度间具有中介作用	支持
	调节效应	
H5a	时间压力在时间领导与 TTMM 之间具有正向调节作用	支持
H5b	时间压力在时间领导与团队效能之间具有正向调节作用	支持
H5c	时间压力在 TTMM 与团队效能之间具有正向调节作用	不支持

6.5 结论与讨论

本章针对传统的时间协调机制仅关注以时间领导为代表的外显时间协调机制的缺陷,引入TTMM这一内隐时间协调机制,以拓展对团队时间协调机制的研究。笔者认为,团队时间领导的排程、同步化和时间资源分配这些时间协调行为能够提升团队效能,但是这一过程取决于团队成员对团队任务及其实施过程的共享时间认知。对内隐时间协调机制的关注能在一定程度上打开时间协调机制与团队效能的过程黑箱。针对114个知识型团队数据的研究结论及其讨论如下。

①团队时间领导作为一种外显的时间协调机制、TTMM作为一种内隐的时间协调机制,对团队绩效、成员满意度进而团队效能均有显著的正向影响。无论是时间领导还是TTMM,它们均能够减少团队冲突,促进工作流程的流畅度,同步化不同成员的行为,协调团队行为并最终提升团队效能。这和子研究一的发现相一致。

在子研究一的案例分析中,无论是A团队、B团队还是C团队,时间领导的作用都有不同程度的体现,这既是团队时间管理的必然要求,也可能是团队领导本身在时间信息的获取和时间管理的能力上占据一定优势的原因。就TTMM而言,在子研究一的案例分析中,笔者发现B团队的TTMM较低,即在这个团队中大量的时间管理和时间协调都是通过时间表或者时间领导来实现的,但是本章基于调查问卷的研究表明,TTMM能够对团队绩效进而团队效能产生正向的影响,这进一步深化了案例分析中对TTMM和团队绩效间关系的认识。同时,本章研究在子研究一和子研究三的因变量团队绩效的基础上增加了成员满意度,从而将因变量拓展为团队效能,也深化了这两个子研究。

②TTMM在时间领导和团队效能间起中介作用。具体而言,其在时间领导和团队绩效间起部分中介作用,在时间领导和成员满意度间起完全中介作用。TTMM在时间领导和团队绩效间的部分中介作用说明时间领导的某些行为能直接影响团队绩效,而某些行为则需通过TTMM间接影响团队绩效,其中的一个解释是排程行为和时间资源分配行为能够确立团队的内部时间结构,这些作用是TTMM无法直接实现的;而时

间领导的同步化行为则更多地取决于团队成员的共享时间认知，因而后者可能更多地需要通过团队成员对任务时间要素的“再解读”才能实现。当然由于对时间领导的研究刚刚起步，目前的研究均将时间领导作为单维变量，因而对TTMM中介机制的探讨还有赖于对时间领导的维度化研究。而TTMM在时间领导和成员满意度间的完全中介作用则说明其对时间领导行为及其结果的理解和感知比时间领导本身更能提升成员的满意度，这一方面可能是因为TTMM和成员满意度都是主观的评价，另一方面也可能和由TTMM所带来的成员间的互信感和归属感有关。

笔者对TTMM在时间领导和团队效能间中介作用的发现进一步拓展了子研究一和子研究三的发现。在子研究一中，笔者分别考察了时间领导和TTMM对团队绩效的独立的影响，而本章对这两者的联合作用的发现将它们的对立关系转变为联动关系，这弥补了子研究一团队时间协调机制类型化所不能解决的理论问题。进一步地，对TTMM的部分中介作用的发现也能够深化在案例分析中的结论。在第3章的案例分析部分，笔者指出不同的团队由于任务特征和外部时间约束因素的差别导致它们的主导时间协调机制的差异性；也就是说，有些团队的时间领导一般而TTMM较多(如A团队)，有些团队的时间领导较多而TTMM较少(如C团队)，对TTMM的部分中介作用的发现可以解释不同团队虽然具有不同的主导时间协调机制，但是都能够达到一定的团队绩效和成员满意度的现象。另外，TTMM中介作用的发现对子研究三也是一定程度的深化和推进。

③时间压力在时间领导—TTMM、时间领导—团队效能间起调节作用，而在TTMM—团队效能间的调节作用(H5c)不成立。领导行为的效果往往取决于情境因素，而时间压力就是一个重要的外部情境因素。时间压力在时间领导和TTMM间的调节效应在0.05的水平上显著，原因可能是本章研究样本均来自现实企业中的团队，一般它们的成立年限较长、团队内部有较多的互动、团队时间领导发挥的作用较多，因而尽管时间压力不大，但是常年的团队互动和团队领导也会导致较高的TTMM。H5c不成立的原因可能在于：

第一，因为TTMM三个维度对时间压力的敏感性不同。一般来说，团队任务时间模型对外部时间压力比较敏感，而成员特征时间模型和团队规范时间模型则更多地内嵌于团队成员的日常交往和互动中,对外部时间压力的敏感性较差。这三个 TTMM 子模型对时间压力的不同敏感程度可能造成时间压力在 TTMM 和团队效能间调节效应不显著。因此,在后续的研究中需要打开 TTMM 的黑箱,进一步探索时间压力在不同的 TTMM 子模型中的调节作用。

第二,在我们的分析中,TTMM 作为一种内隐时间协调机制能够让团队成员对任务及其执行过程的时间侧面有共享的认知,从而不需要经过交流就能相应地动态调整自己的行为(Espinosa, Lerch & Kraut, 2004)。所以 TTMM 的内在特征本身就能够在一定程度上消除时间压力给团队造成的时间约束。也就是说,即便是时间压力较大时,TTMM 所具有的柔性和动态性的时间协调属性也能够避免时间压力给团队效能带来的不利影响。因而,时间压力的调节作用就消失了。

第三,和本章的取样有关。本章的样本均来自知识型团队,和制造业团队相比,知识型团队所面临的时间约束较为模糊,时间压力也较大(见表 6-1 中时间压力的平均值),这种取样特征可能决定了时间压力在本章中的调节效应不显著。在后续的研究中可以扩大取样,在其他类型的团队中考察时间压力在 TTMM 和团队效能间的作用。

本章研究引入时间压力这个重要的情境变量,以和子研究一的结论相呼应。在子研究一中,笔者借鉴任务互依性和外部时间约束稳定性这两个权变因素解释了不同团队中主导时间协调机制的差异性。但是遗憾的是,对于时间研究中经典的情境权变因素即时间压力的作用未得到充足的说明。而在本章的研究中,笔者利用问卷调查这种研究方法的优势,考察了时间压力在团队时间协调机制产生影响时的作用,从而澄清了子研究一的结论。

6.6 本章小结

知识型任务所固有的时间约束条件的模糊性和变动性要求其超越知识协调,运用时间协调机制消除时间冲突,保证团队以整体的状态运行。本章针对现有团队时间协调机制的研究往往只侧重以团队时间领导为代表的外显时间协调机制而忽视内隐时间协调机制的现状,引入 TTMM

作为内隐时间协调机制，考察其对团队效能的影响，以及与时间领导的关系。对 114 个知识型团队样本进行统计分析，结果表明，时间领导和 TTMM 对团队绩效和成员满意度均有显著影响；TTMM 在时间领导和团队效能间有显著的中介作用；时间压力调节了时间领导—TTMM 及时间领导—团队效能间的关系。本章的主要工作如下：

①在传统的外显时间协调机制中引入了 TTMM 这一内隐时间协调机制，从而完善了团队时间协调机制的内涵和类型。无论是 Zerubavel (1981)的两种基本的时间协调模式、McGrath(1991)的 TIP 理论还是 Massey，Montoya-Weiss & Hung(2003)的三种时间管理策略都只涉及可见的和外显的时间协调机制，忽视了内隐时间协调机制的作用。本章从内隐时间协调的内涵出发，借鉴现有团队对时间认知的研究，将 TTMM 作为一种内隐时间协调机制引入时间协调机制的研究中，从而丰富了时间协调机制的内涵和类型，并增强了其解释力。这个工作拓展了 Montoya-Weiss，Massey & Song (2001) 及 Massey，Montoya-Weiss & Hung(2003)等学者的研究。

②探讨了外显时间协调机制和内隐时间协调机制，即本章中的时间领导和 TTMM 的关系。传统的研究直接考察时间领导和团队绩效之间的关系，但是笔者认为，时间领导所确定的团队内部时间结构、任务和任务间的里程碑事件及时间资源的分配等在一定程度上取决于团队成员对这些时间要素的“再解读”。由此本章的研究结论为，TTMM 在时间领导和团队效能间起部分中介作用。这个工作拓展了 Mohammed & Nadkarni (2011)对时间领导和团队绩效间关系的考察。

③引入成员满意度作为时间协调机制的结果变量，并验证了时间领导和 TTMM 对成员满意度的影响。在现有的文献中，无论是考察时间领导还是 TTMM 的结果变量时，学者都未将成员满意度纳入其中。事实上，时间协调机制能够避免团队成员间的时间冲突，增强团队成员的时间控制感及消除他们的时间模糊感，这些均能够增加团队成员的满意度。因而，本章将成员满意度纳入结果变量团队效能中，从而增加了时间协调机制的解释范围。这个工作拓展了 Mohammed & Nadkarni(2011)及 Hamilton et al. (2012)等的研究。

④考察了时间压力的调节作用。笔者认为，团队时间协调机制在运

行中受到外部时间约束即时间压力的影响。特别是外显时间协调机制时间领导的实施效果受到时间压力的影响。

本章的研究对现实中知识型团队的时间协调也有重要意义。首先,团队时间领导作为团队外显时间协调机制能够提高团队绩效和成员满意度。因此,要重视领导在知识型团队的排程、同步化和时间资源分配中的作用,而且领导的开发和培训项目可以包括一个时间领导项目,以提高现有领导和潜在领导的时间相关行为。(Mohammed & Nadkarni,2011)其次,要重视 TTMM 这一内隐时间协调机制在团队协调和团队效能提升中的作用。具体而言,知识型团队要致力于建立团队成员间共享的时间理解,当然也不应忽视时间领导在 TTMM 形成中的重要作用。

第7章 总 论

时间信息与空间信息是用以解释情境的两个重要维度。(Zwaan, Langston & Graesser, 2005)传统的钟表时间观将时间看成一种资源,在这种观念下对团队时间的管理体现为对时间的消费、储蓄、浪费、拥有、预算、耗尽和投资。(Lee & Liebenau, 1999)Das(1990)指出,基于钟表时间观来研究社会和组织问题显得比较片面,在管理研究中,时间需要问题化,体现为用社会时间观作为钟表时间观的补充。社会时间观认为,时间是一种根本性的社会构架,它在社会内及社会和社会之间差异显著(Bluedorn & Denhardt, 1988);进一步地说,组织时间理论认为,时间内涵的多样性和异质性导致组织时间和团队时间能够平行于社会时间而存在。因而,对团队时间的管理有其特殊性。在本书的研究中,对这种特殊性的考察体现为团队时间协调及其机制的引入和探讨。

一方面,团队时间协调的研究超越了钟表时间观,强调社会时间观。在钟表时间观下研究团队时间往往忽视了时间本身的多样性和异质性,把时间看成同质的、均匀流动的和线性的资源加以管理。这种对团队时间机械化的管理策略在工业社会的早期阶段可能是可行的,但是随着知识经济的涌现导致的知识型团队开始组建、技术信息方式的扩散和工作节奏的加快,现代组织中的工作团队往往面临时间的碎片化、多重性、模糊性和不确定性等新的时间问题。在这种情境下,需要引入社会时间观,将时间看成异质性的、多样性的,并在此基础上展开对团队时间的管理。另一方面,团队时间协调机制的研究超越了时间的外显侧面,体现了时间的主观性和内隐性。传统的对时间协调的研究往往关注时间的外显侧面,并利用时间表或时间领导这些外显的时间协调机制对团队时间进行管理和协调,但组织中的时间结构不仅体现在物质化的时间表和组织行为中,也体现在成员对时间的主观理解和共享时间图式中(Blount &

Janicik, 2001),在团队中,后者体现为团队的内隐时间结构。对内隐时间结构的管理不能仅依靠外显时间协调机制的作用,如排序、时间资源分配和同步化,也需要依靠内隐时间协调机制的作用,如构建、解释和感受(Blount & Leroy, 2007)。

因而可以说,在团队中,时间的管理问题就是时间的协调问题;团队时间协调机制是对团队时间的一种更加灵活的、全面的、恰当的和新的管理策略。如表 7-1 所示,本书考察了传统团队时间管理策略和新的团队时间管理策略(即团队时间协调机制)的区别。

表 7-1 传统的团队时间管理策略和团队时间协调机制的比较

	传统的团队时间管理策略	团队时间协调机制作为一种新的团队时间管理策略
时间观	钟表时间观	社会时间观
时间假设	线性的、均匀流动的、同质的	非线性的、不均匀流动的、异质的
指向	时间资源的配置和安排	时间互依性的管理
机制	时间表、时间领导	时间表、时间领导、TTMM、时间适应
特征	外显的	外显的+内隐的

本书将团队时间协调机制作为一种新的团队时间管理策略引入对团队效能影响的研究中,采用总—分—分—总的逻辑,逐步深入地探索团队时间协调机制及其对团队效能的影响,构建了一个理解和管理团队时间新的理论框架,如图 7-1 所示。这个理论框架的构建过程如下:首先,在第 3 章子研究一中,笔者总体考察团队时间协调机制的内涵和性质,通过建立一个完整的分类体系将团队时间协调机制划分为时间表、时间领导、TTMM 和时间适应四种,并通过一个描述性的多案例分析支持了这四种团队时间协调机制在现实团队中的存在性,也初步探讨了由于任务特征和外部时间约束特征的差异性导致的不同团队中主导时间协调机制的差别;其次,在第 4 章子研究二中,笔者进入 TTMM 这一常常被忽视的内隐时间协调机制的内部,同时考虑时间的结构维度和阐释维度,将 TTMM 界定为包括团队任务时间模型、团队规范时间模型和成员特征时间模型的三维度构念,并通过规范的量表开发过程开发了相应的测量工具;继而,在第 5 章子研究三中,笔者继续深入 TTMM 的内部发现,以上

指出的 TTMM 的三个子模型间不是彼此孤立的，这三者之间的互动关系对团队绩效产生影响；最后，在第 6 章子研究四中，笔者返回到团队时间协调机制这一“总”的层次上，考察以时间领导为代表的外显时间协调机制和以 TTMM 为代表的内隐时间协调机制间存在的一定联系。具体而言，体现为 TTMM 在时间领导和团队效能间起部分中介的作用。正如前文指出的，通过这四个子研究的探索，笔者逐步打开了团队时间协调机制的内容黑箱及它和团队效能间关系的过程黑箱。

在本章中，笔者从四个方面对本研究进行总结：①研究得出的主要结论；②研究取得的理论进展；③研究的现实意义；④研究的局限和未来研究展望。

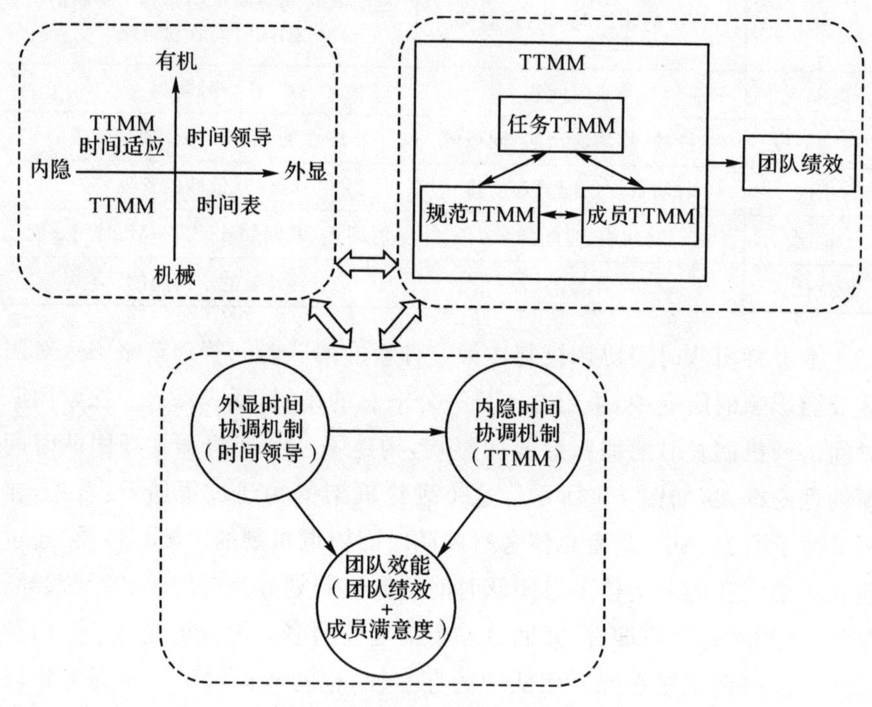

图 7-1　本书构建的整体理论框架

7.1　主要结论

本书聚焦于团队时间协调机制这一新型的团队时间管理策略，通过案例和问卷调查等多种研究方式，逐步打开团队时间协调机制的内部内容黑箱及其与团队效能关系的过程黑箱，主要取得了以下结论：

第一，时间表、时间领导、TTMM 和时间适应是四种不同性质的时间协调机制，不同团队的主导时间协调机制具有差异性。在第 3 章中，在引入时间互依性并区分作为过程的协调和作为结果的协调的基础上，笔者认为，团队时间协调机制可以被定义为团队对时间互依性的管理，其目的是团队协调状态的达成。从有机性/机械性和外显性/内隐性这两个维度考察团队时间协调机制的分类，结果表明，时间表、时间领导、TTMM 和时间适应是四种不同性质的时间协调机制。继而，利用对 A 团队的审计项目、B 团队的地铁通信覆盖规划项目和 C 团队的水电站设计项目这三个团队的案例分析，考察了这四种时间协调机制在现实团队中的具体表现。进一步地分析表明，不同团队的主导时间协调机制具有显著的差异性，而且任务特征对这种差异性有很大的影响。对任务互依性和外部时间约束稳定性这两个任务特征的考察，初步解释了本研究中三个团队的主导时间协调机制差异性存在的原因。而时间压力在其中扮演的角色未在本案例分析中得到解释，这需要在后面两个子研究的问卷调查中进行分析。

第二，TTMM 是一个多维度的构念，可以区分为团队任务时间子模型、团队规范时间子模型和成员特征时间子模型；对 TTMM 的测量需要从单维度测量拓展到多维度测量。从时间维度的理论来看，时间的结构维度和阐释维度两者不是独立存在的；从这两个时间的维度出发，必然超越单纯的任务视角，将任务开展过程中的团队规范和团队成员特征纳入其中，进而用团队规范时间和成员特征时间弥补单纯的团队任务时间的不足。拓展后的 TTMM 构念将成为进一步探索团队共享时间理解问题的有效分析工具。基于 190 个样本的探索性因子分析和基于 191 个样本的验证性因子分析，结果显示，本书开发的 10 个题项在三个维度上的标准化因子载荷、χ^2/df，CFI，GFI，$AGFI$，$PCFI$ 和 $RMSEA$ 这些模型拟合优度指标上均达到要求，竞争模型分析、信度分析[包括各维度的 Cronbach's α 系数、复合信度(CR)和 Guttman 分半信度]和效度分析(包括内容效度、聚合效度和区分效度)也达到要求。新的 TTMM 量表具有较好的信度和效度，是一个较好的团队时间认知的测量工具。

第三，TTMM 及其子模型对团队绩效具有显著的正向影响，且 TTMM 三个子模型间具有交互作用。对 TTMM 三个子模型间交互效应检验的结论如下：①TTMM 三个子模型间具有交互作用，而且是一种负向的交互，也就是说，三个子模型对团队绩效的作用具有相互抵消的效应，这也证明了在现实的团队中虽然对 TTMM 三个子模型的关注度和一致性程度不同，但是它们可能会达到类似的绩效；②TTMM 三个子模型间的交互作用力度是不同的。总体来说，任务 TTMM 对其他两个子模型的调节作用最大，成员 TTMM 对其他两个子模型的调节作用最小，这可能是因为任务 TTMM 是一个相对比较容易达成一致的部分，而且在三个 TTMM 子模型中，任务 TTMM 受到外显时间协调机制的作用也最大，因而也具有最大的稳定性；成员 TTMM 由于更多地来自成员的互动和交流，因而它对绩效的影响常常具有更多的灵活性和柔性。

第四，时间领导作为一种外显的时间协调机制、TTMM 作为一种内隐的时间协调机制，对团队绩效、成员满意度进而团队效能均有显著的正向影响；TTMM 在时间领导和团队效能间起中介作用。第 6 章的实证研究表明，无论是时间领导还是 TTMM，它们均能减少团队冲突，促进工作流程的流畅度，同步化不同成员的行为，协调团队行为并最终提升团队效能。进而，TTMM 在时间领导和团队绩效间起部分中介作用，在时间领导和成员满意度间起完全中介作用。TTMM 在时间领导和团队绩效间的部分中介作用说明，时间领导的某些行为能直接影响团队绩效，而某些行为则需通过 TTMM 间接影响团队绩效，其中的一个解释是排程行为和时间资源分配行为能够确立团队的内部时间结构，这些作用是 TTMM 无法直接实现的；而时间领导的同步化行为则更多地取决于团队成员的共享时间认知，因而后者可能更多地需要通过团队成员对任务时间要素的“再解读”才能实现。而 TTMM 在时间领导和成员满意度间的完全中介作用则说明，对时间领导行为及其结果的理解和感知比时间领导本身更能提升成员的满意度。

第五，时间压力在 TTMM 与团队绩效间、任务 TTMM 与团队绩效间、规范 TTMM 与团队绩效间、时间领导与 TTMM 间、时间领导与团队效能间均起调节作用，但是在成员 TTMM 和团队绩效间的调节作用不成立。第 4 章和第 5 章的实证研究一起支持了时间压力这一重要的外部情境因素在团队时间协调机制产生影响时发挥的作用。

7.2 理论进展

本书的主要理论进展包括以下四个方面：

第一，对团队时间协调机制进行比较完整的定义，从有机性/机械性和外显性/内隐性这两个维度考察团队时间协调机制的分类，考察不同时间协调机制间的联系和区别，并用描述性多案例初步验证团队时间协调机制在现实中的体现，以及不同团队主导时间协调机制的差异性。

团队工作区别于个人工作的重要特征是前者具有互依性，对这种任务性质的管理就产生了协调；现有的协调主要侧重于任务的协调和资源的协调，对它们的时间侧面关注不够。另一方面，现有的对“团队时间协调”的研究普遍存在内涵不全面、分类不系统和理论基础不坚实的特点。因而，笔者主张借鉴已有的团队协调和团队协调机制成熟的研究成果，从互依性和时间互依性的角度出发，并通过区分作为过程的协调和作为结果的协调，对团队时间协调机制进行比较完整的定义。

在此基础上，针对现有对时间协调机制缺乏一个一致的划分标准和统一的分类框架的现状，从有机性/机械性和外显性/内隐性这两个维度考察团队时间协调机制的分类，将时间表、时间领导、TTMM和时间适应整合到一个统一的类型体系中，并考察不同的时间协调机制之间的联系和区别。随后的案例研究支持了基于两个维度的四种团队时间协调机制的划分，进一步地，多案例的对比发现，不同团队的主导时间协调机制存在差异，而任务互依性及外部时间约束的稳定性在其中扮演着重要作用。

第二，在研究和文献梳理的基础上，拓展TTMM的内涵，并基于恰当的量表开发步骤，重新开发TTMM的量表，为TTMM的未来研究提供了内涵基础和测量工具。

现有对TTMM及相关的研究普遍关注团队的任务时间。（比如Gevers et al.，2004，2006，2009等）但是，从现实情况来看，时间存在于组织和团队的方方面面（Ancona et al.，2001），也具有不同的形式（Goodman et al.，2001），而从相关理论进展来看，团队的共享认知体现在团队和团队任务的各个侧面（比如TTMM的研究）。结构性维度和阐释性维度是

组织时间或团队时间的两个基本维度。(Dawna，2003)

基于这样的认识和思考，笔者借鉴组织时间对结构性维度和阐释性维度的划分，利用有关 TMM 及其构成的研究，赋予 TTMM 以新的内涵，并把 TTMM 划分为团队任务时间模型、团队规范时间模型和成员特征时间模型三个子模型。继而，通过基于 190 个样本探索性因子分析、191 个样本的验证性因子分析、竞争模型分析、信度分析和效度分析（包括内容效度、聚合效度和区分效度），支持了三维度 TTMM 概念的结构，并且包括 10 个题项的新的 TTMM 量表具有较好的信度和效度。

第三，探索了 TTMM 及其三个子模型（维度）和团队绩效间的关系，并考察了这三个子模型间的交互作用对团队绩效的影响，在一定程度上打开了 TTMM—团队绩效间关系的过程黑箱，推进了团队时间认知和团队时间协调机制的相关研究。

在团队时间认知领域，之前的研究从任务时间单维地理解 TTMM，本书在第 4 章对 TTMM 的多维化及其操作化研究之后，考察了 TTMM 及其子模型对团队绩效的影响，从而进一步凸显了第 4 章对 TTMM 内涵拓展和量表开发的价值，具体而言，这个研究结果提示我们，除了对团队任务时间的一致性理解能够提升绩效之外，对团队规范时间和成员特征时间的一致性理解也能够提升绩效。

另外，笔者响应 TMM 中类似研究的思路（如 Smith-Jentsch，Mathieu & Kraiger，2005），证实了 TTMM 子模型在对团队绩效发挥作用时并不是孤立的，而是存在子模型间的互动。具体而言，任务 TTMM、规范 TTMM 和成员 TTMM 三者间存在负向的交互作用；也就是说，当其中一个 TTMM 子模型较高的时候，其他两个子模型对团队绩效的影响会减弱。这也和对团队实践的观察是一致的，即在大多数的现实团队中，很难同时满足高任务 TTMM、高规范 TTMM 和高成员 TTMM，这些团队往往在其中的一个子模型或者几个子模型上得分较高，但是在剩下的子模型上得分较低，而在不同的 TTMM 子模型的组合中，它们的绩效水平可能相似。

如果说研究二对 TTMM 的内涵拓展、维度划分和量表开发是对团队任务及其完成过程的时间侧面的静态的探索，那么在其后的研究中，笔者尝试从动态的角度探索 TTMM 不同子模型间的交互作用及其对团队绩效的影响，并利用时间压力这一外部时间情境要素探索TTMM及其子模型对团队绩效产生作用的时间条件。

第四，引入内隐的团队时间协调机制，并分析内隐和外显这两类不同的团队时间协调机制间的关系，以及其对团队效能的影响，在一定程度上打开了团队时间协调机制到团队效能的过程黑箱。

时间领导是一种重要的外显团队时间协调机制。一些学者探讨了时间领导的内涵、维度、测量方法和绩效机制（例如Ancona et al.，2001；Gevers，Van & Rutte，2009；Mohammed & Nadkarni，2011），但是不同的团队成员对于相互依赖的任务的时间常常有冲突的看法（Bartel & Milliken，2004；Gevers，Van & Rutte，2009），有时哪怕是面临同样的时间框架，团队成员的头脑中也可能会有不同的时间表（Gevers，Van & Rutte，2009）。另一方面，设定清晰而容易理解的时间表可以通过明确规定什么事情什么时候发生、最后期限和里程碑时间分别是什么，从而减少团队内时间的模糊性（Zerubavel，1981）和时间冲突（Schriber & Gutek，1987），也更容易使团队成员对团队任务的某些时间方面达成一致的理解。从团队时间协调机制的视角来看，这种时间协调的外显机制和内隐机制的互动在现有的文献中被普遍忽视。

因此，由于现有团队时间协调的研究范式（Montoya-Weiss，Massey & Song，2001；Massey，Montoya-Weiss & Hung，2003）往往关注外显的时间协调机制，因而在此基础上，笔者引入内隐的团队时间协调机制，并通过问卷调查研究，考察外显的时间协调机制和内隐的时间协调机制的关系，以及对团队绩效、成员满意度进而对团队效能的影响，以丰富对团队时间协调机制的理解。

7.3 现实意义

基于团队时间协调机制考察对团队时间的管理问题，对提升团队绩效和增加成员满意度有重要的现实指导意义。

首先，将时间要素从团队的“背景”推至“台前”，综合利用多重时间协调机制管理团队时间。

虽然时间是团队任务和团队行为发生的背景，但是，笔者的研究表明，在现代团队及其任务开展的过程中，需要将其推至“台前”；也就是说，需要采取一系列的管理策略来关注团队时间的作用和意义。在工作节奏越来越快和知识经济涌现的背景下，对团队时间的管理应采用团队时间协调机制的方式，在明确团队特征和任务特性的前提下综合利用多种时间协调机制的组合和互动来管理团队时间，以增加团队绩效和提高成员满意度。

其次，重视领导在时间资源分配、排程和团队节奏同步化中的作用，将时间领导作为领导行为和才能的一个重要组成部分和考核标准。

团队内部的分工合作是团队赖以生存的重要前提，但当成员过分专注于自己责任范围内的任务完成时，往往使得团队成员间的时间互依性产生混乱和偏差；事实上，这也是很多团队产生时间冲突和任务拖延现象的重要原因所在。在这个过程中，领导就需要统筹把握团队任务的时间安排和进度掌控，也需要将不同成员的个体行为通过同步化的方式整合为统一的团队行为，此时，就需要时间领导的作用了。而且，时间领导不仅作用于团队绩效，也对成员的满意度有重要影响，其原因是时间领导的时间安排行为能够避免团队成员“迷失”于流逝的时间中，使团队成员也成为自己时间的主人。

最后，要重视和发挥 TTMM 和时间适应这些内隐团队时间协调机制的作用，培育团队成员对团队任务机制执行过程的时间侧面的一致性理解，并充分利用成员间时间适应的作用。

现有研究表明，TTMM 对团队绩效和成员满意度均有显著的正向影响，而且，TTMM 也能够导致团队成员的互信和依赖关系；更重要的是，正如研究四所揭示的，以时间领导为代表的外显时间协调机制作用的发挥很大程度上取决于团队成员是否对团队任务及其执行过程的时间侧面有一致性的理解和解读。因此，在现实团队中，需要通过交叉培训、互动交流和相互提醒等事项提升 TTMM。另外，团队时间适应作用的发挥很大程度上都依赖于地理临近性。因此，团队也可以考虑在条件允许的情况下集中办公，以有利于这一内隐时间协调机制发挥作用。

7.4 研究局限与未来研究展望

本书是打开团队时间协调机制内容黑箱及团队时间协调机制与团队效能间关系的过程黑箱的初步探索。故尽管本书试图基于合理的分类体系和研究框架对这一议题做深入探讨,但是由于管理实践的复杂性、时间现象的模糊性和个人精力的有限性,我们难以穷尽所有关键变量及彼此间的作用关系。因此,本书对团队时间协调机制及其对团队效能的影响研究仍然存在许多不妥或者未尽之处。同时,在我们的研究过程中,也发现许多与团队时间协调机制或者更宏大的团队时间管理相关的研究议题。上述不妥之处和议题都值得进一步挖掘和探讨。

本书在研究设计和研究方法上主要存在以下研究局限:

第一,案例研究的局限。笔者在子研究一中采用的案例研究方法具有一定的局限性。首先,由于研究者时间和精力有限,本书的案例研究仅采用了描述性的案例研究策略对三个团队进行分析,这样就忽视了Glaser & Strauss(1967)所说的案例数量选择中的理论饱和度原则。其次,同样基于上述的原因,本书在开展案例研究的过程中,大量地依赖深度访谈的材料,而忽视了多种途径的数据来源的重要性(Yin,1994),也忽视了异源数据间相互检验的意义。这些缺陷都限制了本书中案例研究所应有的科学性、说服力和推广性。

第二,问卷研究的局限。笔者在子研究二、子研究三和子研究四中采用的问卷调查方法也具有一定的局限性。首先,由于受研究条件的限制,本书研究中包括自变量、中介变量、调节变量和因变量的测量均来自团队成员所填写的同一份问卷。因此,可能存在一定程度的同源方法偏差问题,未来的研究可以采用多主体评价的测量方法,以便进行交叉验证。其次,在调研过程中,本书研究主要采取通过熟人或熟悉的企业团队进行的方便抽样而不是随机抽样。因此,企业的类型、团队的性质和样本的规模均受到了一定程度的限制,这也需在未来研究中改善。最后,由于笔者能力和时间的限制,对一些研究方法和研究技术未进行更深入的探索,这也需要在以后的研究中进一步提升。

作为时间理论、团队协调理论、团队时间认知理论和团队效能理论等研究领域的交叉研究议题，本书研究所进行的仅是初步探索，未来研究可以在以下四个方面推进：

第一，探索时间领导和 TTMM 这两个重要的构念。虽然 Mohammed & Nadkarni(2011)第一次概念化和操作化了团队时间领导，但是对时间领导构念的进一步探索尚处于停滞阶段，以后的研究可以尝试探索时间领导构念的多维度化，研究时间领导和其他领导行为之间的联系和区别，或者进一步研究时间领导的能力基础等。特别是时间领导的能力基础研究，不仅需要将其作为一种重要的情境变量，更需要将其纳入这个构念的内涵中，因为从很大程度上来说，领导或者管理者区别于普通员工的重要特征是，前者具有一定的时间结构安排能力、时间协调能力和时间把控能力。另外，对 TTMM 的探索也尚处于起步阶段，进一步研究 TTMM 的内涵、类型和测量对团队时间协调机制研究是有益的；TTMM 的前因（比如团队异质性、团队交叉培训等）和后果变量（比如团队绩效、团队满意度、离职意愿等）也是值得继续深化的课题。

第二，探索其他时间协调机制。本书在以时间领导为代表的传统的外显时间协调机制的基础上引入 TTMM 这一内隐时间协调机制作为补充，但是团队时间协调机制可能还应包括团队成员之间的时间适应。(Ancona & Chong, 1996)团队中的时间适应问题在团队时间协调机制的研究中是缺失的，但是其重要性因为其内隐性和微妙性而被忽视了。未来研究可以考察它和其他时间协调机制之间的关系，以更全面地刻画和探索团队时间协调机制及其运行规律。

第三，进一步探索团队时间协调机制的运行机理。时间领导和 TTMM 对团队效能的影响是一个复杂的过程。比如时间领导和团队绩效及成员满意度间可能不是简单的线性关系，而可能是倒 U 型的关系；也就是说，当时间领导行为较少时，对其的增加能够解决团队时间模糊性和冲突，并增加团队成员的时间控制感，从而提升团队绩效和成员满意度；但是随着时间领导行为的增加，团队成员可能面临来自时间领导行为本身的时间压力，这可能反而会导致团队成员时间控制感的丧失，从而使团队绩效和成员满意度下降。此外，需要进一步考察不同的任务（比如动态的和稳定的、短期的和长期的）和不同的团队（比如凝聚力强的团队和松散的团队）(Mohammed & Nadkarni，2011)等权变因素对时间协调机制运行的影响。

第四，考察团队时间协调机制的演变过程及其动力机制。在传统的团队协调机制的研究中，学者考察了随着团队阶段的转变，相应的团队主导协调机制也会发生明显的演变。（例如 Kiesler et al.，1994；Wholey et al.，1996）因而，从动态的角度来看，在团队的不同阶段也会存在不同的主导团队时间协调机制。比如，在团队的成立期，团队成员对团队任务、团队成员和团队本身的时间侧面均未建立起一致性的心智表征，即 TTMM 尚未建立，因而团队只能依靠时间表来规定任务开展的时点、节奏、周期等时间侧面，并利用时间领导来调整非程序化的时间意外；而随着团队的发展，TTMM 得以建立，此时，时间表和时间领导的作用可能会降低，TTMM 成为这个阶段主导的团队时间协调机制。未来的研究可以运用多案例分析来探索这一动态过程的规律及其动力机制。

附录1　访谈大纲

1.团队基本情况:成立多久了?团队人数及分工如何?团队领导、沟通模式是什么?

2.任务是什么?流程如何?任务的互依程度如何?相互之间如何协调?有无任务成文或不成文的时间表?举例。

3.团队的领导、沟通模式如何?领导对时间的态度如何?举例。

4.团队的步调如何?节奏如何?

5.团队有没有关于时间,或者做事快慢的不成文的规定或规范?比如对准时性及速度 vs 质量关系的看法如何?执行情况如何?举例。

6.对团队成员了解如何?他们在执行任务时的时间使用风格如何(时间紧迫感、步调风格、多重时间取向等)?如何相互协调由此带来的冲突?会不会相互提醒时间?举例。

7.怎样的团队才能按时完成任务?任务因素、设备因素、规范因素或是成员因素?举例。

附录 2　Gevers et al. (2006,2009)的量表

1. Gevers et al. (2006，2009)开发的量表

Shared Temporal Cognitions(Gevers et al.，2006，2009)

In my group，we have the same opinions about meeting deadlines.

In my group，we have similar thoughts about the best way to use our time.

In my group，we agree on how to allocate the time available.

In my group，we have similar ideas about the time it takes to perform certain tasks.

翻译后：

共享时间认知(Gevers et al.，2006，2009)

五分量表

在我们的团队中，对按期完成我们有一样的看法。

在我们的团队中，对使用时间的最好方式有相似的看法。

在我们的团队中，对如何分配我们的时间看法一致。

在我们的团队中，对特定任务所需要的时间有相似的看法。

附录3 本书设计的初始量表

F1 在任务进程中,团队成员对“该任务的开始时间”有一致的理解

F2 在任务进程中,团队成员对“任务什么时候结束”有一致的看法

F3 在任务进程中,团队成员对“任务要持续多久”有一致的看法

F4 在任务进程中,团队成员对“任务展开的速度”有一致的看法

F5 在任务进程中,团队成员对“任务展开的顺序”有一致的看法

F6 在任务进程中,团队成员对“任务之间的时间间隔”有一致的看法

G1 对“最后期限的重要性”,团队成员有一致的看法

G2 对“严格执行日程表的重要性”,团队成员有一致的看法

G3 对“该任务按时完成的重要性”,团队成员有一致的看法

G4 对“时间表的关注程度”,团队成员有一致的看法

G5 对“是否需要设定自己的时间表”,团队成员有一致的看法

G6 团队成员不考虑时间的使用问题

G7 团队成员担心时间运用不好

G8 团队成员仔细地规划时间

H1 团队成员相互了解彼此的时间紧迫感程度

H2 团队成员相互了解彼此工作节奏的快慢程度

H3 团队成员相互了解彼此的节奏安排情况

H4 团队成员相互了解彼此对未来事情的看法

H5 团队成员相互了解彼此对长远事情的看法

附录 4　团队时间协调机制及其对团队效能的影响研究问卷

调查问卷编号:(　)

尊敬的先生/女士:

您好！本调查是浙江大学所承担的国家自然科学基金的一个专题调研,旨在了解您所在团队的任务、成员、绩效和领导等情况。本调查采用匿名方式进行,请根据实际情况答题,选项无对错之分。调查结果将仅作学术研究之用,所有都会予以严格保密,敬请放心。

本问卷大概会占用您 5 分钟左右的时间。真诚地感谢您帮助完成此次问卷！祝身体健康,工作顺利。

注:本问卷调查的是您和您所在团队的有关情况(团队指围绕一个特定职能或项目构建的项目组、小型的科室或班组等),请在对应的框中打钩或在横线上填写即可。

浙江大学管理学院

第一部分:背景信息

1.您所在企业名称____________________

2.企业性质:□国有　□合作　□合资　□独资　□集体　□私营　□其他

3.企业所在行业____________________

4.公司规模:□50 人以下　□51－100 人　□101－200 人　□200－500 人　□500 人以上

5.您所在团队的名称____________________

6.本团队成员数____________________

7.您所属团队成立的时间:□1 年以内　□1－2 年　□2－3 年　□3－4 年　□4 年以上

第二部分：量表

1. 任务及其完成过程

指导语：请选择以下陈述符合贵团队实际情况的程度。	非常不符合	不符合	不大符合	一般	还算符合	符合	非常符合
A1 我在工作时和其他成员联系紧密。	□	□	□	□	□	□	□
A2 我需要经常协调自己和其他成员的工作。	□	□	□	□	□	□	□
A3 我的工作绩效依赖于从其他成员那里收到准确的信息。	□	□	□	□	□	□	□
A4 我的工作方式对其他成员有明显的影响。	□	□	□	□	□	□	□
A5 我的工作需要我较频繁地和其他成员协商。	□	□	□	□	□	□	□
A6 我相对独立于其他成员展开我的工作。	□	□	□	□	□	□	□
A7 我可以规划自己的工作，而不用和其他成员协调。	□	□	□	□	□	□	□
A8 我几乎不依赖于其他成员的信息就能完成工作。	□	□	□	□	□	□	□
B1 为了完成工作我要加班加点。	□	□	□	□	□	□	□
B2 为了完成工作我不用花费额外的时间。	□	□	□	□	□	□	□
B3 我觉得我总是在“救火”（忙于应对各种截止日期）。	□	□	□	□	□	□	□
B4 我几乎不用缩减工序来准时完成我的工作。	□	□	□	□	□	□	□
B5 我没有足够的时间事先考虑问题。	□	□	□	□	□	□	□
B6 我觉得我时间很充裕。	□	□	□	□	□	□	□
C1 团队领导会提醒团队成员重要的截止日期。	□	□	□	□	□	□	□

续　表

指导语：请选择以下陈述符合贵团队实际情况的程度。	非常不符合	不符合	不大符合	一般	还算符合	符合	非常符合
C2 团队领导会安排任务的优先序，并给每项任务分配时间。	□	□	□	□	□	□	□
C3 团队领导会给意外事件和困难预留时间。	□	□	□	□	□	□	□
C4 团队领导会掌控团队进度使任务按时完成。	□	□	□	□	□	□	□
C5 团队领导会催促团队成员按时完成子任务。	□	□	□	□	□	□	□
C6 团队领导会设定关键性的时间点以衡量项目的进度。	□	□	□	□	□	□	□
C7 团队领导会有效地协调团队以按时完成任务。	□	□	□	□	□	□	□

2. 任务完成情况

指导语：请选择以下陈述符合贵团队实际情况的程度。	非常不符合	不符合	不大符合	一般	还算符合	符合	非常符合
DA1 团队的工作质量好。	□	□	□	□	□	□	□
DA2 团队的工作效率高。	□	□	□	□	□	□	□
DA3 团队具有处理突发事件的灵活性。	□	□	□	□	□	□	□
DA4 团队的总体绩效高。	□	□	□	□	□	□	□
DB1 总体而言，我对我所在的团队感到满意。	□	□	□	□	□	□	□
DB2 总体上，我不喜欢我所在的团队。	□	□	□	□	□	□	□
DB3 对于我的团队同事对待我的方式，我感到满意。	□	□	□	□	□	□	□
DB4 对于团队同事对我的友好程度，我感到满意。	□	□	□	□	□	□	□

3. 在任务进程中，对任务时间的看法

指导语：在这部分，请您回想您所在团队在一次任务的实施进程中，团队成员间对下列陈述是否有一致看法。	非常不符合	不符合	不大符合	一般	还算符合	符合	非常符合
F1 在任务进程中，团队成员对"该任务的开始时间"有一致的理解。	□	□	□	□	□	□	□
F2 在任务进程中，团队成员对"任务什么时候结束"有一致的看法。	□	□	□	□	□	□	□
F3 在任务进程中，团队成员对"任务要持续多久"有一致的看法。	□	□	□	□	□	□	□
F4 在任务进程中，团队成员对"任务展开的速度"有一致的看法。	□	□	□	□	□	□	□
F5 在任务进程中，团队成员对"任务展开的顺序"有一致的看法。	□	□	□	□	□	□	□
F6 在任务进程中，团队成员对"任务之间的时间间隔"有一致的看法。	□	□	□	□	□	□	□

4. 对团队的看法

指导语：在这部分，请您回想您所在团队在任务的实施进程中，成员对下列陈述是否有一致看法。	非常不符合	不符合	不大符合	一般	还算符合	符合	非常符合
G1 对"最后期限的重要性"，团队成员有一致的看法。	□	□	□	□	□	□	□
G2 对"严格执行日程表的重要性"，团队成员有一致的看法。	□	□	□	□	□	□	□
G3 对"该任务按时完成的重要性"，团队成员有一致的看法。	□	□	□	□	□	□	□
G4 对"时间表的关注程度"，团队成员有一致的看法。	□	□	□	□	□	□	□
G5 对"是否需要设定自己的时间表"，团队成员有一致的看法。	□	□	□	□	□	□	□
G6 团队成员不考虑时间的使用问题。	□	□	□	□	□	□	□

续 表

指导语：在这部分，请您回想您所在团队在任务的实施进程中，成员对下列陈述是否有一致看法。	非常不符合	不符合	不大符合	一般	还算符合	符合	非常符合
G7 团队成员担心时间运用不好。	□	□	□	□	□	□	□
G8 团队成员仔细地规划时间。	□	□	□	□	□	□	□
H1 团队成员相互了解彼此的时间紧迫感程度。	□	□	□	□	□	□	□
H2 团队成员相互了解彼此工作节奏的快慢程度。	□	□	□	□	□	□	□
H3 团队成员相互了解彼此的节奏安排情况。	□	□	□	□	□	□	□
H4 团队成员相互了解彼此对未来事情的看法。	□	□	□	□	□	□	□
H5 团队成员相互了解彼此对长远事情的看法。	□	□	□	□	□	□	□

第三部分：个人信息

1. 您加入本团队的时间：

□1 个月以下　□2－6 个月　□7－12 个月　□1－1.5 年

□1.6－2 年　□2－2.5 年　□2.6－3 年　□3 年以上

2. 您的性别：

□男　□女

3. 您的年龄：

□25 岁以下　□26－30 岁　□31－35 岁　□36－40 岁

□40 岁以上

4. 您的学历：

□初中及以下　□高中/中专　□专科　□本科　□硕士　□博士

5. 您的教育专业背景：

□科学工程（理学、工学、农学和医学）

□经济管理（经济学、管理学）　□法律（法学）

□文学艺术（哲学、文学、历史学）

□其他（教育学和军事学，以及无教育专业者）

6. 您的职业经验(工作最长的职业)：

□战略规划 □人力资源 □生产制造 □研发

□市场营销(包括贸易、进出口)

□公共关系 □信息技术 □法律 □行政管理 □政府职员

□财务 □其他(请注明__________)

7. 您工作的性质：

□一般员工 □基层管理 □中层管理 □高层管理

8. 您目前的职能背景：

□战略规划 □人力资源 □生产制造 □研发

□公共关系 □信息技术 □法律 □行政管理

□政府职员 □财务 □市场营销(包括贸易、进出口)

□其他(请注明__________)

参考文献

[1] 爱弥尔·涂尔干,渠东,等.2011.宗教生活的基本形式[M].北京:商务印书馆.

[2] 陈晓萍,徐淑英,樊景立.2008.组织与管理研究的实证方法[M].北京:北京大学出版社.

[3] 黄希庭,张志杰.2001.青少年时间管理倾向量表的编制[J].心理科学,24(5):516-518.

[4] 罗伯特·K.殷.2010.案例研究:设计与方法:中文第2版[M].周海涛,等,译.重庆:重庆大学出版社.

[5] 李伯约,黄希庭.2006.时间记忆表征研究继往与开来[M].北京:新华出版社.

[6] 吴国盛.2009.时间的观念[M].北京:北京大学出版社.

[7] 汪天文.2004.时间理解的三个向度[J].深圳大学学报:人文社会科学版,21(2):21-24.

[8] 徐青,魏琳.2002.时间知觉与估计的认知理论综述[J].应用心理学,8(2):58-64.

[9] 张钢,吕洁.2012.团队心智模型和交互记忆系统:两种团队知识的表征方式[J].自然辩证法通讯,1,81-88.

[10] SHIPP A J, EOWARDS J R, LAMBERT L S. 2009. Conceptualization and measurement of temporal focus: the subjective experience of the past, present, and future[J]. Organizational Behavior and Human Decision Processes, 110(1): 1-22.

[11] ABBOTT A. 1990. Measuring resemblance in sequence data: an

optimal matching analysis of musicians' careers [J]. American Journal of Sociology, 96(1):144-185.

[12] ADAMS G A, KING L A, KING D W. 1996. Relationships of job and family involvement, family social support, and work-family conflict with job and life satisfaction [J]. Journal of Applied Psychology , 81(4):411-420.

[13] ALAVI M, TIWANA A. 2002. Knowledge integration in virtual teams: the potential role of KMS[J]. Journal of the American Society for Information Science and Technology, 53 (12): 1029-1037.

[14] ALLEN J F. 1983. Maintaining knowledge about temporal intervals [J]. Communications of the Association for Computing Machinery, 26(11):832-843.

[15] ALLPORT G W. 1961. Pattern and growth in personality[M]. New York: Holt, Rinehart & Winston.

[16] ANCONA D G, GOODMAN P S, LAWRENCE B S, et al. 2001. Time: a new research lens[J]. Academy of Management Review, 26(4):645-663.

[17] ANCONA D G, OKHUYSEN G A, PERLOW L A. 2001. Taking time to integrate temporal research [J]. The Academy of Management Review, 26(4):512-529.

[18] ANCONA D G,CHONG C L. 1996. Entrainment: pace, cycle, and rhythm in organizational behavior[J]. Research in Organizational Behavior,18,251-285.

[19] ANDREWS J, SMITH D C. 1996. In search of the marketing imagination: factors affecting the creativity of marketing programs for mature products[J]. Journal of Marketing Research, 33(2): 174-187.

[20] ARGOTE L. 1982. Input uncertainty and organizational coordination in hospital emergency rooms [J]. Administrative Science Quarterly, 27(3):420-434.

[21] ARGOTE L, MCGRATH J E. 1993. Group processes in organizations: continuity and change[M]// COOPER C L, ROBERTSON I T (Eds.). International review of industrial and organizational psychology (8th ed.). New York: John Wiley & Sons.

[22] BAER M, OLDHAM G R. 2006. The curvilinear relation between experienced creative time pressure and creativity: moderating effect of openness to experience and support for creativity[J]. Journal of Applied Psychology, 91(4):963-970.

[23] BAGOZZI R P, DHOLAKIA U M. 2005. Three roles of past experience in goal setting and goal striving [M]//BETSCH T, HABERSTROH S. (Eds.). The routines of decision making. Mahwah, NJ: Lawrence Erlbaum Associates.

[24] BAILEY D E, LEONARDI P M, CHONG J. 2010. Minding the gaps: understanding technology interdependence and coordination in knowledge work[J]. Organization Science, 21(3): 713-730.

[25] BALLARD D I, SEIBOLD D R. 2003. Communicating and organizing in time: a meso-level model of organizational temporality [J]. Management Communication Quarterly, 16(3):380-415.

[26] BALLARD D I, SEIBOLD D R. 2000. Time orientation and temporal variation across work groups: implications for group and organizational communication[J]. Western Journal of Communication, 64 (2): 218-242.

[27] BARLEY S. 1988. On technology, time, and social order: technologically induced change in the temporal organization of radiological work [M]//DUBINSKAS F A (Eds.). Making time: ethnographies of high-technology organizations. Philadelphia: Temple University Press.

[28] BARON R M, KENNY D A. 1986. The moderator-mediator variable distinction in social psychological research: conceptual, strategic, and statistical considerations[J]. Journal of Personality and Social Psychology, 51(6): 1173-1182.

[29] BARTEL C A, MILLIKEN F J. 2004. Perception of time in work group: do member develop shared cognition about their temporal demands? [J]. Research on Managing Groups and Teams, 6, 87-109.

[30] BASADUR M S, HEAD M. 2001. Team performance and satisfaction: a link to cognitive style within a process framework[J]. Journal of Creative Behavior, 35(4):227-248.

[31] BAUM C F. 2006. An introduction to modern econometrics using stata[M]. Texas: Stata Corp Publication.

[32] BEAL D J, COHEN R R, BURKE M J, et al. 2003. Cohesion and performance in groups: a meta analytic clarification of construct relations[J]. Journal of Applied Psychology, 88(6):989-1004.

[33] BENNER M J, TUSHMAN M L. 2003. Exploitation, exploration, and process management: the productivity dilemma revisited[J]. Academy of Management Review, 28(2):238-256.

[34] BIRTH K. 2013. Calendars: representational homogeneity and heterogeneous time[J]. Time & Society, 22(2):216-236.

[35] BLIESE P D. 2000. Within-group agreement, non-independence, and reliability: implications for data aggregation and analysis[M]// KLEIN K J, KOZLOWSKI S W (Eds.). Multilevel theory, research, and methods in organizations: foundations, extensions and new directions. San Francisco: Jossey-Bass.

[36] BLOCK R A. 1990. Cognitive models of psychological time[M]. Hillsdale, NJ: Lawrence Erlbaum Associates.

[37] BLOUNT S, LEROY S. 2007. Individual temporality in the workplace: how individuals perceive and value time at work[J]. Research in the Sociology of Work, 17, 147-177.

[38] BLOUNT S, JANICIK G A. 2002. Getting and staying in-pace: the 'in-synch' preference and its implications for work groups[M]// SONDAK H (Eds.). Research on managing groups and teams: toward phenomenology of groups and group membership. New

York: Elsevie.

[39] BLOUNT S,JANICIK G A. 2001. When plans change: examining how people evaluate timing changes in work organizations[J]. Academy of Management Review, 26(4):566-585.

[40] BLUEDORN A C. 1998. An interview with anthropologist edward T. Hall[J]. Journal of Management Inquiry, 7(2):109-115.

[41] BLUEDORN A C. 1993. Pilgrim's progress: trends and convergence in research on organizational size and environments[J]. Journal of Management, 19(2):163-191.

[42] BLUEDORN A C. 2007. Polychronicity, individuals, and organizations [J]. Research in the Sociology of Work, 17, 179-222.

[43] BLUEDORN A C. 2000. Time and organizational culture[M]// ASHKANASY N, WILDEROM C , PETERSON M (Eds.). The handbook of organizational culture and climate. Thousand Oaks, CA: Sage.

[44] BLUEDORN A C,DENHARDT R B. 1988. Time and organizations [J]. Journal of Management, 14(2):299-320.

[45] BLUEDORN A C,KALLIATH T J, STRUBE M J, et al. 1999. Polychronicity and the inventory of polychronic values (IPV): the development of an instrument to measure a fundamental dimension of organizational culture[J]. Journal of Managerial Psychology, 14, 205-231.

[46] BLUEDORN A C, KAUFMAN C F,PAUL L M. 1992. How many things do you like to do at once? an introduction to monochronic and polychronic time[J]. Academy of Management Executive, 6 (4):17-26.

[47] BLUEDORN A C, MARTIN G. 2008. The time frames of entrepreneurships[J]. Journal of Business Venturing, 23, 1-20.

[48] BOCKENHOLT U,KROEGER K. 1993. The effects of time pressure in multiattribute binary choice tasks[M]. New York: Plenum.

[49] BRADLEY J, WHITE B J, MENNECKE B E. 2003. Teams and tasks: a temporal framework for the effects of interpersonal interventions on team performance[J]. Small Group Research, 34(3): 353-387.

[50] BRANDON D P, HOLLINGSHEAD A B. 2004. Transactive memory systems in organizations: matching tasks, expertise, and people [J]. Organization Science, 15(6): 633-644.

[51] BRANNICK M T, PRINCE T. 1997. An overview of team performance measurement [M]//SALAS E, PRINCE C (Eds.). Team performance aassessment and measurement. Mahwah, NJ: Lawrence Erlbaum Associates.

[52] BROWN S L, EISENHARDT K M. 1998. Competing on the edge: strategy as structured chaos [M]. Cambridge, MA: Harvard Business School Press.

[53] BRUNES H C. 2013. Working alone together: coordination in collaboration across domains of expertise[J]. Academy of Management Journal, 56(1):62-83.

[54] BRUNS H C. 2009. Composing synthesis, developing knowledge in cross-domain collaboration[D]. Boston: Boston University.

[55] CANNON-BOWERS J A, SALAS E. 1990. Cognitive psychology and team training: shared mental models in complex systems[R]. Paper Presented at the Annual Meeting of the Society of Industrial and Organizational Psychology, Miami, Florida.

[56] CANNON-BOWERS J A, SALAS E, CONVERSE S. 1993. Shared mental models in expert team decision making[M]//CASTELLAN N J (Ed.). Individual and group decision making: current issues. Hillsdale, NJ: Lawrence Erlbaum Associates.

[57] CANNON-BOWERS J A, SALAS E. 2001. Reflections on shared cognition[J]. Journal of Organizational Behavior, 22, 195-202.

[58] CANNON-BOWERS J A, SALAS E, BLICKENSDERFER E, et al. 1998. The impact of cross-training and workload on team

functioning: a replication and extension of initial findings[J]. Human Factors, 40(1):92-101.

[59] CHENG J L C. 1983. Interdependence and coordination in organizations: a role-system analysis[J]. Academy of Management Journal, 26(1): 156-162.

[60] CHENG J L C. 1984. Organizational coordination, uncertainty, and performance: an integrative study[J]. Human Relations, 37(10): 829-851.

[61] CLARK P A. 1985. A review of theories of time and structure for organizational sociology [J]. Research in the Sociology of Organizations, 4, 35-79.

[62] COHEN J, COHEN P. et al. 2003. Applied regression/correlation analysis for behavioral science [M]. Mahwah, New Jersey: Lawrence Erlbaum Associates Publishers.

[63] COHEN S G, BAILEY D E. 1997. What makes teams work: group effectiveness research from the shop floor to the executive suite[J]. Journal of Management, 23(3S): 239-290.

[64] CONTE J M, JACOBS R R. 2003. Validity evidence linking polychronicity and big five personality dimensions to absence, lateness, and supervisory ratings of performance[J]. Human Performance, 16, 107-129.

[65] CONTE J M, MATHIEU J E, LANDY F J. 1998. The nomological and predictive validity of time urgency [J]. Journal of Organizational Behavior, 19(1):1-13.

[66] CONTE J M, DEW A F, SCHWENNEKER H H, et al. 2001. Incremental validity of time urgency and other type: a subcomponents in predicting behavioral and health criteria[J]. Journal of Applied Social Psychology, 31(8):1727-1748.

[67] COOKE N J, GORMAN J C, ROWE L J. 2009. An ecological perspective on team cognition[M]//SALAS E, GOODWIN G F, BURKE C S (Eds.). Team effectiveness in complex organizations.

New York: Routledge, Taylor & Francis Group.

[68] COOKE N J, GORMAN J C, WINNER J L. 2007. Team cognition [M]// Durso F T, Nickerson R S, Dumais S T, et al. (Eds.). Handbook of applied cognition (2nd ed.). Hoboken, NJ: John Wiley.

[69] COOKE N J, KIEKEL P A, SALAS E, et al. 2003. Measuring team knowledge: a window to the cognitive underpinnings of team performance[J]. Group Dynamics, 7(3):179-199.

[70] COOKE N J, SALAS E, CANNON-BOWERS J A, et al. 2000. Measuring team knowledge[J]. Human Factors, 42(1):151-173.

[71] CROSSAN M, CUNHA M P, VERA D, et al. 2005. Time and organizational improvisation[J]. Academy of Management Review, 30(1):129-145.

[72] CUMMINGS J N, KIESLER S. 2007. Coordination costs and project outcomes in multi-university collaborations[J]. Research Policy, 36(10): 1620-1634.

[73] CUMMINGS J N. 2004. Work group, structural diversity, and knowledge sharing in a global organization [J]. Management Science, 50(3): 352-364.

[74] DAS T K. 1990. The time dimension: an interdisciplinary guide [M]. New York: Praeger Publishers Inc.

[75] DE D C K W. 2003. Time pressure and closing of the mind in negotiation [J]. Organizational Behavior and Human Decision Processes, 91(2): 280-295.

[76] DE J S B, VAN D V G S, MOLLEMAN E. 2007. The relationships among asymmetry in task dependence, perceived helping behavior, and trust[J]. Journal of Applied Psychology, 92 (6):1625-1637.

[77] DERUE D S, HOLLENBECK J R, JOHNSON M D, et al. 2008. How different team downsizing approaches influence team-level adaption and performance[J]. Academy of Management Journal, 51

(1):182-196.

[78] DERUE D S, NAHRGANG J D, WELLMAN N, et al. 2011. Trait and behavioral theories of leadership: a meta-analytic test of their relative validity[J]. Personnel Psychology, 64(1):7-52.

[79] DE V M L. 1979. Time orientation: a review[J]. Psychologica Belgica, 19,61-79.

[80] DUBINSKAS F A. 1988. Janus organizations: scientists and managers in genetic engineering firms [M]. Philadelphia: Temple University Press.

[81] DURKHEIM E. 1915. The elementary forms of religious life[M]. New York: Free Press.

[82] EDWARDS B D, DAY E A, ARTHUR W J, et al. 2006. Relationships among team ability composition, team mental models, and team performance [J]. Journal of Applied Psychology, 91 (3): 727-736.

[83] EISENHARDT K M. 1989. Building theories from case study research [J]. Academy of Management Review, 14(4):532-550.

[84] EISENHARDT K M. 1989. Making fast strategic decisions in high-velocity environments [J]. Academy of Management Journal, 32 (3):543-576.

[85] ELIAS J, FIORE S M. 2012. Commentary on the coordinates of coordination and collaboration[M]. New York: Routledge.

[86] ENDSLEY M R, JONES W M. 2001. A model of inter- and intra-team situational awareness: implications for design, training, and measurement[M]. CA: Human Factors and Ergonomics Society.

[87] ENTIN E E, ENTIN E B. 2001. Measures for evaluation of team processes and performance in experiments and exercises [C]. Proceedings of the 6th International Command and Control Research and Technology Symposium.

[88] ENTIN E E, SERFATY D. 1999. Adaptive team coordination[J]. Human Factors, 41(2): 312-325.

[89] ESPINOSA A, LERCH J, KRAUT R. 2004. Explicit versus implicit coordination mechanisms and task dependencies: one size does not fit all[M]. Washington, DC: APA Books.

[90] ESPINOSA J, SLAUGHTER S, KRAUT R, et al. 2007. Team knowledge and coordination in geographically distributed software development[J]. Journal of Management Information System, 24 (1):135-169.

[91] FARAJ S, SPROULL L. 2000. Coordinating expertise in software development teams[J]. Management Science, 46(12):1554-1568.

[92] FARAJ S, XIAO Y. 2006. Coordination in fast-response organizations [J]. Management Science, 52(8): 1155-1169.

[93] FENEMA P C V. 2002. Coordination and control of globally distributed software projects[D]. Rotterdam: Erasmus University.

[94] FORNELL C, LARCKER D F. 1981. Structural equation model with unobservable variables and measurement error algebra and statistics[J]. Journal of Marketing Research, 18(3): 382-389.

[95] FRAISSE P. Perception and estimation of time[J]. Annual Review of Psychology, 1984, 35, 1-36.

[96] FRANCIS-SMYTHE J A, ROBERTSON I T. 1999. Time-related individual differences[J]. Time and Society, 8(2):273-292.

[97] FRANCIS-SMYTHE J A, ROBERTSON I T. 2003. The importance of time congruity in the organization[J]. Applied Psychology, 52, 298-321.

[98] GALINSKY A D, KRAY L J. 2004. From thinking about what might have been to sharing what we know: the effects of counterfactual mind-sets on information sharing in groups [J]. Journal of Experimental Social Psychology, 40(5):606-618.

[99] GELL A. 1993. The anthropology of time[M]. Oxford: Berg.

[100] GERSICK C J G. 1989. Making time: predictable transitions in task groups [J]. Academy of Management Journal, 32 (2): 274-309.

[101] GERSICK C J G. 1994. Pacing strategic change: the case of a new venture[J]. Academy of Management Journal, 1994, 37(1):9-45.

[102] GERSICK C J G. 1988. Time and transition in work teams: toward a new model of group development[J]. Academy of Management Journal, 33(1):9-41.

[103] GEVERS J M P, RUTTE C G, VAN E W. 2006. Meeting deadlines in work groups: implicit and explicit mechanisms[J]. Applied Psychology, 55(1):52-72.

[104] GEVERS J M P, VAN E W, RUTTE C G. 2009. Team self-regulation and meeting deadlines in project teams: antecedents and effects of temporal consensus[J]. European Journal of Work and Organizational Psychology, 18(3):295-321.

[105] GEVERS J M P, RUTTE C G, VAN E W. 2004. How project teams achieve coordinated action: a model of shared cognitions on time[J]. Research on Managing Groups and Teams, 6, 67-85.

[106] GHERARDI S, STRATI A. 1988. The temporal dimension in organizational studies [J]. Organization Studies, 9(2):149-164.

[107] GIBSON C B, WALLER M J, CARPENTER M A, et al. 2007. Antecedent, consequences, and moderators of time perspective heterogeneity for knowledge management in MNO teams[J]. Journal of Organizational Behavior, 28(8):1005-1034.

[108] GIDDENS A. 1984. The constitution of society[M]. Berkeley, CA: University of California Press.

[109] GITTELL J H. 2002. Coordinating mechanisms in care provider groups: relational coordination as a mediator and input uncertainty as a moderator of performance effects[J]. Management Science, 48(11): 1408-1426.

[110] GITTELL J H. 2000. Organizing work to support relational coordination[J]. The International Journal of Human Resource Management, 11(3):517- 539.

[111] GITTELL J H. 2001. Supervisory span, relational coordination,

and flight departure performance: a reassessment of post bureaucracy theory[J]. Organization Science, 12(4):468-483.

[112] GOODMAN S P, LAWRENCE B S, et al. 2001. Introducton in 'time in organization' special issue [J]. The Academy of Management Review, 26(4):507-511.

[113] GUZZO R A, DICKSON M W. 1996. Teams in organizations: recent research on performance and effectiveness [J]. Annual Review of Psychology, 47, 307-338.

[114] HACKER W. 2003. Action regulation theory: a practical tool for the design of modern work processes? [J]. European Journal of Work and Organizational Psychology, 12(2):105-130.

[115] HACKMAN J R. 1968. Effects of task characteristics on group products[J]. Journal of Experimental Social Psychology, 4(2): 162-187.

[116] HACKMAN J R. 1987. The design of work teams[M]. NJ: Prentice-Hall.

[117] HACKMAN J R, MORRIS C G. 1975. Group tasks, group interaction processes, and group performance effectiveness: a review and proposed integration[J]. Advances in Experimental Social Psychology, 8, 45-99.

[118] HALBESLEBEN J R B, NOVICEVIC M M, NOVICEVIC M M ,et al. 2003. Awareness of temporal complexity in leadership of creativity and innovation: a competency-based model [J]. Leadership Quarterly, 14(4):433-454.

[119] HALL E T. 1983. The dance of life: the other dimension of time [M]. New York: Doubleday.

[120] HALL E T. 1959. The silent language[M]. New York: Anchor Books.

[121] HALL R H. 1972. Organizations, structure and process[M]. Englewood Cliffs, N.J.: Prentice-Hall.

[122] HAMILTON K, MOHAMMED S, MANCUSO V, et al. 2012.

Virtual team effectiveness: investigating the effect of temporal team mental models[R]. Paper presented to the annual meeting of the Society for Industrial and Organizational Psychology. San Diego, CA.

[123] HANSEN M T, NOHRIA N. 2004. How to build collaborative advantage[J]. MIT Sloan Management Review, 46(1):22-30.

[124] HARRISON D A, KLEIN K J. 2007. What's the difference? diversity constructs as separation, variety, or disparity in organizations[J]. Academy of Management Review, 32(4):1199-1228.

[125] HARRISON D A, MOHAMMED S, MCGRATH J E. et al. 2003. Time matters in team performance: effects of member familiarity, entrainment and task discontinuity on speed and quality[J]. Personnel Psychology, 56, 633-669.

[126] HARRISON D A, PRICE K H, BELL M P. 1998. Beyond relational demography: time and the effects of surface and deep-level diversity on work group cohesion [J]. Academy of Management Journal, 41(1):96-107.

[127] HARRISON D A, PRICE K H, GAVIN J H, et al. 2002. Time, teams and task performance: changing effects of surface-and deep-level diversity on group functioning[J]. Academy of Management Journal, 45(5):1029-1045.

[128] HASSARD J. 1991. Aspects of time in organization[J]. Human Relation, 44(2):1105-125.

[129] HASSARD J. 1996. Images of time in work and organization [M]//STEWART C, CYNTHIA H, WALTER R N. Handbook of Organization Studies CA: Sage Publication Ltd, 327-344.

[130] HASSARD J. 1989. Time and industrial sociology[M]//BLYTON P J, HASSARD S H, STARKEY K (Eds.). Time, work and organization. London: Routledge.

[131] HAUPTMAN O, HIRJI K K. Managing integration and coordination

in cross-functional teams: an international study of concurrent engineering product development[J]. R&D Management, 1999, 29(2):179-191.

[132] HERTEL G, KONRADT U, ORLIKOWSKI B. 2004. Managing distance by interdependence: goal setting, task interdependence, and team-based rewards in virtual teams[J]. European Journal of Work and Organizational Psychology, 13(1):1-28.

[133] HEY J D,PARADISO M. 2006. Preferences over temporal frames in dynamic decision problems: an experimental investigation[J]. The Manchester School,74(2):123-137.

[134] HINKIN T R. 1995. A review of scale development practices in the study of organizations[J]. Journal of Management,21(5): 967-988.

[135] HINSZ V B, TINDALE R S, VOLLRATH D A. 1997. The emerging conceptualization of groups as information processors [J]. Psychological Bulletin, 121(1):43-64.

[136] HOEGL M,GEMUENDEN H G. 2001. Teamwork quality and the success of innovative projects: a theoretical concept and empirical evidence[J]. Organizational Science, 12(4):435-449.

[137] HOEGL M, WEINKAUF K, GEMUENDEN H G. 2004. Interteam coordination, project commitment, and teamwork in multiteam R&D projects: a longitudinal study[J]. Organization Science, 15(1):38-55.

[138] HOLLINGSHEAD A B. 1998. Communication, learning and retrieval in transactive memory systems [J]. Journal of Experimental Social Psychology, 34(5):423-442.

[139] HOLLINGSHEAD A B. 1998. Distributed knowledge and transactive processed in groups[M]. CT: JAI Press.

[140] HOLYOAK K J. 1984. Mental models in problem solving[M]. New York: Freeman.

[141] HORTON M, BIOISI K. 1993. Coordination challenges in a

computer-supported meeting envnonment [J]. Journal of Management Information Systems, 94, 7-24.

[142] HUMPHREY S E, HOLLENBECK J R, MEYER C J, et al . 2007. Trait configurations in self-managed teams: a conceptual examination of the use of seeding to maximize and minimize trait variance in teams [J]. Journal of Applied Psychology, 92, 885-892.

[143] HUY Q N. 2001. Time, temporal capability, and planned change [J]. The Academy of Management Review, 26(4): 601-623.

[144] ILGEN D R, HOLLENBECK J R, JOHNSON M, et al. 2005. Teams in organizations: from input-process-output models to IMOI models[J]. Annual Review of Psychology, 56, 517-543.

[145] JAMES L R, DEMAREE R G, WOLF G. 1984. Estimating within group interrater reliability with and without response bias [J]. Journal of Applied Psychology, 69(1):85-89.

[146] JANICIK G A, BARTEL C A. 2003. Talking about time: effects of temporal planning and time awareness norms on group coordination and performance[J]. Group Dynamics, 7(2):122-134.

[147] JANSEN K J, KRISTOF-BROWN A L. 2005. Marching to the beat of a different drummer: examining the impact of pacing congruence[J]. Organizational Behavioral and Human Decision Processes, 97(2): 93-105.

[148] JANZ B D, COLQUITT J A, NOE R A. 1997. Knowledge worker team effectiveness: the role of autonomy, interdependence, team development, and contextual support variables [J]. Personnel Psychology, 50(4):877-904.

[149] JEHN K A, CHADWICK C, THATCHER S M B. 1997. To agree or not to agree: the effects of value congruence, individual demographic dissimilarity, and conflict on workgroup outcomes [J]. International Journal of Conflict Management, 8 (4): 287-305.

[150] JEHN K A, NORTHCRAFT G B, NEALE M A. 1999. Why differences make a difference: a field study of diversity, conflict, and performance in work groups [J]. Administrative Science Quarterly, 44, 741-763.

[151] JOHNSON C H, HASTINGS J W. 1986. The elusive mechanism of the circadian clock[J]. American Scientist, 74, 29-36.

[152] KAHNEMAN D. 1973. Attention and effort [M]. Englewood Cliffs, NJ: Prentice Hall.

[153] KANAWATTANACHAI P, YOO Y. 2007. The impact of knowledge coordination on virtual team performance over time [J]. Management Information Systems Quarterly, 31 (4): 783-808.

[154] KAPLAN S, LAPORT K, WALLER M J. 2012. The role of positive affectivity in team effectiveness during crises[J]. Journal of Organizational Behavior, 34(4):473-491.

[155] KATZENBACH J R, SMITH D K. 1993. The wisdom of teams: creating the high-performance organization [M]. New York: Harper Business.

[156] KATZ R, TUSHMAN M. 1979. Communication patterns, project performance, and task characteristics: an empirical evaluation and integration in an R&D setting[J]. Organizational Behavior and Human Decision Processes, 23(2):139-162.

[157] KAUFMAN C F, LANE P M, LINDQUIST J D. 1991. Time congruity in the organization: a proposed quality-of-life framework[J]. Journal of Business and Psychology, 6(1):79-106.

[158] KAUFMAN-SCARBOROUGH C, LINDQUIST J D. 1999. Time management and polychronicity: comparisons, contrasts, and insights for the workplace [J]. Journal of Managerial Psychology, 14(3-4):288-312.

[159] KELLOGG K G, ORLIKOWSKI W J, YATES J. 2006. Life in the trading zone: structuring coordination across boundaries in

postbureaucratic organizations[J]. Organization Science, 17(1): 22-44.

[160] KERLINGER F N. 1986. Foundations of behavioral research[M]. Fort Worth, TX: Holt, Rinehart & Winston.

[161] KHAN Z, JARVENPAA S L. 2010. Exploring temporal coordination of events with facebook. com[J]. Journal of Information Technology, 25(2):137-151.

[162] KHAVUL S, PÉREZ-NORDTVEDT L, ERIC W. 2010. Organizational entrainment and international new ventures from emerging markets[J]. Journal of Business Venturing, 25(1): 104-119.

[163] KIRKMAN B L, ROSEN B. 1999. Beyond self-management: antecedents and consequences of team empowerment [J]. Academy of Management Journal, 42(1):58-74.

[164] KIVETZ Y, TYLER T R. 2007. Tomorrow i'll be me: the effect of time perspective on the activation of idealistic versus pragmatic selves [J]. Organizational Behavior and Human Decision Processes, 102(2):193-211.

[165] KLEIN K, KOZLOWSKI S W J. 2000. Multilevel theory, research and methods in organization: foundations, extensions, and new directions[M]. San Francisco: Jossey-Bass.

[166] KLEINMAN D L, SERFATY D. 1989. Team performance assessment in distributed decision-making [C]. Proceedings of the Interactive Networked Simulation for Training Conference.

[167] KLIMOSKI R, MOHAMMED S. 1994. Team mental model: construct or metaphor? [J]. Journal of Management, 20(2): 403-437.

[168] KOCHER M G, SUTTER M. 2006. Time is money-Time pressure, incentives, and the quality of decision-making [J]. Journal of Economic Behavior and Organization, 61(3):375-392.

[169] KOLBE M, KÜNZLE B, et al. 2009. Measuring coordination

behaviour in anaesthesia teams during induction of general anaesthetics [M]//FLIN R, MITCHELL L (Eds.). Safer surgery: analysing behavior in the operating theatre. England: Ashgate publishing limited.

[170] KOSLOWSKY M. 2001. Some new perspectives on moderators and mediators in the stress-strain process: time urgency, management, and worker control[M]. London: Routledge.

[171] KOZLOWSKI S W J, BELL B S. 2003. Work groups and teams in organizations[M]. New York: Wiley.

[172] KOZLOWSKI S W J, ILGEN D R. 2006. Enhancing the effectiveness of work groups and teams[J]. Psychological Science, 7 (3): 77-124.

[173] KOZLOWSKI S W J, GULLY S M, NASON E R, et al. 1999. Developing adaptive teams: a theory of compila-tion and performance across levels and time[M]. San Francisco: Jossey-Bass.

[174] KOZLOWSKI S W J, KLEIN K J. 2000. A multilevel approach to theory and research in organizations: contextual, temporal, and emergent processes[M]. San Francisco: Jossey-Bass.

[175] KRAIGER K, WENZEL L H. 1997. A framework for understanding and measuring shared mental models of team performance and team effectiveness[M]. Hiusdale, NJ: Erlbaum.

[176] KRAIGER K, WENZEL L H. 1997. Conceptual development and empirical evaluation of measures of shared mental models as indicators of team effectiveness[M]. NJ: Lawrence Erlbaum.

[177] KRAUT R E, FUSSELL S E, LERCH F J, et al. 2003. Coordination in teams: evidence from a simulated management game [R]. Working Paper, Carnegie Mellon University.

[178] LABIANCA G, MOON H, WATT I. 2005. When is an hour not 60 minutes? deadlines, temporal schemata, and individual and task group performance[J]. Academy of Management Journal, 48

(4):677-694.

[179] LANDY F J, RASTEGARY H, THAYER J. et al. 1991. Time urgency: the construct and its measurement[J]. Journal of Applied Psychology, 76(5):644-657.

[180] LAUER R H. 1982. Temporal man: the meaning and uses of social time[M]. New York: Praeger Publishers.

[181] LAWRENCE B S. 1988. New wrinkles in the theory of age: demography, norms, and performance ratings[J]. Academy of Management Journal, 31(2):309-337.

[182] LAWRENCE T B, WINN M I, JENNINGS P D. 2001. The temporal dynamics of institutionalization[J]. Academy of Management Review, 26(4):624-644.

[183] LEE H, LIEBENAU J. 1999. Time in organizational studies: towards a new research direction[J]. Organization Studies, 20(6):1035-1058.

[184] LEE H, LIEBENAU J. 2000. Temporal effects of information systems on business processes: focusing on the dimensions of temporality[J]. Accounting, Management and Information Technologies, 10(3):157-185.

[185] LEPINE J A. 2005. Adaptation of teams in response to unforeseen change: effects of goal difficulty and team composition in terms of cognitive ability and goal orientation[J]. Journal of Applied Psychology, 90(6):1153-1167.

[186] LEWIN K. 1951. Field theory in the social sciences: selected theoretical papers[M]. New York: Harper.

[187] LEWIS K. 2004. Knowledge and performance in knowledge-worker teams: a longitudinal study of transactive memory systems[J]. Management Science, 50(11):1519-1533.

[188] LEWIS K. 2003. Measuring transactive memory systems in the field: scale development and validation[J]. Journal of Applied Psychology, 88(4):587-604.

[189] LEVINE R. 1997. A geography of time: the temporal misadventures of a social psychologist, or how every culture keeps time just a little bit differently[M]. New York: Basic Books.

[190] LEVINE R V, NORENZAYAN A. 1999. The pace of life in 31 countries [J]. Journal of Cross-Cultural Psychology, 30 (2): 178-205.

[191] LEVINE R V, WEST L J, REIS H T. 1980. Perceptions of time and punctuality in the United States and Brazil [J]. Journal of Personality and Social Psychology, 38(4):541-550.

[192] LEWIS K. 2000. Transactive memory and performance of management consulting teams: examining construct and predictive validity of a new scale[C]. Paper Presented at the Academy of Management Conference, Toronto.

[193] LIANG D, MORELAND R, ARGOTE L. 1995. Group versus individual training and group performance: the mediating role of transactive memory [J]. Personality and Social Psychology Bulletin, 21(1): 384-393.

[194] LIENTZ B P, REA K P. 2001. Breakthrough technology project management[M]. London: Academic Press.

[195] LITWAK E. 1961. Models of organizations which permit conflict [J]. American Journal of Sociology, 67, 177-184.

[196] LOEWENSTEIN G , ELSTER J. 1992. Choice over time[M]. New York: Russell Sage Foundation Publication.

[197] MACMILLAN J, PALEY M, et al. 2005. Questionnaires for distributed assessment of team mutual awareness [M]. Boca Raton: CRC Press.

[198] MALONE T W. 1987. Modeling coordination in organizations and markets[J]. Management Science, 33(10):1317-1332.

[199] MALONE T W, CROWSTON K. 1994. The interdisciplinary study of coordination [J]. ACM Computing Surveys, 26 (1): 87-119.

[200] MALONE TW, CROWSTON K. 1990. What is coordination theory and how can it help design cooperative work systems? [C]. Computer Supported Cooperative Work, Proceedings of the 1990 ACM Conference on Computer-Supported Cooperative Work, Los Angeles, CA.

[201] MALONE T W, KEVIN G C, LEE J, et al. 1999. Tools for inventing organizations: toward a handbook of organizationa processes[J]. Management Science, 45(3):425-443.

[202] MANNIX E, JEHN K A. 2004. Let's norm and storm, but not right now: integration models of group development and performance [J]. Research on Managing Groups and Teams, 6, 11-37.

[203] MANN R D. A review of the relationships between personality and performance in small groups [J]. Psychological Bulletin, 1959, 56(4):242-270.

[204] MARCH J G, SIMON H A. 1958. Organizations[M]. New York: John Wiley.

[205] MARKS M A, MATHIEU J E, ZACCARO S T. 2001. A Temporally based framework and taxonomy of team processes [J]. The Academy of Management Review, 26(3):356-376.

[206] MARKS M A, SABELLA M J, BURKE C S, et al. 2002. The impact of cross-training on team effectiveness [J]. Journal of Applied Psychology, 87(1):3-13.

[207] MASSEY A P, MONTOYA-WEISS M M, HUNG Y, et al. 2003. Because time matters: temporal coordination in global virtual project teams [J]. Journal of Management Information System, 19(4):129-155.

[208] MATHIEU J, MAYNARD M T, RAPP T, et al. 2008. Team effectiveness 1997-2007: a review of recent advancements and a glimpse into the future [J]. Journal of Management, 34(3): 410-476.

[209] MATHIEU J E, SCHULZE W. 2006. The influence of team

knowledge and formal plans on episodic team process performance relationships[J]. Academy of Management Journal, 49(3): 605-619.

[210] MAZNEVSKI M L,CHUDOBA K M. 2000. Bridging space over time: global virtual team dynamics and effectiveness [J]. Organization Science, 11(5): 473-92.

[211] MCGRATH J E, ARGOTE L. 2001. Group processes in organizational contexts[M]. Oxford: Blackwell.

[212] MCGRATH J E, ARROW H, BERDAHL J L. 2001. The study of groups: past, present, and future[J]. Personality & Social Psychology Review, 4(1): 95-105.

[213] MCGRATH J E. 1991. Time, interaction and performance (TIP): a theory of groups[J]. Small Group Research, 22(2):147-174.

[214] MCGRATH J E,KELLY J R. 1986. Time and human interaction: toward a social psychology of time[M]. London: Guilford Press.

[215] MCGRATH J E. 1984. The social psychology of time: entrainment of behavior in social and organizational settings [J]. Applied Social Psychology Annual,5,21-44.

[216] MCGRATH J E, ROTCHFORD I L. 1983. Time and behavior in organizations[J]. Research in Organization Benavior, 5:57-101.

[217] MCGRATH J E,TSCHAN F. 2004. Temporal matters in social psychology: examining the role of time in the lives of groups and individuals [M]. Washington DC: American Psychological Association.

[218] MISCHEL W. 1974. Processes in delay gratification[M]. New York: Academic Press.

[219] MOHAMMED S, ANGELL L C. 2004. Surface-and deep-level diversity in workgroups: examining the moderating effects of team orientation and team process on relationship conflict[J]. Journal of Organizational Behavior, 25(8):1015-1039.

[220] MOHAMMED S,DUMVILLE B C. 2001. Team mental models in a team knowledge framework: expanding theory and measurement across disciplinary boundaries [J]. Journal of Organizational Behavior, 22(2S):89-106.

[221] MOHAMMED S, FERZANDI L, HAMILTON K. 2010. Metaphor no more: a 15-year review of the team mental model construct[J]. Journal of Management, 36(4): 876-910.

[222] MOHAMMED S, KLIMOSKI R, RENTSCH J R. 2000. The measurement of team mental models: we have no shared schema [J]. Organizational Research Methods, 3(2):123-165.

[223] MOHAMMED S, NADKARNI S. 2011. Temporal diversity and team performance: the moderating role of team temporal leadership[J]. Academy of Management Journal, 54(3):489-508.

[224] MONTOYA-WEISS M M, MASSEY A P, SONG M. 2001. Getting it together: temporal coordination and conflict management in global virtual teams [J]. Academy of Management Journal, 44(6): 1251-1262.

[225] MOORE D A. 2000. Optimal time pressure and performance in solitary, cooperative and competitive tasks[R]. Working Paper, Carnegie Mellon University, Pittsburgh.

[226] MOORE W E. 1963. Man, time and society[M]. New York: Wiley.

[227] NANDHAKUMAR J, JONES M. 2001. Accounting for time: managing time in project-based teamworking[J]. Accounting, Organisations and Society, 26(3):193-214.

[228] NEUGARTEN B L, MOORE J W, LOWE J C. 1965. Age norms, age constraints, and adult socialization[J]. American Journal of Sociology, 70, 710-717.

[229] NORDQVIST S, HOVMARK S, ZIKA-VIKTORSSON A. 2004. Perceived time pressure and social processes in project teams[J]. International Journal of Project Management, 22(6): 463-468.

[230] NORMAN D A, BOBROW G D. 1975. On data-limited and resource-limited processes[J]. Cognitive Psychology, 7(1):44-64.

[231] NOWOTNY H. 1992. Time and social theory: towards a social theory of time[J]. Time and Society, 1(3):421-454.

[232] NUNNALLY J. 1978. Psychometric Theory [M]. 2nd Edition. New York: McGraw-Hill.

[233] OKHUYSEN G A, BECHKY B A. 2009. Coordination in organizations: an integrative perspective [J]. The Academy of Management Annals, 3(1):463-502.

[234] OKHUYSEN G, WALLER M J. Focusing on midpoint transitions: an analysis of boundary conditions[J]. Academy of Management Journal, 2002, 45(5): 1056-1065.

[235] ORASANU J M. 1990. Shared mental models and crew decision making[R]. Technical Report No. 46. Princeton, NJ: Princeton University, Cognitive Science Laboratory.

[236] ORLIKOWSKI W J, YATES J. 2002. It's about time: temporal structuring in organizations[J]. Organization Science, 13(6): 684-700.

[237] ORNSTEIN R E. 1997. On the experience of time[M]. Boulder Colo: Westview Press.

[238] ORTON J D, WEICK K E . Loosely coupled systems-a reconceptualization[J]. Academy of Management Review, 1990, 15 (15):203-223.

[239] OZEL F. 2001. Time pressure and stress as a factor during emergency egress[J]. Safety Science, 38(2):95-107.

[240] PAYNEA J W, BETTMANA J R, LUCEB M F. 1996. When time is money: decision behavior under opportunity-cost time pressure [J]. Organizational Behavior and Human Decision Processes, 66 (2):131-152.

[241] PÉREZ-NORDTVEDT L, PAYNE G T, SHORT J C. et al. 2008. An entrainment-based model of temporal organizational fit,

misfit, and performance [J]. Organization Science, 19 (5): 785-801.

[242] PERLOW L A. 1999. The time famine: toward a sociology of work time[J]. Administrative Science Quarterly, 44(1):57-81.

[243] PERLOW L A ,OKHUYSEN G A, REPENNING N P. 2002. The speed trap: exploring the relationship between decision making and temporal context [J]. Academy of Management Journal, 45(5):931-955.

[244] PERROW C. 1967. A framework for the comparative analysis of organizations[J]. American Sociological Review, 32, 194-208.

[245] PERROW C. 1970. Organizational analysis: a sociological view [M]. Belmont CA: Wadsworth.

[246] PHILIP S, DEORTENTIIS J K, SUMMERS A P. et al. 2013. Cohesion and satisfaction as mediators of the team trust-team effectiveness relationship: an interdependence theory perspective [J]. Career Development International, 18(5): 521-543.

[247] PRICE V A. 1982. Type a behavior pattern: a model for research and practice[M]. New York: Academic.

[248] RASTEGARY H, LANDY F J. 1993. The interactions among time urgency, uncertainty, and time pressure[M]//SVENSON O, MAULE A J (Eds.). Time pressure and stress in human judgment and decision making. New York: Plenum, 217-240.

[249] REAGANS R, ARGOTE L, BROOKS D. 2005. Individual experience and experience working together: predicting learning rates from knowing who knows what and knowing how to work together[J]. Management Science, 51(6):869-881.

[250] REDDY M, DOURISH P. 2002. A finger on the pulse: temporal rhythms and information seeking in medical work [C]. ACM Conference on Computer-Supported Cooperative Work (CSCW' 02), New Orleans, LA.

[251] REINMOELLER P, CHONG L C. 2002. Manage the knowledge-

creating context: a strategic time approach [J]. Creativity and Innovation Management, 11(3):165-174.

[252] RENTSCH J R, HALL R J. 1994. Members of great teams think alike: a model of team effectiveness and schema similarity among team members[M]. CT: JAI Press.

[253] RENTSCH J R, KLIMOSKI R J. 2001. Why do great minds think alike? antecedents of team member schema agreement[J]. Journal of Organizational Behavior, 22(2S):107-120.

[254] RICO R, SÁNCHEZ-MANZANARES M, GIL F, et al. 2008. Team implicit coordination processes: a team knowledge-based approach[J]. Academy of Management Review, 33(1):163-184.

[255] ROBINSON J P, GODBEY G. 1997. Time for life: the surprising ways americans use their time [M]. University Park: Pennsylvania State University Press.

[256] ROUSE W B, CANNON-BOWERS J A, SALAS E. 1992. The role of mental models in team performance in complex systems [C]. IEEE Transactions on Systems, Man, & Cybernetics.

[257] ROUSE W B, MORRIS N M. 1986. On looking into the black box: prospects and limits in the search for mental models[J]. Psychological Bulletin, 100(3):349-363.

[258] ROUSSEAU V, AUBE C, SAVOIE A. 2006. Teamwork behaviors: a review and integration of frameworks[J]. Small Group Research, 37(5):540-570.

[259] ROY D F. 1960. Banana time: job satisfaction and informal interaction[J]. Human Organization, 18(4):158-168.

[260] SALAS E, COOKE N J, ROSEN M A. 2008. On teams, teamwork, and team performance: discoveries and developments[J]. Human Factors, 50(3):540-547.

[261] SALAS E, DICKINSON T L, CONVERSE S A, et al. 1992. Toward an understanding of team performance and training[M]. Norwood: Ablex.

[262] SCHEIN E H. 1992. Organizational culture and leadership[M]. 2nd edition. San Francisco: Jossey-Bass.

[263] SAAVEDRA R, EARLEY P C, DYNE L V. 1993. Complex interdependence in task-performing groups[J]. Journal of Applied Psychology, 78(1):61-72.

[264] SCHRIBER J B. 1986. An exploratory study of the temporal dimensions of work organizations[D]. Claremont:The Claremont Graduate School.

[265] SCHRIBER J B, GUTEK B A. 1987. Some time dimensions of work: measurement of an underlying aspect of organizational culture[J]. Journal of Applied Psychology, 72(4):642-650.

[266] SCHWAB D. 2005. Research methods for organizational studies [M]. Mahwah, New Jersey: Lawrence Erlbaum Associates Publishers.

[267] SCOTT W R, DAVIS G F. 2007. Organizations and organizing: rational, natural, and open systems perspectives[M]. Upper Saddle River, NJ: Pearson Prentice Hall.

[268] SERFATY D, ENTIN E E, VOLPE C. 1993. Adaptation to stress in team decision-making and coordination[J]. Proceedings of the Human Factors and Ergonomics Society, 37(18):1228-1232.

[269] SESHADRI S, SHAPIRA Z. 2001. Managerial allocation of time and effort[J]. Management Science, 47(5):647-662.

[270] SHAW J D, ZHU J, DUFFY M K, et al. 2011. A contingency model of conflict and team effectiveness[J]. Journal of Applied Psychology, 96(2):391-400.

[271] SHEN Z. 2009. It's about time: the temporal impacts of information and communication technology (ICT) on groups[D]. Cleveland:Case Western Reserve University.

[272] SHIPP A J, EDWARDS J R, LAMBERT L S. 2009. Conceptualization and measurement of temporal focus: the subjective experience of the past, present, and future[J]. Organizational

Behavior and Human Decision Processes，110(1):1-22.

[273] SMITH-JENTSCH K A，MATHIEU J E，KRAIGER K. 2005. Investigating linear and interactive effects of shared mental models on safety and efficiency in a field setting[J]. Journal of Applied Psychology，90(3)：523-535.

[274] STANDIFER R，BLUEDORN A. 2006. Alliance management teams and entrainment：sharing temporal mental models [J]. Human Relations，59(7):903-927.

[275] STAUDENMAYER N，TYRE M，PERLOW L. 2002. Time to change：temporal shifts as enablers of organizational change[J]. Organization Science，13(5):583-597.

[276] STEINER I D. 1972. Group processes and productivity[M]. New York：Academic Press.

[277] STRAUB D. 1989. Validating Instruments in MIS[J]. MIS Quarterly，13(2):223-235.

[278] SUMMERS J K，HUMPHREY S E，FERRIS G R. 2012. Team member change，flux in coordination，and performance：effects of strategic core roles，information transfer，and cognitive ability [J]. Academy of Management Journal，55(2):314-338.

[279] SUNDSTROM E，MCINTYRE M，HALFHILL T，et al. 2000. Work groups：from hawthorne studies to work teams of the 1990s and beyond[J]. Group Dynamics，4(1):44-67.

[280] SVENSON O，MAULE A J. 1993. Time pressure and stress in human judgment and decision making[M]. New York：Plenum.

[281] TERWIESCH C，LOCH C，DE M A. 2002. Exchanging preliminary information in concurrent engineering：alternative coordination strategies[J]. Organization Science，13(4)：402-419.

[282] TESLUK P E，MATHIEU J E. 1999. Overcoming roadblocks to effectiveness：incorporating management of performance barriers into models of work group effectiveness[J]. Journal of Applied Psychology，84(2):200-217.

[283] THOMAS E A C, WEAVER W B. 1975. Cognitive processing and time perception [J]. Perception and Psychophysics, 17 (4): 363-367.

[284] THOMPSON J. 1967. Organizations in action[M]. New York: McGraw-Hill.

[285] TOPI H, VALACICH J S, HOFFER J A. 2005. The effects of task complexity and time availability limitations on human performance in database query tasks [J]. International Journal Human-Computer Studies, 62(3):349-379.

[286] TRIPOLI A M. 1998. Planning and allocating: strategies for managing priorities in complex jobs[J]. European Journal of Work and Organizational Psychology, 7(4):455-476.

[287] TROPE Y N. 2003. Temporal construal[J]. Psychology Review, 110(3):403-421.

[288] VAN D E M. 2004. Temporal leadership[J]. European Business Review, 16(6):605-617.

[289] VAN D V A H, DELBECQ L A, KOENING R J. 1976. Determinants of coordination modes within organizations [J]. American Sociological Review, 41(2):322-338.

[290] VAN D V A H, GORDON W R. 1984. The dynamics of inter-organizational coordination [J]. Administrative Science Quarterly, 29, 598-621.

[291] VINTON D E. 1992. A new look at time, speed, and the manager [J]. Academy of Management Executive, 6(4):7-16.

[292] VROON P A. 1970. Effects of presented and processed information on duration experience[J]. Acta Psychologica, 34, 115-121.

[293] VON C M, OCHSENBEIN G, VALACH L. 1986. The group as a self-active system[J]. European Journal of Social Psychology, 16, 193-229.

[294] WAGEMAN R. 1995. Interdependence and group effectiveness[J].

Administrative Science Quarterly, 40(1):145-180.

[295] WAGEMAN R,BAKER G. 1997. Incentives and cooperation: the joint effects of task and reward interdependence on group performance[J]. Journal of Organizational Behavior, 18(2): 139-158.

[296] WALLER M J, ZELLMER-BRUHN M E, GIAMBATISTA R C. 2002. Watching the clock: group pacing behavior under dynamic deadlines[J]. Academy of Management Journal, 45(5): 1046-1055.

[297] WALTHER J B. 2002. Time effects in computer-mediated groups: past, present, and future[M]. Cambridge, MA: The MIT.

[298] WALLER M J, CONTE J M, GIBSON C B, et al. The effect of individual perceptions of deadlines on team performance[J]. The Academy of Management Review, 2001, 26(4):586-600.

[299] WEBBER S S,DONAHUE L M. Impact of highly and less job-related diversity on work group cohesion and performance: a meta-analysis[J]. Journal of Management, 2001, 27(2): 141-162.

[300] WEGNER D M. 1995. A computer network model of human transactive memory[J]. Social Cognition, 13(3): 319-339.

[301] WEICK K. 1993. The collapse of sense-making in organizations: the mann gulch Disaster[J]. Administrative Science Quarterly, 38(4):628-652.

[302] WEICK K,ROBERTS K. 1993. Collective mind in organizations: heedful interrelating on flight decks[J]. Administrative Science Quarterly, 38(3): 357-381.

[303] WEINGART L R. 1992. Impact of group goals, task component complexity, effort, and planning on group performance[J]. Journal of Applied Psychology, 77(5):682-693.

[304] WELDON E, JEHN K A, PRADHAN P. 1991. Processes that mediate the relationship between a group goal and improved group performance[J]. Journal of Personality and Social Psychology, 61

(4)：555-569.

[305] WELLENS R. 1993. Group situation awareness and distributed decision-making：from military to civilian applications [M]. Hillsdale，NJ：Lawrence Erlbaum.

[306] WILKE H A M，MEERTENS R W. 1994. Group performance [M]. London：Routledge.

[307] WITTENBAUM G M，HOLLINGSHEAD A，BOTERO I. 2004. From cooperative to motivated information sharing in groups：moving beyond the hidden profile paradigm[J]. Communication Monographs，71(3)：286-310.

[308] WITTEMBAUM G M，STASSER G，MERRY C J. 1996. Tacit coordination in anticipation of small group task completion[J]. Journal of Experimental Social Psychology，32(2)：129-152.

[309] YAKURA E K. 2002. Charting time：timelines as temporal boundary objects[J]. Academy of Management Journal，45(5)：956-970.

[310] YLIJOKI O H，MÄNTYLÄ H. 2003. Conflicting time perspectives in academic work[J]. Time & Society，12(1)：55-78.

[311] ZAHEER S，ALBERT S，ZAHEER A. 1999. Time scales and organizational theory[J]. The Academy of Management Review，24(4)：725-741.

[312] ZAKAY D. 1989. Subjective time and attentional resource allocation：an integrated model of time estimation[M]. Amsterdam：Elsevier.

[313] ZAKAY D，BLOCK R A. 1997. Temporal cognition[J]. Current Directions in Psychological Science，6(1)：12-16.

[314] ZAKAY D，NITZAN D，GILCKSOHN J. 1983. The influence of task difficulty and external tempo on subjective time estimation [J]. Perception and Pscychophysics，34(5)：451-456.

[315] ZAKAY D，TSAL Y. 1989. Awareness of attention allocation and time estimation accuracy [J]. Bulletin of the Psychonomic Society，27，209-210.

[316] ZALESNY M D，SALAS E，PRINCE C. 1995. Conceptual and

measurement issues in coordination: implications for team behavior and performance[J]. Research in Personnel and Human Resource Management, 13,81-115.

[317] ZELLMER-BRUHN M E, GIBSON C B, ALDAG R J. 2001. Time flies like an arrow: tracing antecedents and consequences of temporal elements of organizational culture[M]. New York: Wiley.

[318] ZERUBAVEL E. 1981. Hidden rhythms: schedules and calendars in social life[M]. Chicago: University of Chicago Press.

[319] ZIMBARDO P G,BOYD J N. 1999. Putting time in perspective: a valid, reliable individual difference metric [J]. Journal of Personality and Social Psychology, 77(6):1271-1288.

[320] ZOOGAH D B, VORA D, RICHARD O, et al. 2011. Strategic alliance team diversity, coordination, and effectiveness[J]. The International Journal of Human Resource Management, 22(3): 510-529.

[321] ZWAAN R A, LANGSTON M C, GRAESSER A C. 1995. The construction of situation models in narrative comprehension: an event-indexing model[J]. Psychological Science, 6(5):292-297.

致　谢

在浙大的三年，注定不同于其他的求学时光。三年中，我的思维方式和人生轨迹发生了很大变化，也逐渐认识到了学术、生活和自我。本书的出版，要感谢很多人。

首先要感谢的是我的导师张钢教授。张老师拥有深厚的理论修养、严谨的学术态度、高尚的学者品质和对科研孜孜以求的探索精神，在基本未曾间断的每周五早上的例会中，张老师不仅传授给我们广博的知识，更重要的是，也给我们展示和传授了他的思维方式、学术态度和科学精神，这些令我受益终生。在我三年博士生涯的每一个阶段，都得到了张老师的悉心指导，无论是文献阅读、概念分析、思路形成、实证设计，甚至段落安排和词句推敲方面，都倾注了张老师很多的心血。在这样一步步的训练和反反复复的磨炼中，我对学术有了全新的认识和理解。“迂回的研究方式”“两条腿走路”“概念分析”“刻意训练”及“精致研究”等观点，都将会是指引我学术道路上的明灯。

张老师的处事方式和生活态度也深深地影响着我。张老师要求我们养成一种批判性的思维方式，看待任何问题都要透过现象和超越经验，进入概念分析和机理探索的层次；同时，要求我们写“学术型日记”，将自己对生活、知识和周遭事物的观察和感悟经过理论化之后积极地记下来。张老师也倡导前紧后松的工作方式，在事情的安排上要尽量留一点“余量”。我想，张老师“过一种研究导向的生活”“水到渠成、切忌赶工”及“并行错位”等的教导，会深深地影响我之后工作和学习的每一步。

同时，感谢郭斌教授、许小东教授和王建安老师，他们给予的宝贵意见都使得我的研究更加完整和完善。也感谢几位审稿老师，他们的修改意见避免了我论文的一些错误和疏漏。

感谢 O&K 研究团队中的王建安老师、师母颜士梅老师、窦军生老师和章重远老师，他们基本参与了我读博三年中的每一步，感谢他们在我的文献阅读、构思形成、实证设计和本书撰写中提供的大量指导和帮助。感谢团队同门王宇峰、吕洁、薄秋实、冷正阳、乐晨、陈佳乐和李腾，他们的帮助和陪伴，让我的博士生活充满了精彩和欢乐。

感谢我的研究生同学、本科同学及很多其他的朋友们，在我访谈和问卷发放中提供了许多帮助。没有这些帮助，我想本书的出版不会这么顺利。

感谢我的父亲和母亲，正是他们无怨无悔的支持和付出，才让我一点点地走到现在，其中的每一步，都有他们巨大的心血；感谢我的爱人，是她给了我一个港湾，让我可以返航、停靠，并驶向更遥远的未来，愿和她携手共创美好的未来。

再次感谢以上所有人。在这个新的起点上，让我带着他们的帮助，再次出发。